M. LE DUC S'AMUSE

OUVRAGES

DE

CHARLES MONSELET

Format grand in-18.

Les Années de gaieté........ .... 1 vol.
L'Argent maudit, 2ᵉ édition............. ..... 1 —
Les Femmes qui font des scènes............ 1 —
La Franc-maçonnerie des femmes........... 1 —
François Soleil................................. 1 —
La Fin de l'orgie. .... 1 —
Les Galanteries du XVIIIᵉ siècle............. 1 —
M. de Cupidon................................. 1 —
M. le Duc s'amuse............................ 1 —
Les Originaux du siècle dernier............. 1 —

POISSY. — TYP. ET STÉR. DE A. BOURET.

M. LE DUC S'AMUSE

PAR

CHARLES MONSELET

PARIS

MICHEL LÉVY FRÈRES, LIBRAIRES ÉDITEURS

RUE VIVIENNE, 2 BIS, ET BOULEVARD DES ITALIENS, 15

A LA LIBRAIRIE NOUVELLE

—

1866

Tous droits réservés

M. LE DUC S'AMUSE

I

PROLOGUE

I

Dans la grande allée du jardin du Palais-Royal, une après-midi de l'année 176., à l'heure accoutumée de la promenade des petits-maîtres et des petites-maîtresses, on remarquait un homme dont les allures étaient aussi bizarres que le costume. Coiffé d'un bonnet fourré, il portait une longue robe à l'arménienne, ouverte par devant. Une gravure exécutée pour la galerie du duc d'Orléans, d'après un pastel de La Tour, a conservé l'accoutrement et les traits de cet original illustre. Sa démarche était lente, presque solennelle. Il était petit, et se rapetissait encore en baissant la tête. Les principales lignes de son visage manquaient de régularité, mais non pas tout à fait de noblesse. Sous une physionomie éteinte et froide, il cachait, enfoncés, deux petits yeux susceptibles d'un vif éclat, comme ces quinquets dont un bouton hausse ou diminue la lueur; ses dents étaient horribles.

Ce personnage, qui était l'objet de la curiosité générale, distribuait silencieusement aux promeneurs des carrés de papier, écrits à la main, sortes de billets circulaires, dont voici l'historique et singulière teneur :

« Français ! nation jadis aimable et douce, qu'êtes-vous devenus ? Que vous êtes changés pour un étranger infortuné, seul à votre merci, qui n'a jamais fait, ni voulu, ni rendu de mal à personne, et qui maintenant, traîné par vous dans la fange de l'opprobre, se voit, se sent chargé à l'envi d'indignités inouies parmi les humains, sans avoir pu jamais en apprendre au moins la cause ?

» C'est donc là votre franchise, votre douceur, votre hospitalité ! Quittez ce vieux nom de Francs, il doit trop vous faire rougir...

» Je n'attends ni ne veux de vous aucune grâce; ce que je veux et qui m'est dû, c'est qu'on m'apprenne enfin quels sont mes crimes. Que si, pour des raisons qui me passent, vous avez résolu d'abreuver le reste de mes tristes jours d'angoisses et de dérision, sans daigner écouter mes griefs, mes raisons, mes plaintes, j'élèverai au ciel pour toute défense un cœur sans fraude et des mains pures de tout mal, lui demandant, non, peuple cruel, qu'il me venge et vous punisse, mais qu'il ouvre bientôt à ma vieillesse un meilleur asile où vos outrages ne m'atteignent plus ! »

A cause du petit nombre de copies qu'il avait entre les mains, le prétendu Arménien n'en donnait pas à tout le monde. Il choisissait parmi les physionomies du jardin celles qui lui plaisaient davantage. On eût dit, au fallot près, le cynique d'Athènes cherchant un homme.

Les gens réunis autour de l'arbre de Cracovie, au milieu de l'allée des Marronniers, ou sur le banc de

Mantoue, le regardaient passer en le montrant au doigt; on voyait là des gazetiers tout frais sortis de la Bastille, des poëtes qui demandaient des rimes aux branches, des abbés poursuivant des femmes de leurs quolibets.

Sous cet arbre et sur ce banc longtemps fameux, s'étaient faites bien des réputations, se rendaient bien des oracles. C'était comme un autre chêne de Dodone, que ne dédaignaient pas de consulter les plus indifférents. On y causait de tout, mais particulièrement de philosophie et de politique, deux choses qui se touchaient alors, et, de jour en jour, on en causait à voix plus haute, malgré les avertissements du lieutenant de police. Ce fut le premier club, organisé par le printemps et le soleil. Un jour, la royauté s'avisa de mettre la hache dans l'arbre de Cracovie. Mais il était trop tard. L'arbre de Cracovie avait déjà vu grandir à son ombre les révolutionnaires de l'avenir !

Quand il passa devant, — l'Arménien eut un froncement de sourcil et doubla le pas. Il abandonna l'allée pour côtoyer le gazon. La foule occupait presque toutes les chaises qui entouraient le grand bassin. C'était jour d'Opéra. Une nuée de femmes, plus luxueusement parées les unes que les autres, éblouissaient le regard ; elles étaient chargées d'aigrettes et de girandoles ; il y en avait qui jouaient de l'éventail ou de la lorgnette. Par esprit de contraste, quelques-unes étaient venues en déshabillé et en robe ouverte, la jupe garnie de falbalas, mais courte, de façon à laisser voir un pied mignon chaussé d'une mule blanche. Elles portaient le griffon sous le bras et le panier à ouvrage à la ceinture, enfin tout ce qui est du ressort de la petite toilette.

Dans ce cercle doré, qui petillait d'éclats de rire, personne ne fit attention à l'homme aux circulaires.

En grommelant quelques paroles de dépit, il arriva près de la grille du jardin particulier où étaient renfermés des animaux et des oiseaux étrangers. Là seulement il s'arrêta, étonné de la scène qui s'offrit à ses yeux.

Un individu, qu'à son grand air plus qu'à son habit pailleté, il était facile de reconnaître pour quelqu'un de la cour, s'amusait depuis plusieurs instants à agacer un singe *longue-main*. Il puisait délicatement, au fond d'une boîte d'or, des pistaches qu'il jetait par le treillis, et ensuite il se pâmait de rire aux gambades, souplesses et contorsions de l'animal.

Pourtant, c'était un homme d'un âge mûr et d'une belle figure; l'intelligence rayonnait sur son front; sa main et sa jambe surtout étaient magnifiques; évidemment ce ne pouvait, ce ne devait pas être un homme ordinaire. Mais en ce moment il était tellement captivé qu'il ne s'aperçut pas de la présence du témoin que le hasard lui envoyait.

Celui-ci, après quelques minutes d'examen, prit le parti de s'avancer vers lui, et, sans saluer, il lui tendit un de ses billets.

Le grand seigneur, dérangé dans son divertissement, fit un geste qui témoignait plus d'impatience que de surprise. Il prit néanmoins le papier; après avoir regardé à deux fois la personne qui le lui présentait, et, jetant un rapide coup d'œil sur la suscription, il lut ces mots : « A tout Français aimant encore la vérité et la justice. »

Alors, s'empressant de le rendre sans le déplier :

— Merci, dit-il, cela ne s'adresse pas à moi.

L'Arménien était demeuré interdit.

— Allons ! murmura-t-il au bout d'une réflexion,

voilà la seule parole sincère que j'aie encore obtenue d'une bouche française.

Et, jetant un regard soupçonneux sur le grand seigneur qui s'était remis à jouer avec le singe, il ajouta :

— Mais, pour parler de la sorte, vous savez donc qui je suis ?...

— Eh! monsieur, à ce seul trait, qui n'aurait déjà reconnu le philosophe Jean-Jacques Rousseau?

Ces paroles, quoique prononcées avec un accent de bonhomie parfaite, amenèrent un nuage sur le visage de l'homme célèbre qui venait d'être nommé.

— Je comprends maintenant pourquoi l'on me condamne sans m'entendre, pourquoi mes persécuteurs ne cessent d'attirer sur moi l'animosité publique; ils ont juré ma perte dans leur insigne duplicité, et mon nom même est voué par eux à l'exécration du genre humain!

Tel était le langage emphatique de l'auteur de *la Nouvelle Héloïse*, quand il subissait l'empire de son effervescente personnalité. L'homme de la nature, comme il s'intitulait lui-même, n'était plus alors qu'un comédien jouant la misanthropie, sans but, pour le plaisir seulement de la jouer. Alors sa voix devenait bruyante, sans être pour cela plus vigoureuse. Son maintien, d'ordinaire embarrassé, farouche et vulgaire, faisait place à une contenance où se lisait le défi. On s'attendait à des jets de flamme, à des pensées frappantes, à du génie, enfin! Point du tout. Maître de lui-même, en dépit de son masque pâle et nerveux, il savait atteler à son apparente indignation les images, les tropes, les apostrophes, les antithèses, et en général toutes les vieilles haquenées du carrosse de la rhétorique. C'était une colère notée comme une partition. Il ressemblait à cet honnête Allemand dont parle Jean-Paul, qui, toutes les fois qu'il se mettait à table, « n'oubliait jamais de nouer sa serviette autour de son cou, pour ne pas tacher son gilet de satin. »

Il semble qu'il y ait eu deux hommes dans Rousseau, bien différents l'un de l'autre, et que l'on peut caractériser ainsi : Rousseau chez lui et Rousseau dehors. Rousseau chez lui était un personnage obscur, vivant obscurément, un musicien, un auteur, un botaniste, tout ce qu'on voudra; mais un homme de travail et de pensée. Rousseau dehors était une variété de fou, qui se revêtait d'habillements étranges, un être quinteux, brutal, qui briguait à tout prix l'attention du public, courant au-devant de l'affront et de la huée, un maniaque appelant sur sa tête la persécution pour s'en faire une auréole. Rousseau chez lui adorait les hommes et travaillait à leur bonheur; du moins l'écrivait-il. Rousseau dehors exécrait les hommes et il le leur disait en face, quand ils se retournaient pour lui sourire.

— Oh! oh! M. Rousseau, vous êtes donc réellement bien malheureux? fit le grand seigneur, qui l'avait écouté avec surprise.

— Justes dieux! c'est un Français qui le demande!

— Est-ce que vous n'êtes pas suffisamment satisfait des transports d'admiration, de délire, d'enthousiasme, excités par la dernière reprise du *Devin du village?* Franchement, vous seriez difficile.

— Je ne dis pas cela...

— Est-ce que M. le prince de Conti n'a pas envoyé, l'autre jour, sa musique à votre lever?

— Oui, vraiment...

— Madame de Pompadour ne vous a-t-elle pas fait les plus gracieuses avances qui se puissent faire de femme à philosophe ?

— Sans doute ; mais...

— Enfin n'êtes-vous pas, avec M. de Voltaire, l'homme dont on s'occupe le plus dans Paris ?

Un sourire fielleux passa sur les lèvres du philosophe genevois, au nom du philosophe parisien.

— Alors, que diable pouvez-vous encore désirer ? exclama le grand seigneur.

— Justice et vérité ! répondit superbement Jean-Jacques en faisant allusion à la devise de son factum.

— Justice de qui ? vérité pour quoi ?

— Aveuglement inconcevable ! obstination cruelle ! Ignorez-vous les tortures incessantes dont je suis l'objet, les piéges qui m'entourent, les calomnies auxquelles je suis en butte ? Ne suis-je pas signalé, recommandé, dénoncé partout, aux facteurs, aux gardes, aux *mouches*, aux savoyards, dans tous les spectacles, dans tous les cafés, aux barbiers, aux marchands, aux colporteurs, aux libraires ? Ne m'a-t-on pas fait décréter à Genève et décréter à Paris ?

Ne m'a-t-on pas chassé de toute la Suisse, et poursuivi, à Motiers, de coups de pierres? Justice de qui? Vérité pour quoi? Mais vous ne savez donc rien de ma vie et de mes souffrances?...

— Ma foi, monsieur Rousseau, je sais que *l'Émile* et le *Contrat social* ont été traduits en plusieurs langues, et qu'il y a là de quoi guérir bien des blessures d'amour-propre, sans compter les petites tracasseries de vos ennemis.

— Dites mes bourreaux! des monstres qui sont parvenus à me rendre le jouet de la canaille, et qui ont trouvé l'art de me faire de Paris une caverne plus affreuse cent fois que les antres des forêts! Est-il besoin de vous apprendre les dépenses énormes qu'ils font pour m'enlacer de telle sorte qu'au milieu de ma feinte liberté je ne puisse ni dire un mot, ni faire un pas, ni mouvoir un doigt, qu'ils ne le sachent? Vous raconterai-je comment, dans ma retraite du Dauphiné, ils avaient réussi à écarter de moi toute encre lisible, si bien que je fus obligé d'écrire mes *Confessions* avec de l'encre de Chine, à laquelle on n'avait pas songé? Dès que je m'établis quelque part, les murs, les planchers, les serrures, tout est disposé pour leur espionnage. Mes lettres sont ouvertes, mes gazettes retenues; on prend note de ceux qui demandent à me voir; au parterre on place un sergent à mes côtés. La haine, la haine aveugle et stupide, voilà ce que je rencontre incessamment sur mon passage!

— Allons donc! mon cher philosophe, vous exagérez; ouvrez les yeux : à la ville, à la cour, c'est à qui vous aura à dîner, à qui vous offrira des retraites somptueuses, le prince de Ligne, le duc de Chartres, le duc de Penthièvre...

— Pur manége! ruse grossière! on me hait, vous dis-je, on me hait! Ce matin encore, un mendiant m'a rejeté au nez mon aumône. Je suis odieux au peuple. Veux-je passer l'eau vis-à-vis les Quatre-Nations, on ne passera point pour moi, quand même je m'offrirais à payer double. Veux-je me faire décrotter, les décrotteurs, surtout ceux du Temple et du Palais-Royal, me refusent avec mépris leurs services. Je traîne l'horreur sur mes pas. L'autre semaine, on m'a reconduit ignominieusement, un soir que je sortais du café de la *Régence*. Je suis odieux au peuple, entendez-vous bien!

— Et qu'est-ce que cela vous fait, monsieur Rousseau? demanda le grand seigneur.

— Ah! vous ne comprenez pas cela, vous. Vous croyez qu'il me suffit de l'approbation des courtisans, des grandes dames, des princes; que je suis fort heureux de la sorte, et que c'est une étrange audace à moi de désirer davantage! En dehors de Versailles, vous ne voyez rien qui puisse tenter l'ambition d'un homme, n'est-ce pas? On a parlé de moi à la cour; tout est dit, c'est l'apogée, le Capitole. Le reste n'est rien ou est peu de chose. Que le peuple m'injurie et me méprise, qu'importe, si Sa Majesté Louis XV a chanté le matin les airs de mon opéra. Parbleu! je suis un personnage bien singulier, n'est-il pas vrai? Eh bien, moi, je vous dis qu'entre la haine d'un roi et l'amour d'un peuple, mon choix serait bientôt fait. Mais peuples et rois m'exècrent à l'envi.

Son interlocuteur était fort attentif.

— Diable! savez-vous qu'à votre place cela m'amuserait beaucoup?

Jean-Jacques Rousseau leva la tête. C'était une goutte d'eau tombée sur sa folie.

— Comment... l'entendez-vous? demanda-t-il plein de stupéfaction.

— Ma foi! je l'entends de toutes les manières; et votre philosophie doit être très-récréée du cortége de malédictions qu'on lui fait. Passer dans les rues en soulevant l'invective unanime, froisser le peuple sans y toucher, servir d'épouvantail aux grands enfants, c'est un spectacle de prix et un divertissement que je regrette de ne pouvoir me procurer, moi qui me les procure tous. On sème l'effroi, comme une grosse araignée. Le lieutenant de police s'inquiète de vous comme d'un Mandrin pacifique et moral. Seule, votre réputation cause autant de désordres que vos livres eux-mêmes; votre nom suffit pour faire penser à mal, et l'on est déjà à moitié perverti avant de vous avoir lu. Vraiment, je n'y avais pas songé jusqu'à ce jour, mais cela est rare et plaisant. Je vous félicite, monsieur, du rôle que vous vous êtes fait et qui sera sans doute fort recherché après vous. Peste! cela n'est point à dédaigner, je vous assure, et maintenant je vous estime infiniment pour votre robe de marchand arménien et pour votre bonnet fourré. Je ne comprenais pas d'abord.

Rousseau demeurait confondu.

Il regardait l'homme qui parlait ainsi, et cherchait à reconnaitre si ce n'était pas un mystificateur.

Mais jamais il n'avait vu de visage si calme, d'œil plus assuré; jamais il n'avait entendu de voix plus sereine.

Alors Rousseau lui posa cette question étrange :

— Monsieur, êtes-vous philosophe?

— Je me le suis souvent demandé à moi-même, dit le grand seigneur sans s'étonner; et je vous avouerai franchement que je n'ai jamais su me répondre. La philosophie est une chose si peu et si mal définie; un philosophe est un homme si absurde ou si raisonnable, si dégradé ou si digne d'admiration, si triste ou si joyeux, que j'ai finalement pris le parti de laisser aux autres le soin important de décider si j'étais oui ou non un philosophe, et quel était le genre de ma philosophie. Dans tous les cas, monsieur Rousseau, ne voyez en moi qu'un admirateur et non un rival téméraire. Je n'écris pas. On me pendrait dès les premières lignes; c'est ce qui fait que je m'abstiens, car mes idées sont d'une nature exceptionnelle et offensante. D'ailleurs, je sais aussi peu d'orthographe que les gentilshommes de l'Académie française.

Jean-Jacques écoutait mal.

Cet homme devenait inquiétant pour lui.

Il allait essayer de s'irriter, lorsqu'il fut abordé tout à coup par un Auvergnat, qu'il reconnut pour être le commissionnaire du coin de la rue Plâtrière.

Au même instant, un brillant coureur, la tête surchargée de plumes, portant une grosse canne à pomme de cuivre, à laquelle flottaient des rubans de couleurs diverses, s'approchait du grand seigneur.

— Monsieur Rousseau, dit le commissionnaire, votre femme, madame Thérèse, vous prie de passer tout de suite auprès d'elle, car elle est sur le point d'accoucher.

— Encore! grommela le philosophe.

— Monsieur, dit le coureur, je suis chargé par mademoiselle Clarendon de vous informer qu'elle vient de ressentir les premières douleurs de l'enfantement.

— Déjà!

L'Auvergnat et le coureur partirent, chacun d'un côté.

— Monsieur Rousseau, reprit le grand seigneur après un intervalle silencieux, on dit que vous êtes très-fort aux échecs.

— On le dit en effet, répondit Jean-Jacques.

— Autant que Légal ou Philidor.

— C'est s'avancer beaucoup.

— Eh bien, vous plairait-il d'essayer une partie avec moi?

— Volontiers, monsieur.

Tous deux entrèrent au café de la *Régence*, où, comme d'habitude, la foule fut bientôt ameutée aux vitres pour contempler celui qu'on appelait le CITOYEN DE GENÈVE.

II

La maison de Jean-Jacques Rousseau, située vers le milieu de la rue Plâtrière, en face de la boutique d'un marchand de tableaux, était une des plus hautes et des plus tristes.

La porte, constamment fermée, s'ouvrait à l'aide d'un secret.

Une allée sombre conduisait au pied d'un escalier tortueux.

C'était dans l'appartement du quatrième étage que demeurait l'ancien amoureux de madame de Warens.

Malgré ses naïves sympathies pour les robes fines, les chaussures mignonnes et les rubans des demoiselles, qu'il préférait aux paysannes, le pauvre homme n'avait jamais eu une grande entente du luxe. Il se logeait un peu à la grâce du ciel. A défaut de la maison blanche aux volets verts si ardemment désirée, il se contentait de la maison hargneuse de la rue Plâtrière. Rousseau n'avait d'élégance et de délicatesse qu'au bout de la plume. Le poétique cynisme du délabrement lui était même inconnu; tout était commun et froid dans son intérieur. Il n'y avait là aucun de ces tons sauvages qui éclataient si copieusement dans les terribles galetas de Saint-Amand, de Colletet et de Tristan l'Hermite. Les pièces, au nombre de trois, étaient toutes tapissées de cadres rouges, enfermant des plantes desséchées et collées avec un soin extrême sur du papier blanc. Rousseau s'était appliqué à conserver la couleur des fleurs et des feuilles, au point de faire ressembler ces herbiers à des recueils de miniatures. On voyait aussi, par terre et le long de la muraille, une assez grande quantité de cartons remplis de rameaux, et des graines distribuées dans de petites boîtes, selon le système de Linnée.

Le carreau était ciré pâle. D'insipides meubles, sans physionomie, sans date, d'un bois et d'un cuivre revêches, ajoutaient à l'aspect de cette demeure où tout désobligeait le regard.

Et puis le jour entrait mal ; de méchants rideaux gris, posés aux fenêtres, lui barraient le passage : il fallait absolument, pour se faire ouvrir, qu'il se montrât escorté de son ami le soleil, comme un plaignant qui est allé chercher le commissaire de police. Ah! ce n'était pas là le soleil des Charmettes, qui brillait ardent et libre sur un jeune homme plein de force ; ce n'était plus le soleil de Venise chantant et brûlant sur la gondole fermée de Zulietta. Années vagabondes, vous avez emporté avec vous les enchantements de l'air et du ciel ! C'est maintenant le soleil de Paris, un disque insignifiant qui ne met pas plus d'amour-propre à se laisser fixer par les bourgeois que par les aigles ; c'est le soleil français de la rue Plâtrière, qui éveille aujourd'hui la poussière de l'appartement philosophique de Jean-Jacques Rousseau, le désolé philosophe ! Les temps sont changés. Le jeune homme a senti pousser de longues mèches grises sur son front tracassier et montueux. Il comprend qu'il n'est aimé de personne à présent ; il n'a donc plus souci du soleil et de ses belles chansons de midi ; le soleil n'est plus de sa famille !

Rousseau possédait un avoir d'environ onze cents francs de rente viagère, résultant de ses arrangements avec les directeurs de l'Opéra et de la vente de ses livres. Il réalisait en outre quelques bénéfices, en copiant de la musique à dix sous la page. La plupart des dames de la cour s'amusaient beaucoup de cette manie, et elles venaient souvent elles-mêmes lui apporter de l'ouvrage. On connaît sa lettre si fière à la marquise de Pompadour, qui avait voulu lui faire remettre cent louis pour des copies qui ne valaient que douze francs. Au bout de six années, il avait écrit huit mille pages de musique, ce qui témoigne d'un travail et d'une patience incroyables. Néanmoins ses dépenses étaient très-restreintes ; sa table n'était jamais chargée que d'un plat, mais délicat et bien apprêté ; il aimait le bon vin et l'avouait lui-même. Le mal est peut-être qu'il ne l'ait pas assez aimé. Un vice de plus, ajouté à ses autres vices, suffit souvent pour sauver un homme. C'est bon à Saint-Preux, jeune et passionné, de rougir de son heure d'ivresse, mais, pour le philosophe, amer et fou, qui ne veut plus qu'on l'aime, le vin, c'est le ressouvenir des tendresses premières et franches !

Au moment où nous pénétrons, avant lui, dans l'intérieur de Rousseau, madame Thérèse remplissait de ses gémissements une pièce plus encombrée et plus malpropre que les autres.

Là se trahissait l'affreux goût de cette femme, en qui se retrouvait aussi peu d'harmonie que chez un fripier qui déménage.

Son lit seul était un grotesque amas de linge, taché de gouttes de café au lait, et sur lequel il fallait la chercher pour la reconnaître, tant ils se mélangeaint bien tous les deux. Accrochées à trois clous, pendaient trois robes incolores et maussades, semblables à trois cadavres desséchés, et telles qu'on se représente les épouses de Barbe=Bleue. La tapisserie blanchâtre, semée de bouquets géométriques d'un mauvais azur, ennuyait profondément le regard ; elle était relevée par les splendeurs d'un trumeau placé au-dessus de la cheminée, chef-d'œuvre inconnu, où l'on voyait un Tircis pêchant à la ligne dans un paysage italien. Seulement la perspective était si peu respectée, que ce personnage avait l'air de pêcher une forteresse appartenant aux plans du fond.

N'oublions pas un détail. Dans le coin le moins éclairé de la chambre, sur un fauteuil dont les bras décharnés laissaient deviner la rudesse, reposait un chat vague, sans forme ni couleur précises. C'était la saleté faite animal. On l'entendait de temps en temps se roidir comme par ennui, et déchirer avec ses griffes l'étoffe usée du siége. Ses yeux s'ouvraient, ovales et sans phosphore; puis ils se refermaient, à demi d'abord, ensuite entièrement. Lorsqu'il se léchait, la râpe de sa langue faisait un cruel bruit. C'était le chat de Jean-Jacques.

On paraît ignorer généralement son amour effréné pour les animaux. Cet homme si peu sociable, par un contraste sans doute prémédité, s'était fait l'esclave plutôt que l'ami de son chien et de ses serins. Il avait des pigeons qui le suivaient partout, qui volaient sur ses bras et sur sa tête pendant son travail. Il apprivoisait jusqu'aux poissons avec une rapidité surprenante, cela n'est pas une plaisanterie. Lui-même a raconté qu'à Monquin il était parvenu à faire nicher des hirondelles dans sa chambre

« avec tant de confiance, qu'elles s'y laissaient enfermer sans s'effaroucher. » Enfin on l'a vu faire deux lieues par jour, durant presque tout un printemps, pour aller entendre un rossignol à Bercy.

La soirée était assez avancée lorsqu'il rentra dans la maison de la rue Plâtrière. Il se dirigea du poids de ses souliers ferrés vers la chambre de sa femme. Il paraissait plus soucieux que de coutume.

— Vous venez bien tard, Rousseau, lui dit Thérèse Levasseur.

Le philosophe murmura :

— Ne fallait-il pas me priver pour vous de ma partie d'échecs?

Et regardant autour de lui :

— Pourquoi n'avez-vous pas envoyé chercher la sage-femme? Sa présence ici eût été plus utile que la mienne, je crois.

— Elle va venir, répondit Thérèse ; je l'attends depuis plus d'une heure.

— C'est bon. Si elle tarde trop, prévenez-moi ; j'irai en chercher une autre.

Il alluma une chandelle et entra dans son cabinet, qui attenait à la chambre de Thérèse.

Sur un petit secrétaire noir, de nombreux papiers étaient rangés avec un soin méticuleux. Il y avait des lettres de tous les personnages fameux de l'Europe. Il y en avait une particulièrement de M. Malthus, à demi entrebâillée dans un coin.

Jean-Jacques Rousseau promena d'abord ses mains avec distraction sur son clavecin, et se prit à fredonner tout bas quelques motifs d'un opéra sur *Daphnis et Chloé* auquel il travaillait.

Puis, de plus en plus soucieux, il revint à son secrétaire.

Machinalement il saisit une plume et disposa du papier.

Au bout de quelques instants, il écrivait à une de ces grandes dames, qu'il essayait quelquefois d'aimer.

« A Madame de...

» Que vous êtes donc bonne, madame, de vous intéresser à un pauvre homme tel que moi, et la reconnaissance envers vous est donc une chose terrible et difficile, puisqu'elle ne saurait égaler l'excès de vos bontés! Femme incomparable! le plus beau trône du monde pourrait-il payer votre douce pitié, votre tendre sollicitude pour un malheureux que chacun s'attache à noircir, et contre qui le genre humain semble s'être ligué tout entier!

» Hélas! madame, j'appartiens à la tristesse et au découragement qui ne me lâchent point. Cette ruine de l'esprit s'étend jusqu'au corps, l'un et l'autre vieillissent de compagnie, et il n'y a guère que mes ennemis qui puissent me reconnaître maintenant. Je ne suis plus que l'ombre de ce Jean-Jacques que nous avons connu autrefois, de ce Jean-Jacques, qui promettait alors si bien de devenir ce qu'il est aujourd'hui, c'est-à-dire un homme insupportable à tous les autres hommes, un scélérat, un monstre, tant au moral qu'au physique, et tel enfin que le peintre Ramsay l'a représenté dans son détestable portrait.

» Je n'aurais jamais cru que la vie pût me devenir si rude, ou que je pusse devenir si faible en face d'elle. Tout en moi n'est que lassitude ou qu'imprécation; ce sont les deux seules formules par lesquelles se traduisent mes derniers sentiments. Je n'ai plus même la force de rêver ; il me semble plus court de pleurer ou de maudire.

» Madame ! madame ! la vieillesse qui vient à moi me fait peur. Qui me sauvera de ma vieillesse ? Mes désolations persistantes commencent à m'étonner moi-même. J'ai sans cesse à la bouche le mot des désespérés : « Ah ! si je pouvais recommencer ma » vie ! si je pouvais rentrer surtout dans le monde » des inconnus ? »

» Ai-je donc fait autant de mal qu'on le dit, madame, et le croyez-vous ? A la fin, je me perds moi-même dans ma pensée. Il me semble pourtant que j'ai été un homme de bonne foi. Me serais-je trompé ? Aurais-je vu le bien de l'humanité là où il n'est pas ? et l'avenir, ainsi que le présent, me fera-t-il un crime de mes ouvrages ? Je ne veux pas le croire, il est des jours où je me berce de l'espoir d'une réaction populaire, où je crois voir arriver l'heure de mon triomphe ! Oui, mon imagination s'égare quelquefois sur cette illusion flatteuse, et, d'un regard avide, je mesure l'espace qui la sépare encore de la réalité !... »

Dominé et comme suffoqué par son inspiration,

Jean-Jacques Rousseau s'arrêta à cet endroit, et mit sa tête dans ses deux mains.

Un grand tumulte se fit dans la rue, et il lui sembla entendre des voix qui s'écriaient :

— Jean-Jacques ! Jean-Jacques !

Il n'ouvrit pas sa fenêtre, mais il écarta les petits rideaux, et, son œil plongeant en bas, il aperçut une foule remuante, levant ses têtes vers lui, et qui agitait des flambeaux.

— Jean-Jacques ! Jean-Jacques ! criait cette foule.

Étonné, il allait ouvrir la fenêtre pour tâcher de comprendre le sens et l'a-propos de cette manifestation, lorsqu'une reflexion l'arrêta. Ses sourcils tressaillirent sous un vertige d'orgueil ; un sourire pétilla dans ses rides.

— Le triomphe ! murmura-t-il, le triomphe ! ils viennent me saluer ! Leurs mains sont pleines de couronnes, sans doute ! Ils poussent des vivats et demandent à me voir ! O mon cœur, contiens-toi !

Par un mouvement rapide, il se jeta sur la chandelle et l'éteignit.

Il ne voulait pas que personne pût suspecter sa joie ou apercevoir les mouvements de son ombre.

Mais dès qu'il eut fait la nuit autour de son bonheur, alors un souffle énorme se détacha de sa poitrine ; il se prit à rire tout haut et à battre l'air de ses bras. Cet accès passé, il s'approcha à pas de loup de la croisée, et il colla son visage au coin d'une vitre.

— Oui, c'est bien cela ; leurs yeux se sont dessillés, mon heure est venue. À la fin, je touche à la récompense de mes misères et de mes peines... Le triomphe ! c'est le triomphe !

Les bruits du dehors redoublaient. Des étincelles envolées des flambeaux secoués montaient jusqu'au quatrième étage.

— Jean-Jacques ! criait-on.

Il regardait toujours.

Cependant il se fit une minute de silence. La foule prenait une décision.

Lui était inquiet...

Tout à coup les clameurs du dehors recommencèrent, mais plus intenses et plus désordonnées. Il s'y mêlait quelques éclats de rire et des lambeaux de chansons railleuses.

Le philosophe se haussa pour mieux voir. Une

2.

vive flamme remplissait la rue Plâtrière. A la fin, il voulut voir tout à fait, et il ouvrit sa fenêtre. Un spectacle inouï frappa son regard. Il était d'usage tous les ans de brûler en cérémonie un Suisse de paille dans la rue aux Ours. Ce divertissement populaire, déjà négligé à l'époque de notre récit, allait sans doute être entièrement supprimé, lorsque le peuple, par une de ses fantaisies significatives, s'avisa de le renouveler à propos de Rousseau et de ses singularités récentes. A cet effet, on donna sa figure et son vêtement à l'homme de paille, on lui arma la main d'un couteau luisant ; — Pourquoi ce couteau ? les Mémoires du temps ne l'expliquent pas ; — et on le promena ainsi en grande pompe à travers Paris. Puis, au lieu de le brûler, selon la coutume, dans la rue aux Ours, il fut résolu d'un accord unanime que l'auto-da-fé aurait lieu dans la rue Plâtrière, devant la maison même de l'auteur du *Contrat social.*

Donc, lorsque Jean-Jacques Rousseau mit la tête à la croisée, il se vit brûlé en effigie par le peuple parisien.

— Jean-Jacques ! A bas Jean-Jacques !

Telle fut la huée assourdissante, quand on l'eut vu apparaître.

Un homme, plus exalté encore que les autres, saisit le mannequin, malgré les tourbillons de feu qui le dévoraient, et, montant sur la borne d'en face, il le montra au philosophe, en l'élevant à trois reprises. Après quoi il le rejeta embrasé dans le foyer sifflant, où il suscita une explosion d'étincelles qui illuminèrent la rue et se répandirent ensuite toutes dans le même sens, comme un vent pailleté d'or.

Rousseau demeurait frappé de stupeur, lorsqu'une pierre, lancée par une main inhabile, rebondit sur l'appui de la fenêtre...

— Rousseau, qu'est-ce que c'est donc que ce bruit que j'entends? demanda de la chambre voisine une voix qui était celle de Thérèse.

Rousseau ne répondit pas. Il tremblait convulsivement et s'appuyait au dossier d'une chaise rencontrée.

Il disait, les dents serrées :

— Oh! le peuple!

Car le peuple criait toujours :

— A bas Jean-Jacques !

— Haï, haï partout ! répétait sourdement l'homme de Genève ; partout la malédiction et l'outrage. O l'énigme désespérante ! Peuple stupide, mais regarde-moi donc mieux : je suis peuple comme toi, pauvre comme toi, je suis un des tiens, et tu te frappes en me frappant. Ah ! misère ! folie ! à quoi m'aura servi de-loger dans les mansardes, de fuir les grands, de renoncer aux joies du luxe, de briser mes amours sous mes pieds, de me faire noir, sauvage, lamentable, laborieux, si maintenant les hommes du peuple s'en viennent à moi et me battent, parce que je suis semblable à eux ! Vous avez raison, monsieur de Voltaire : donner sa vie au peuple, c'est insensé, c'est inutile. Le peuple vous adore, vous, parce que vous êtes riche et que vous êtes gentilhomme ; il s'amuse à vous voir bien vivre ; votre faste le réjouit, lorsque ma pauvreté l'irrite. Ah ! je n'ai pas fait *la Pucelle*, moi !

— Jean-Jacques ! à bas Jean-Jacques !

— Oui, criez et raillez ! criez haro sur l'imbécile et sur le fou !

Thérèse, de son lit, s'inquiétait cependant.

— Il me semble qu'on t'appelle dans la rue, Rousseau ; cette fois, j'entends bien.

— Dors, pauvre femme ! répondit-il, ce sont des gens ivres qui passent.

— Rousseau, je te dis que c'est toi qu'on appelle, répétait-elle toujours.

— Dors, Thérèse.

Il s'approcha de la croisée et en saisit les deux battants pour les clore.

Mais il les lâcha aussitôt.

Une deuxième pierre venait d'entrer dans une vitre et de la casser...

Le philosophe rugit.

Et, comme un lion blessé, il alla se tapir dans un coin de la chambre.

— Eh bien, gronda-t-il sourdement, haine pour haine ! morsure pour morsure ! Ils le veulent ! ils le veulent ! Colères par le pauvre envoyées, soyez renvoyées sur le pauvre ! Rebondissez sur son front, pierres brutales ! Ces hommes, je les maudis.

Il frémissait de partout.

Soudain il eut un rire violent qui lui sangla la gorge :

— Ah! vos pierres frappent juste, mais elles ne me tueront, ni moi ni mes livres! Essayez d'arracher mes idées de votre mémoire, je vous en défie; elles sont les vôtres maintenant, vous les portez avec vous, et ce serait en vain que vous tenteriez de secouer leur influence. J'ai fait mon œuvre dans votre pays. Chacun de mes pas a fait gémir votre sol, si bien qu'il en retentira encore lorsque je ne serai plus. Allez toujours! Le citoyen de Genève vous a ouvert votre chemin, il faut que vous y passiez!

Son doigt sec et ferme s'allongeait dans l'ombre.

— Il est trop tard pour me tuer maintenant, trop tard, m'entendez-vous bien? Vous portez ma vengeance avec vous. Masses terribles, je vous ai pétries avec mon encre, et vous dépasserez mes espérances!

Alors il marcha résolûment à la fenêtre cette fois, et il la ferma.

— Rousseau! disait la voix dolente de Thérèse Levasseur.

— C'est vrai; pauvre Thérèse, je l'avais oubliée! Il alla à elle.

Le moment de la crise était proche. Elle roidissait ses bras, et des larmes nerveuses mouillaient ses joues, ce qui l'empêcha de remarquer le visage bouleversé et pâle du philosophe.

— Rousseau, disait-elle, par pitié, une sage-femme ! un médecin ! ...

— Attends, je sors, dit-il effrayé réellement.

Il s'élança dans l'escalier.

La rue Plâtrière était redevenue déserte.

Il marcha dans la cendre.

III

Dans la rue Plâtrière, à la même heure, une scène à peu près pareille se passait au fond d'un magnifique hôtel, faisant presque face à la pauvre maison de Jean-Jacques.

Pendant que Thérèse se tordait sur son affreux grabat, mademoiselle Clarendon, ou plutôt la Clarendon, une des coryphées de l'Académie royale de musique, allait, elle aussi, devenir mère au bénéfice de M. le duc de Noyal-Treffléan.

Étendue avec grâce sur un lit en étoffe de pékin jonquille, la Clarendon laissait pendre hors des draps un petit poignet blanc qui sortait d'un flot de dentelles, et dont un grave personnage en perruque à la Tronchin interrogeait de temps à autre les battements.

C'était une fort jolie personne que la Clarendon.
Elle avait poussé toute seule dans les bosquets de
l'Opéra. Un soir, M. le duc de Noyal-Treffléan, qui
passait par hasard, l'avait cueillie. Voilà son histoire.

Elle était très à la mode, partout ailleurs qu'au
théâtre, où elle ne dansait que trois ou quatre fois
l'an, aux fêtes carillonnées. De talent, elle n'en avait
pas l'ombre. En revanche, son phaéton était le plus
riche de Paris, ses chevaux étaient les plus coquettement pomponnés ; elle avait même un coureur qui
courait en arrière, comme celui du duc d'Aiguillon.

On soupait plusieurs fois la semaine chez la Clarendon. Elle réunissait ses bonnes amies, des militaires, des fermiers-généraux, et puis des artistes,
des peintres, des écrivains, qui venaient chez elle
manger. A force de s'entendre dire par tous ces
gloutons qu'elle avait de l'esprit, la danseuse finit
par le croire. Deux ou trois sottises originales,
qu'elle avait laissé tomber de ses lèvres, furent
ramassées et érigées en bons mots. Mais son véritable
esprit était dans ses yeux, — deux filous d'amour,
selon l'expression de Marivaux ; — dans son sourire

qu'on eût dit découpé dans une feuille de rose ; dans sa voix qui était une musique. Son esprit était surtout dans la bourse de M. le duc de Noyal-Treffléan.

Quant à son cœur, — le cœur de la Clarendon ! — les renseignements nous manquent de la manière la plus absolue. Nous sommes porté à croire que c'était le plus joli petit caillou du monde. Quelques mauvaises langues disaient que son père était mort de pauvreté dans un taudis de la rue Traînée, avoisinant l'église Saint-Eustache. Il est donc permis de supposer que mademoiselle Clarendon, ainsi que la plupart des danseuses, avait le cœur dans les jambes.

Avouons aussi que ce diable de cœur est une chose bien gênante, bien insupportable et bien triste. Le cœur ! mais s'il fallait l'écouter toujours, on ferait de belles folies. Parlez-nous plutôt de la tête, voilà une bonne conseillère ! La tête aime le vin, les perles, la soie qui craque, les bougies éveillées, le propos galant et toute cette honte saupoudrée avec de la poudre d'or. Le cœur gronde, la tête chante. Fi du grondeur !

Cette insolente fille continuait la tradition éternelle de Pandore après l'ouverture de la boîte. Mauvais génie au front brillant de jeunesse, elle traversait le monde en faisant éclore sous chacun de ses pas un coupable désir. Du coin de la borne où hésitait leur vertu, de jeunes femmes du peuple, pâles de faim, la regardaient passer dans sa robe à la polonaise, avec ses diamants aux oreilles, suivie de ses laquais; et leurs pauvres yeux flambaient d'envie.

Pourtant elle ne savait pas le mal qu'elle faisait. Il en est ainsi chez toutes celles qui ont perdu la clef de leur conscience. Arrivées à un certain point de dépravation et de coquetterie, elles ne touchent plus à la société que par les côtés matériels. Leur pensée s'en va; elles enferment l'horizon dans un boudoir; leur ciel, selon un auteur, c'est le ciel de leur lit. On dirait les habitantes d'un monde à part, intelligent et galonné; elles n'ont presque plus rien de la femme : ce sont des oiseaux, un bouquet, un article de joaillerie.

La Clarendon occupait, comme nous l'avons dit, un vaste hôtel situé devant la maison du philosophe genevois.

Rien de remarquable dans la façade, si ce n'est un balcon rebroussé avec orgueil et travaillé curieusement par un serrurier de génie. La porte n'était ni assez large ni assez haute pour donner passage à un carrosse. Cet hôtel portait encore le nom du président Hénault qui l'avait habité.

Toutes les grâces et toutes les ardeurs du luxe étaient réservées pour l'intérieur. Le luxe montait l'escalier, entrait dans les chambres, grimpait aux plafonds, rampait furtivement sur les planchers. Il se faisait or, marbre, velours, porcelaine, bois d'amarante et bois de rose. Il étincelait dans les glaces, il souriait dans les Amours mythologiques peints par Gillot, il embaumait avec les fleurs dans les vases du Japon. Le luxe était le maître céans, rien ne se faisait que *de par le luxe;* et, dès qu'on entrait, il semblait entendre comme une ode au luxe chantée à la fois par les cristaux, la sculpture et les Gobelins!

La pièce où se trouvait alors couchée la Clarendon avait été décorée par Carpentier, l'architecte du roi et de Bouret. Les lambris étaient chargés d'arabesques exécutées sur les dessins du château du Croisy;

les meubles étaient en bois d'aventurine appliqués par Martin.

A cette heure de nuit, la danseuse était vraiment séduisante à voir. Sa physionomie doucement alanguie était rehaussée par une petite mouche taillée en forme de croissant, appelée l'*équivoque* et placée à la pointe de l'œil. Elle avait quitté en partie son rouge.

De temps en temps elle poussait quelques faibles cris de douleur.

Le docteur était assis auprès d'elle sur un de ces tabourets désignés, dans le langage précieux de l'époque, sous le nom d'*enfants du respect.*

Ce docteur, dont il importe d'esquisser la physionomie, était l'excellent docteur Champdoiseau, vulgairement appelé dans Paris le médecin des pauvres, grand ennemi de la compagnie de Jésus, détracteur acharné du père de Sacy et fortement imbu des principes philosophiques. Il avait été à l'école de Boerhaave, et ses lumières méritaient de le classer auprès des Sydenhamet des Louis. Seulement il avait des idées audacieusement avancées sur l'organisation des corps et sur les expériences auxquelles il est possible de les soumettre. C'est de lui qu'on tient cette recette pour faire des cyclopes : « Prenez deux enfants nouveau-nés, mâle et femelle ; masquez-leur l'œil gauche ; mariez ces deux borgnes artificiels quand ils seront grands ; suivez le même procédé pour les enfants qui naîtront d'eux, et obtenez une dispense du pape pour les marier ensemble ; masquez toujours les yeux gauches, mariez toujours les frères et les sœurs, et, au bout de quelques générations, vous aurez le plaisir de voir les yeux gauches s'oblitérer, disparaître, et l'œil droit se déplacer petit à petit pour venir se fixer au milieu du front... »

A part ses manies expérimentales, le docteur Champdoiseau était le meilleur homme de la terre.

Il demandait alors à la Clarendon :

— Souffrez-vous beaucoup ?

— Ah ! docteur, répondait-elle, si ma taille allait demeurer gâtée !

— Cela n'est pas probable.

— Je crois que j'en mourrais, docteur !

— Bon ! voyez mademoiselle Sophie Arnould, qui en est à sa troisième grossesse.

— Mais c'est l'excès contraire que vous me citez-là ! Mademoiselle Arnould est maigre comme les six commandements de l'Église. Docteur ?

— Madame ?

— Pensez-vous que ma convalescence dure longtemps.

— Mais... quinze jours... trois semaines au plus.

— Trois semaines ! La vilaine chose que la maternité, et combien je suis à plaindre !

La Clarendon s'agitait dans ses mousselines et découvrait tantôt un bras d'albâtre ou un coin luisant d'épaule.

Une de ces petites chiennes à la mode appelées *greaines*, s'était pelotonnée sur son lit et endormie au milieu de deux ou trois pralines éparpillées.

Dix heures sonnèrent à la pendule.

En ce moment un roulement sourd se fit entendre dans la rue.

Une voiture venait de s'arrêter devant la porte de l'hôtel.

Un heiduque, porteur d'une haute canne, fit retentir le marteau de l'hôtel, pendant que les deux laquais de derrière s'empressaient d'abaisser le marchepied du carrosse.

M. le duc de Noyal-Treffléan descendit pesamment en chantonnant un air de théâtre.

Au bas de l'escalier, il fut instruit de nouveau, par la femme de chambre, de l'état critique où il allait trouver la Clarendon.

— Vraiment? dit-il, moi, père; cela est amusant.

Puis, fouillant aussitôt dans sa large veste :

— Tiens, Frontine, voilà vingt-cinq louis pour la nouvelle, et je t'en promets autant si j'ai un enfant mâle.

La soubrette empocha.

— Père! répéta le duc avec un sourire gros de mystères.

Lorsqu'un sentiment humain tombait au milieu de cette société d'apparat, parmi ces hommes et ces femmes qui vivaient justement de tout ce qui ne constitue pas la vie des autres, il y produisait l'éclaboussure d'une pierre dans un étang. La famille, la dévotion, le travail, étaient regardés par eux comme le roman de l'existence. Ils n'admettaient pas qu'il pût leur arriver rien de ce qui arrive communément aux petits bourgeois; le moindre point de contact leur causait des ébahissements profonds ou des colères à tout briser, comme quand leur carrosse se trouvait arrêté par un embarras de charrettes. En dehors de ce cinquième élément, la cour, où ils vivaient, soyeux et puérils, avec des frémissements analogues à ceux des poissons rouges dans un bassin, ils ne savaient rien voir ni rien entendre.

Devenir père, comme le premier marchand de la rue Saint-Denis, lorsqu'on est tout absorbé par le sourire de la reine, le pont-neuf en vogue, la dernière sorte de poudre, c'était pour eux d'un trivial à faire pousser le rouge au front! On comprend alors la sérénité d'âme et toute l'admirable grandeur de caractère qu'il fallut à M. le duc pour se contenter simplement d'en rire.

Après avoir pressé le bouton de la chambre à coucher de la Clarendon, et salué le docteur d'un geste, il s'asssit sur une ottomane, enrichie de crépines d'or et garnie de coussins avec des glands en chaînettes, qui faisait face au lit.

— Bonsoir, déesse, dit-il en rangeant son épée.

3.

La danseuse se souleva pour voir s'il n'y avait pas sur le visage de son protecteur un peu de l'ironie contenue dans ses paroles. Mais, rassurée :

— Déesse à la façon de Sémélé, répondit-elle, quand Jupiter daignait assister à ses couches.

M. le duc de Noyal-Treffléan, qui allait prendre une prise de tabac, demeura émerveillé de cette mythologie d'Opéra.

— Montrez-moi votre tabatière, reprit la Clarendon qui étendit la main ; il me semble apercevoir un nouveau sujet dessus.

— Tudieu ! vous avez la vue bonne.

— Donnez.

— Volontiers.

— Qu'est-ce que cela représente ? dit-elle en examinant le bijou avec attention.

— Ça ? c'est une miniature. L'*Amour qui cloue un papillon à un arbre.* Je gage, friponne, que vous devinez aisément l'allégorie. Il veut fixer une âme volage.

— Oui, oui... très-galant... et surtout très-significatif, répondit-elle.

— Bah ! tout le monde en porte de semblables.

La danseuse attacha sur lui des yeux qui lançaient l'interrogation.

— Duc?

— Qu'est-ce qu'il y a?

— Vous êtes à cent lieues de moi; venez donc plus près. Est-ce que ma maladie vous épouvante? Cela ne se gagne pas, demandez au docteur.

Le duc de Noyal-Treffléan changea complaisamment de place pour venir se plonger dans une sultane, au pied du lit de mademoiselle Clarendon.

— Ah! mon Dieu! s'écria-t-elle dès qu'elle l'eut à portée, mais vous embaumez l'eau de Chypre!

— Est-ce que cela vous incommode, céleste amie?

— Non. Je vous trouve à ravir de la sorte, avec votre habit de velours ponceau, vos riches dentelles, et surtout le gros diamant qui rayonne à votre doigt.

— C'est *l'Aristote,* un des plus précieux qui existent dans toute l'Europe.

— Pour peu que cela continue, vous êtes en train de devenir l'arbitre du raffinement.

— Oh! oh!

— Depuis deux mois, c'est à peine si je vous reconnais.

— C'est que depuis deux mois vous ne m'avez jamais tant regardé qu'aujourd'hui, idole.

— Tenez, duc...

— Mignonne?

— Parlons franchement.

— Je refuse, répondit le duc.

— Et la raison? demanda-t-elle légèrement surprise.

— C'est que vous n'êtes pas de force.

— Eh bien, nous allons voir; je suis piquée au jeu. D'abord, répondez-moi. D'où sortez-vous à présent?

— De mon carrosse.

— Mais auparavant? fit la Clarendon impatientée.

— De la Comédie-Italienne, tigresse.

— Ah! et que donnait-on ce soir à la Comédie-Italienne?

— Dame! ce qu'on a l'habitude d'y donner tous les soirs, une parodie, quelque chose comme *Fanfale*, je crois, ou bien..

— Il n'importe. Et qui est-ce qui jouait dans cette parodie ?

— Les chanteurs ?

— Non, les chanteuses.

— Ma foi, autant qu'il m'en souvienne, mademoiselle Prudhomme, mademoiselle Beaupré, mademoiselle Baptiste, qui dit si bien l'air : *Tu croyais, en aimant Colette...*

— Et puis ?

— Et puis... attendez donc... mademoiselle Mantel... oui, c'est bien la Mantel.

— Monsieur le duc, voulez-vous que je vous dise une chose ?

— Dites, lumière de mon âme.

— Vous êtes amoureux de mademoiselle Mantel.

— Allons donc ! fit le duc en tarabustant du bout de sa canne la petite chienne qui s'était réveillée et lui montrait les dents.

— Depuis deux mois, vous lui faites une cour réglée.

— Quelle plaisanterie ! Depuis deux mois ! Mais il y en aurait assez pour me donner dans toutes les ruelles la réputation d'un Amadis ou d'un Caloandre. Vous n'y songez pas, Clarendon.

— Prenez garde, mon cher duc, je m'y connais, un indice me suffit; et, s'il faut absolument vous convaincre, eh bien!... vos breloques, par exemple...

— Mes breloques?

— Oui. Croyez-vous que je ne me sois pas aperçue que depuis deux mois vous en aviez changé presque toutes les semaines.

— Qu'est-ce que cela prouve?

— Oh! ne faites pas l'ignorant. J'en sais aussi long que vous sur le langage des bagues, des mouches, des fleurs et des rubans. Grâce à cette science, j'ai suivi pas à pas vos progrès dans votre nouvelle passion. Vos breloques m'ont tout raconté. D'abord, aussitôt que vous vous êtes senti captivé par les charmes de mademoiselle Mantel, vous vous êtes empressé de porter une petite chaîne, des lacs de soie et un oiseau en cage, chantant la perte de sa liberté. Puis quelque temps après, sans doute en marque de votre attachement discret et fidèle, une éternelle, un chien blanc, et un Cupidon le doigt sur la bouche et sans ailes. Même une fois, vous affectâtes de ne suspendre qu'une larme d'or, vous voyez que j'observe bien. Jusque-là, les choses me paraissaient être menées avec assez de lenteur lorsque, il y a huit jours, vous êtes arrivé avec une couronne de roses épanouies, une trompette et deux brins de laurier. Cet emblème triomphal ne sollicitait aucune explication, au contraire, bien des gens auraient pu le trouver trop explicite et suffisamment vaniteux. Enfin, aujourd'hui, je vous vois porter deux cœurs entrelacés. Ah! pour le coup, monsieur le duc, convenez-en, vous me forcez les yeux; et il faudrait être aveugle pour n'avoir pas lu couramment l'histoire de vos amours dans les métamorphoses de vos breloques.

Le duc de Noyal-Treffléan se gratta l'oreille et se prit à rire.

— Clarendon, vous êtes une fille adorable, et jamais je ne vous ai connue plus spirituelle que ce soir.

— Eh bien, c'est flatteur.

— Mais, à mon tour, voulez-vous que je vous dise?

— Voyons.

— Vous ne m'en voudrez pas de ma sagacité?

— Pas plus que vous ne m'en avez voulu de la mienne.

— Ma chère belle, votre jalousie est trop subite pour ne pas cacher une arrière-pensée. Vous avez un projet.

— C'est selon.

— J'en suis sûr. *Votre siége est fait,* comme dit ce bon abbé Vertot.

— Un siége?

— Allons, avouez sincèrement.

— Avouer quoi?

— Que vous avez une demande à m'adresser.

— Moi, du tout.

— Comme il vous plaira! fit le duc en croisant ses jambes et regardant au plafond.

— Seulement...

— Hein?

— Je voulais.....

— Qu'est-ce que vous vouliez?

— Je désirais...

— Ah! ah!

— Oh! mon Dieu, causer; pas autre chose.

— Oui, *causer*, c'est ce que j'avais l'intention de dire, cela s'entend ; mais causer de quoi ?

— De quelqu'un.

— Encore dois-je savoir de qui ?

— Eh bien, de... votre... enfant, par exemple.

Il y avait dans le regard et dans l'accent de la danseuse une inquiétude qui n'était pas jouée.

Sans doute le duc s'en aperçut, car un sourire desserra ses lèvres, et il reprit :

— Bon ! cet enfant n'est pas encore né.

— Il va naître.

— Alors, nous aurons tout le temps d'en causer à loisir.

— Vous croyez ?

— Assurément.

— Je le ferai nourrir près de moi, dit la Clarendon, dans une campagne voisine, afin de le voir souvent, bien souvent, car c'est mon premier-né, duc ; et quel bonheur j'éprouverai à surveiller ses tendres jours, à épier ses bégayements, à guider ses pas ! Comprenez-vous cela, et excusez-vous ces transports pour moi si nouveaux ?

Le duc feuilletait *les Matines de Cythère*.

— Si c'est un fils, continua la Clarendon, je le nommerai Charles, comme vous, mon ami; et si c'est une fille, Charlotte.

Le duc gardait le silence.

— Ensuite, il faudra faire quelque chose pour son avenir, veiller à ce que son éducation soit achevée et brillante, lui donner enfin un honorable état.

Le duc se taisait toujours.

— Mais vous paraissez m'écouter à peine, dit-elle, et vous ne me répondez point. A quoi songez-vous donc? Est-ce que ces projets ne seraient pas de votre goût?

— Clarendon, répondit le duc avec une certaine lenteur, je vois que vous perdez la mémoire.

La Clarendon tressaillit.

— La mémoire... de quoi? balbutia-t-elle.

— De nos conventions.

Le duc de Noyal-Treffléan se leva silencieusement et comme avec effort.

Il alla droit au docteur.

— Docteur Champdoiseau, dit-il, rendez-moi le service de tâter le pouls à mademoiselle Clarendon.

Le docteur exécuta cet ordre avec une gravité et un scrupule dignes d'un médecin de Molière.

— Bien, fort bien, ajouta le duc. Maintenant, dites-moi pendant combien de temps mademoiselle peut supporter la contrariété d'une conversation d'affaires.

Le docteur consulta la pendule placée sur la cheminée, puis sa montre à lui ; il interrogea une seconde fois le pouls de la malade, et répondit :

— Une demi-heure encore.

Et sur un regard du duc, il s'inclina révérencieusement et sortit.

Resté seul avec la Clarendon, le duc de Noyal-Treffléan se dirigea vers un panneau de l'appartement ; il poussa un ressort secret et tira d'une cachette un petit coffret, qu'il vint déposer sur une console.

Il ouvrit ce coffret, au fond duquel on ne voyait qu'une feuille de parchemin pliée en quatre.

Cette feuille de parchemin, il la prit délicatement entre ses doigts, et, après l'avoir dépliée, il revint s'asseoir dans la sultane où il se trouvait tout à l'heure, auprès du lit de la Clarendon.

Celle-ci l'avait regardé faire, en se mordant les lèvres, de l'air de quelqu'un qui se souvient trop tard.

Mais lui, sans vouloir remarquer son embarras, il éleva le papier, et le balançant entre l'index et le pouce :

— Connaissez-vous ceci, chère belle? demanda-t-il.

— Attendez donc... joua la danseuse.

— Cherchez bien.

— N'est-ce pas cette folie dont nous nous amusâmes l'année dernière, cet engagement que vous m'obligeâtes à signer?

— Je crois que oui.

— Eh bien, dit-elle avec une gaîté apparente, qu'est-ce que vous voulez faire de ce chiffon?

— La la, parlons plus sérieusement d'un acte en bonne forme, signé, paraphé et enregistré par tous les hommes de la chicane.

— En vérité?

— Voyez plutôt ces gros pâtés d'encre et ces zigzags de procureur, dit le duc en avançant le parchemin sans le lâcher. Mais, comment se fait-il que vous en ayez sitôt perdu la mémoire?

— Je ne sais pas, dit la danseuse.

— Vous plait-il, dans ce cas, fraîche Hébé, que je vous en rappelle les clauses les plus importantes?

— Comme vous voudrez, répondit la fraîche Hébé, non sans un grain d'humeur.

Le duc de Noyal-Treffléan s'arrangea au fond de son fauteuil, et entama la lecture de cette pièce originale qui n'est pas sans exemple parmi les annales de la galanterie au XVIII° siècle :

« Par devant, etc., etc., il a été formé une société, d'une part entre M. le duc de Noyal-Treffléan, seigneur de... » Je passe les titres, dit-il, « et mademoiselle Hélène Roux, dite la Clarendon, coryphée au théâtre royal de l'Opéra. »

» Cette association a pour but l'agrément mutuel des parties contractantes; elle est fondée sur l'immoralité et le plaisir, dans la limite des articles ci-dessous énoncés :

» Art. 1er. M. le duc de Noyal-Treffléan s'engage envers la demoiselle Clarendon à lui acheter un hôtel dans Paris, meublé comme celui de mademoiselle

Éryphile; avec une toilette en argent de l'orfèvre Germain.

» Art. 2. Plus, une folie sur les bords de la Seine, à Meudon, Vaucresson ou Bellevue.

» Art. 3. A lui faire obtenir de Francœur trois pas chaque année, dans les divertissements de l'Opéra.

» Art. 4. M. le duc tâchera d'être jaloux au moins deux fois par mois, en présence de témoins.

» Art. 5. De son côté, la demoiselle Clarendon consent à se vêtir deux fois par an en bourgeoise ou en grisette, pour aller en partie de cabaret aux Porcherons, ou ailleurs, avec M. le duc.

» Art. 6. A essayer d'apprendre l'orthographe et la grammaire.

» Art. 7. A ne changer d'équipage que tous les trois mois.

» Art. 8. A se procurer dans le plus bref délai tous les vices charmants de son sexe, ainsi que les défauts qui pourraient lui manquer.

» Art. 9. A n'avoir... »

La Clarendon laissa échapper un mouvement d'impatience.

— Mon Dieu ! monsieur, dit-elle, sautez par-dessus quelques articles, et arrivez à ceux qui sont les plus essentiels.

— Soit. Art. 10... art... 12... art. 13... Ce n'est pas cela.

— Y êtes-vous ?

« Art. 16. La durée de l'association n'est pas bornée ; il suffit de la volonté d'une des deux parties contractantes pour la dissoudre entièrement. »

— Ce n'est pas encore cela.

« Art. 17. La raison sociale est Noyal-Clarendon... »

— Plus loin, sans doute.

— Ah ! m'y voici. « Art. 20. » C'est l'article 20, articula le duc avec une lenteur malicieuse.

— Oui, oui, mais voyons...

« Art. 20. Au cas où la demoiselle Clarendon viendrait à être mère, l'enfant né d'elle appartiendrait à M. le duc de Noyal-Treffléan, qui demeurerait libre d'en disposer comme il lui conviendrait. »

— Est-ce tout ? demanda la danseuse.

— C'est tout, répondit le duc.

— Eh bien ?

— Eh bien, n'avais-je pas motif, douce amie, de dire tout à l'heure que vous aviez perdu la mémoire?

— Mais non, je vous jure.

— Comment cela?

— Je proteste que nous nous entendons à ravir. Disposez de mon enfant, selon qu'il vous plaira. Je n'y mets point obstacle.

— A la bonne heure.

— Seulement, permettez-moi de vous demander ce que vous voulez en faire?

— Ah! pour cela, c'est mon secret.

— Prenez garde, cher duc, le traité ne me défend pas les interrogations..

— Soit; mais il ne m'ordonne pas les réponses.

La danseuse était battue, elle le sentit; car sa voix et son regard, d'attentifs et de spirituels qu'ils étaient, commencèrent à devenir suppliants.

— Au moins, un renseignement, un mot! demanda-t-elle.

— Rien, prononça le duc.

Le silence qui se fit dans cette chambre pendant trois minutes couva une résolution bizarre chez la Clarendon. Elle eut un mouvement du cœur, le premier de sa vie. L'être qui palpitait dans ses entrailles lui fit ressouvenir qu'elle était femme.

— Ma foi, monsieur le duc, dit-elle avec un sourire qui n'était déjà plus celui de la courtisane, vous allez vous moquer de moi, je le sais. Je ne vous ai guère habitué jusqu'à ce jour à des sensibilités, et moi-même je m'étonne du caprice qui me prend. Mais enfin, cela m'amuse de céder à la nature, une fois par hasard. Cet enfant n'est pas né, donc il est encore à moi; eh bien! je romps notre engagement...

Cette fois, ce fut au tour du duc de se mordre les lèvres et d'être désappointé. L'étonnement qui se peignait sur son visage témoignait de sa perplexité profonde.

— Allons donc! ma belle, est-ce sérieux ce que vous me dites-là?

— Très-sérieux. Je veux voir, je veux savoir, je veux connaître. Peut-être y a-t-il dans la maternité un monde de délices supérieures. Enfin, c'est ma fantaisie.

— Vous n'y songez pas, Clarendon!

— Si fait, monsieur le duc, et c'est moi qui ne vous

comprends plus. Croyez-vous avoir le privilége de la singularité? Ne suis-je pas votre élève? Je veux voler de mes propres ailes maintenant, et être seule à créer mes sensations.

— Ainsi donc?... fit le duc inquiet.

— Ainsi donc, répartit la danseuse, vous êtes libre d'anéantir ce contrat.

— A votre aise, ma charmante.

Et sur-le-champ il approcha le parchemin d'un flambeau de cire.

Mais auparavant il se retourna encore.

— Eh bien? murmura-t-il.

— Brûlez...

Le duc de Noyal-Treffléan hésita. A la fin, il remit le papier dans sa poche.

Au fond, la Clarendon n'en fut pas fâchée.

Il fit silencieusement trois ou quatre tours dans la chambre, pendant lesquels il roula des projets. La résistance de cette fille l'intéressait à l'égal d'un problème qu'il se serait mis en tête de résoudre.

Au quatrième tour, il s'arrêta devant le lit. Sa figure rayonnait d'une idée mauvaise. Il s'était composé un sourire avec les sourires combinés de Mazarin, de Dubois et de tous les Richelieu.

— Allons, murmura-t-il, je vois qu'il faut recourir aux grands moyens.

Et, après une pincée de tabac lestement humée :

— Clarendon, dit-il, je vous achète votre enfant.

La danseuse était habituée à bien des choses de la part du duc de Noyal-Treffléan; mais elle ne s'attendait pas à celle-là. Pour lui, elle en rougit presque.

— Voyons, combien? dit-il.

— Mais, monsieur le duc... balbutia-t-elle en sentant toutes ses idées confondues.

— Oh! ne marchandons pas, c'est inutile; je suis résolu à en passer par ce que vous voudrez... Tenez, dix mille livres !

— Monsieur le duc, à votre tour, ce que vous dites là est-ce sérieux?

— Rien de plus sérieux. Dix mille livres votre enfant, voulez-vous?

— Mais un pareil moyen est odieux, continua-t-elle.

— Parbleu! quel charme y trouverais-je, s'il était innocent?

— Cependant...

— Oh! mon adorable, finissons. La demi-heure du docteur est près d'expirer, dit-il en regardant la pendule; voyons, vingt mille livres, cela vous va-t-il?

La Clarendon passa la main sur ses yeux :

— Duc, laissez-moi, je souffre.

— Trente mille alors!

— Duc, rappelez le docteur, je vous en prie.

— Quarante !

— Votre voix me fait mal... Je vous dis que je ne veux pas... laissez...

— Cinquante, cinquante mille livres! dit-il en se penchant sur elle.

Un silence.

La danseuse se tordait, ébranlée à moitié.

— Ah! vous tenteriez les saints! cria-t-elle; non, non, non, je ne serai pas une mauvaise mère. O mon enfant, entends-tu? cinquante mille livres, tes caresses, ton regard, le sourire que j'ai tant désiré, cinquante mille livres tout cela! cinquante mille livres, ce mot que tu prononceras un jour : Ma mère! Non, non, je ne veux pas.

Mais lui, le duc, poursuivait toujours son implacable enchère.

— Soixante mille livres !

— Non ! non ! non !

— Cent mille livres !

Pas de réponse. Un horrible combat avait lieu dans le cœur de la Clarendon.

Et puis, les douleurs de l'enfantement commençaient à se faire sentir impérieuses.

Le duc, à son oreille, répétait :

— Combien ?

— Ah ! mon enfant, tu me maudiras !

— Combien ? criait le duc.

— Eh bien... eh bien... dit la courtisane en se soulevant dans un suprême effort, deux cent mille livres !

Elle retomba en proie aux convulsions.

Le duc de Noyal-Treffléan eut un mouvement d'effroi. Il agita précipitamment une sonnette.

Le docteur parut.

IV

Le spectacle le plus sublime qu'on puisse voir est certainement celui des premières caresses qu'une mère donne à son nouveau-né.

Thérèse Levasseur tenait son fils dans ses bras elle attachait son regard sur cette ébauche humaine qui, enveloppée de langes misérables, semblait ne pas vouloir ouvrir les yeux, afin de ne pas voir la vie.

Auprès d'elle se tenait le médecin que Rousseau était allé quérir, et qui se trouvait être précisément le docteur Champdoiseau. Le philosophe l'avait rencontré sortant de l'hôtel de la Clarendon, et, après s'être nommé à lui, il l'avait prié de venir donner ses soins à une pauvre femme qui demeurait tout proche.

Le docteur l'avait suivi, la tête découverte.

— Enfin, disait-il maintenant à Thérèse en se voûtant de manière à former avec sa canne un arc irréprochable, quels noms donnerez-vous à ce jeune garçon ? Ceux de son père, évidemment. Eh bien, promettez-moi en outre de le nommer Érasme.

C'était le prénom du docteur.

Thérèse hocha la tête.

— Il n'aura pas besoin de noms, répondit-elle, triste.

— Vous voilà retombée dans vos appréhensions mauvaises. Vous ne croyez donc pas à la science ? Cet enfant est heureusement constitué ; tout fait présumer qu'il vivra pour porter le nom glorieux de son père, auquel j'aurai ajouté trois syllabes, moi, le plus humble admirateur du grand philosophe.

— Il ira où les autres sont allés.

— Que vous avez d'étranges visions ! Parce que la mort s'est déjà abattue sur les précédents, croyez-vous qu'elle soit continuellement aux aguets?

Pendant quelques minutes, Thérèse demeura muette. Les paroles du docteur avaient réveillé chez elle de lugubres souvenirs.

Elle serrait son nouveau-né contre son sein avec plus de tendresse. Il y avait à la fois de la terreur et de l'amour dans sa physionomie.

— Docteur, dit-elle enfin, ce n'est pas la mort qui m'a enlevé mes autres enfants.

La canne du médecin faillit rouler sur le plancher.

— Ce n'est pas la mort ? Mais alors...

— C'est Rousseau qui me les a pris.

— Quoi ! votre illustre époux ?

— Oui, docteur.

— Et qu'en a-t-il fait ?

— Hélas ! demandez aux sœurs de l'Hôtel-Dieu.

Le médecin se redressa en passant la main sur son front.

— O majestueux philosophe ! s'écria-t-il dans un transport d'enthousiasme ; c'est superbe ! Tu voues tes enfants à l'obscurité, afin qu'ils deviennent des hommes intègres, de vertueux citoyens. Tu redoutes pour eux le contact d'une société corrompue. Magnifique leçon donnée à tous les pères ! O mon maître ! je voudrais que demain il me naquît un fils, afin de pouvoir imiter ta sagesse !

— Vous trouvez cela beau, vous ?

— Mais je suis trop vieux pour avoir un fils ! continua le docteur en levant vers le ciel un regard de reproche.

— En vous confiant ce secret, reprit Thérèse, j'espérais vous voir compatir à mes anxiétés ; je croyais trouver en vous une âme d'honnête homme et non un cœur de philosophe.

— Pauvre femme ! c'est-à-dire que vous ne me supposiez point si grand, n'est-il pas vrai ? Vous m'assimiliez aux bourgeois et aux villageois ; vous me prêtiez la faiblesse morale de ces gens-là.

— J'allais vous prier de soustraire cette malheureuse créature au sort qui lui est réservé. Cela vous eût été si facile ! Vous n'aviez qu'à l'emporter dans vos bras chez quelque bonne femme qui lui aurait servi de mère jusqu'à ce que j'aie la force de me lever seulement.

— Votre intention eût donc été de vous opposer aux volontés du célèbre Rousseau ?

Thérèse roidit le bras par un geste menaçant.

— Et mon intention n'a pas changé, dit-elle en grossissant sa voix. Si Jacques vient essayer de me voler mon enfant, je lui plante mes ongles dans les yeux. Il ne pourra pas cette fois profiter lâchement de mon sommeil, car je ne dormirai pas!

Le médecin prit le bras de Thérèse, et, lui tâtant le pouls :

— Avant deux heures, dit-il, vous dormirez.

— Et si je ne veux pas?

— La nature ne tient pas compte des fantaisies de la raison.

— Je me tiendrai assise sur mon lit, pour ne pas céder au sommeil.

— Vous tomberez évanouie au bout de quelques instants.

— Ah! votre cruauté me révolte!

— Dites ma science, et non ma cruauté.

— Alors, selon vous, je ne pourrai pas empêcher qu'on ne me prenne ce pauvre petit?

— Non.

— Cependant si vous veniez à mon secours?

— Je m'en garderais bien!

— Je vous promets de l'appeler Érasme, dit Thérèse d'une voix que l'inquiétude fêlait.

— Il n'a pas besoin de nom, comme vous avez dit.

— Mais vous y teniez, monsieur le docteur, il n'y a qu'un moment...

— J'ai pu vous dire beaucoup de choses quand j'ignorais la grave expérience que Rousseau tente sur sa progéniture.

— Eh ! ce n'est pas une expérience qu'il fait.

— C'est un essai d'éducation ?

— Rousseau noierait ses enfants, si cela n'était défendu !

— Vous croyez qu'il aurait cet étonnant courage ?

Thérèse, pétrifiée, jeta un regard d'épouvante sur le médecin.

— Vous me donnez froid, avec des mots pareils, dit-elle.

— Hélas ! il en sera toujours de même. La philosophie refroidit ceux qu'elle ne réchauffe pas. Adieu, madame. Rendez grâce au destin qui vous a faite l'épouse d'un homme si admirable !

Le médecin s'en alla en faisant sonner sa canne tout le long des marches de l'escalier.

— C'est égal, dit-il lorsqu'il fut dans la rue : je veux absolument savoir si cela est vrai ou faux...

Demeurée seule, Thérèse Levasseur avait fait de ses bras une espèce de hamac où reposait son enfant. Par la fatigue de cette position, elle espérait vaincre le sommeil déjà rôdant auprès de ses paupières. A de courts intervalles, elle promenait autour d'elle un regard enchevêtré. Insensiblement ses yeux se fermaient.

Tout était silencieux dans la maison du philosophe. Le vent seul battait un volet mal fermé ou versait sa plainte aux ténèbres des corridors. La chandelle qui éclairait la chambre de Thérèse lançait des lueurs fumeuses qui luttaient avec l'ombre sans cesse envahissante. Au milieu de ces ondes rougeâtres, la pauvre femme se débattait contre la torpeur que laisse après lui le travail de l'enfantement. Elle se releva sur son séant.

— Je n'y peux pas tenir, dit-elle ; le sommeil me frappe sur le front à coups de marteau. Si je succombe, Rousseau viendra. Comment résister à ces tourbillons qui m'entraînent?... Ah! j'ai là un élixir de force... Oui, je me rappelle... je l'avais caché pour l'avoir sous la main à l'occasion.

L'enfant de Thérèse se prit à vagir; elle lui donna le sein, ce qui l'apaisa pour un moment. Puis, coulant les doigts sous un coin du lit, elle en retira une bouteille noire, trapue, sur le ventre de laquelle on lisait : « Curaçao de Hollande, maison Collas et Périneux, AU VAISSEAU D'ARGENT. »

— Chacun son goût, prononça-t-elle en collant ses lèvres au goulot.

C'était, en effet, la passion favorite de Thérèse Levasseur, qui la poussait à l'extrême. Elle buvait comme un cent-suisse, ce qui la fit chasser plus tard de chez M. de Girardin.

— Encore, oui, encore! murmurait-elle en mesurant chaque gorgée à travers la bouteille qu'elle présentait à la lumière ; il faut en boire beaucoup pour oser le braver. Mais ce curaçao n'est pas assez fort, je l'achèterai ailleurs désormais. Ah! comme la force est lente à venir... Encore !

Elle buvait, lorsque tout à coup une silhouette se découpa sur le mur.

Thérèse tressaillit.

Elle saisit la bouteille d'une main, son enfant de l'autre.

Jean-Jacques venait à elle.

Il s'arrêta à la place occupée auparavant par le médecin ; là, il croisa les bras et posa son menton sur un de ses poings.

Puis il dit :

— Je vous avais défendu de boire des liqueurs.

— J'en ai bu à peine, murmura Thérèse.

— Vous n'avez donc pas songé que dans l'état où vous êtes cette imprudence peut vous tuer.

— J'ai songé qu'il me fallait de la force pour veiller sur mon enfant. J'ai oublié le reste.

— Que le sort de cet enfant ne vous inquiète point, dit Jean-Jacques ; j'y ai pourvu.

— Oui, comme vous avez pourvu au sort des autres, n'est-ce pas ?

— Aucun n'a souffert, je pense.

— Aucun ne m'appelle sa mère.

— Thérèse, nous sommes pauvres, vous le savez. Que ferions-nous de ce petit être ? Il serait malheureux chez nous et ne saurait apprendre à nous bénir. Prenez donc la vie par la réalité. Il nous coûterait trop cher.

— Quand même il devrait me coûter les yeux de la tête, je le garde !

Elle but.

— Vous ne devriez pas vous permettre d'avoir une autre pensée que la mienne, Thérèse.

— Je vous laisse à vos livres, laissez-moi à mon fils. Pourquoi vous occuper de son sort ? Ne pouvez-vous, une fois, confier ce soin à ma tendresse ?

— J'ai de grands motifs, dit le philosophe.

— Au moins, expliquez-les-moi.

— Vous ne les comprendriez pas, Thérèse.

— Alors, retire-toi, démon !

L'ivresse a ses résultats plus ou moins prompts, suivant la disposition du cerveau qu'elle frappe. Thérèse Levasseur était déjà considérablement affaiblie par sa délivrance ; elle avait bu par réflexion, elle but par vertige. Alors tout se teignit à ses yeux d'un aspect insensé et fantasque autour d'elle. La ronde de l'ivresse commença. Les moindres ombres lui paraissaient des êtres animés qui allongeaient et retiraient tour à tour leurs bras comme s'ils eussent médité de lui ravir son enfant. Elle entendait des craquements dans le plancher, des bruits étouffés au fond de la commode. Peureuse, elle frottait ses yeux hagards. A la fin, elle fut épouvantée comme une baigneuse qui se sentirait emportée par la mer.

Jean-Jacques, qui la regardait en silence et sombrement, se leva.

— Ah! le lâche et le voleur! s'écria-t-elle dans sa double fièvre ; comme il tourne autour de mon lit et avec quelle impatience il attend mon sommeil! Mais je ne m'endormirai pas, non, non non. Entends-tu bien? Oh! je connais depuis longtemps ton méchant regard ; maintenant, il ne m'effraye plus, c'est fini, j'y suis accoutumée. Voleur! voleur!

Il frappa du pied et dit brèvement :

— Thérèse !

Puis, haussant les épaules et essayant d'une voix plus souple :

— Allons, Thérèse, de l'obéissance!

Elle se leva à demi, électriquement.

Une idée lui était venue.

— Rousseau, prends garde ; j'ai toujours été pour toi une bonne ménagère, je t'ai suivie partout ; tes extravagances et tes caprices, je les ai subis les yeux fermés. Rousseau, prends garde ; je peux te rendre la vie dure. Oh ! ne hoche pas la tête, je connais tes secrets aussi bien que toi ; tu as l'air de l'ignorer, mais je ne suis pas tout à fait la brute que l'on croit. Là où les autres admirent, je ris de pitié, car je sais les dessous de ton âme ; et moi aussi je peux écrire mes confessions. Il ne manque pas d'écrivains publics dans Paris ; au besoin, j'irais trouver M. de Voltaire, et je lui dicterais. Bon ! bon ! fais semblant de n'avoir pas peur ; je te dis que tu trembles de tous tes membres. Ainsi, essaye de me voler mon enfant, et tu verras. Dieu merci ! ce n'est pas la vengeance qui a jamais embarrassé une femme ; ah bien ! oui. Douze philosophes comme toi auraient beau jeu entre mes ongles. Rousseau, je te le répète (et, disant ces mots, elle faisait entrer vraiment l'effroi dans son âme), Rousseau, je déchirerai tes papiers, je volerai tes manuscrits, je mettrai le feu à tes idées, à tes projets, à ta réputation, à ta gloire. Je te trahirai vivant, je te livrerai sans défense à tes ennemis. Prends garde !

Elle étendit les mains et les joignit par-dessus le corps de son fils.

— Rousseau, dit-elle avec un accent qui s'égarait de plus en plus; mon bon Rousseau, écoute-moi ! Tu te trompes, vois-tu... un enfant, c'est bien plus drôle que tu ne penses; et puisque tu aimes les chats, je ne comprends pas que tu détestes les enfants... un enfant c'est tout comme. Écoute-moi donc. Tu crains peut-être qu'il ne crie trop; c'est vrai que c'est ennuyeux. Mais il ne criera pas, ce pauvre chéri ! oh ! non, il a l'air si chétif... regarde... on voit bien que nous ne sommes plus de la première jeunesse. Tiens ! il ne vivra pas longtemps, je vois ça, ajouta-t-elle avec une horrible affectation d'insouciance; tu peux me le laisser sans crainte, nous en serons bientôt débarrassés.

— Folie ! folie ! répétait sourdement Rousseau.

— Tu ris, n'est-ce pas ? ce que je te dis te fait rire. Dame ! que veux-tu ? je me fais vieille, moi, et je me sens une énorme envie de tendresse. A quoi bon me disputer ce dernier bonheur ? Tu n'en entendras jamais parler, Rousseau, je le cacherai soigneusement, personne ne se doutera qu'il existe. Bien sûr.

Elle pleurait chaudement.

Puis, embrassant et secouant son enfant :

— Ah! si tu pouvais parler, toi, cela l'attendrirait peut-être! si tu pouvais seulement ouvrir les yeux, petit ange!

Rousseau ne bougeait pas

Thérèse eut un éblouissement. Les deux pleurs de feu qui mangeaient ses joues s'en allèrent. Elle sourit follement, et se recoucha tout de son long, en rangeant les draps du lit.

— Eh bien! viens me le prendre, dit-elle.

Et avec cet acharnement bestial que les ivrognes mettent à leurs exploits bachiques, elle reporta la bouteille à sa bouche et lui fit une couronne de ses lèvres épaisses.

Rousseau lui saisit le bras.

— Malheureuse! vous vous tuez, vous dis-je.

— Laisse-moi boire, répétait-elle en riant et délirant; c'est si bon... tu boiras après si tu veux...

— Thérèse!

— Lâche-moi donc le bras!

Une lutte ignoble s'engagea entre le philosophe et sa femme.

Enfin, ce qui devait arriver arriva : c'est-à-dire que la bouteille noire se cassa entre eux, répandant le reste de la liqueur sur les couvertures.

Une moitié resta aux mains de Rousseau; l'autre, entraînée par un mouvement désespéré de Thérèse, alla frapper le front de l'enfant.

La frêle créature eût été tuée du coup sans le hasard qui semblait veiller sur elle. La blessure fut plus large que profonde. A la naissance des cheveux, le verre coupa la peau, en décrivant un accent circonflexe parfaitement arqué.

Le sang jaillit.

Thérèse poussa un cri, car elle crut l'avoir tué, et elle appliqua sa bouche sur la plaie.

Jean-Jacques, un instant vaincu par l'horreur de cette scène, s'éloigna...

Le travail de la nature est si actif chez les êtres naissants, qu'une rupture du tissu cellulaire est chez eux presque instantanément ressoudée. Lorsque Thérèse eut arrêté l'hémorragie, elle fit à son enfant un anneau de ses bras, et bientôt, peu à peu, affaiblie par le combat qu'elle avait soutenu, bercée par l'ivresse, elle s'endormit.

Jean-Jacques Rousseau rentra, se glissant comme un voleur chez un orfèvre. A force de précautions et d'adresse, il parvint à desserrer les bras de Thérèse Levasseur, sans la réveiller.

Il emporta l'enfant.

V

Seul dans un vaste salon, le duc de Noyal-Treffléan avait plusieurs fois consulté la pendule, et il commençait à s'impatienter lorsque la porte s'ouvrit.

La servante Frontine apportait dans ses bras un nouveau-né, enveloppé des langes les plus riches.

— Eh bien, Frontine, demanda le duc en tirant une bourse; fille, ou garçon?

Frontine soupira.

— Hélas! monseigneur, ce n'est qu'une fille.

— La peste t'étouffe! s'écria-t-il en lui jetant toutefois sa bourse au visage.

Frontine déposa l'enfant sur un sofa, et sortit.

— Une fille! une fille! murmura le duc de Noyal-

Treffléan en se promenant à grands pas dans le salon; que diable vais-je en faire, et à quoi cela sert-il une fille? J'aurais si bien parié pour un garçon !

Et, s'asseyant à distance du sofa, il tomba en rêverie..

Me voici maintenant en face d'une tâche difficile, c'est-à-dire en face du portrait de cet homme, qui doit être fait sans broncher, hardiment, cruellement même. Soyez tranquille, il n'en rejaillira aucune éclaboussure pour la noblesse moderne. La noblesse d'à-présent n'a rien à voir avec la noblesse d'autrefois; la noblesse d'à-présent est discrète, convenable, prudente ; elle met à ne pas faire parler d'elle autant de soin que la noblesse d'autrefois en mettait à afficher sa vie, sa fortune et ses voluptés. Dans le peu de châteaux qu'on lui a laissés debout et dans un faubourg de Paris où l'herbe pousse, elle vit doucement, assouplie aux usages actuels, en relation avec tout le monde, n'ayant de faste que tout juste ce qu'il en faut pour rappeler que, de tous ses priviléges, elle tient uniquement à conserver celui des belles manières et du goût artistique.

Mais j'ai à peindre un homme de l'ancienne noblesse, et ceci est autre chose.

Il me faut des lumières franches, ainsi que de larges ombres. On doit d'autant moins de ménagements aux pères que les fils s'en passent glorieusement. Ce sont cinq ou six individualités comme le duc de Noyal-Treffléan qui ont accéléré la venue de la Révolution.

Hugues-Sylvain-Magloire-Étienne-Nicolas-Dominique-Charles de Noyal-Treffléan, seigneur de Chefboutonne, de Fougereuse et de Ménitré, descendait des Noyal de Bretagne, dont les terres considérables, sises du côté de la basse mer et de Pornik, furent érigées en fiefs vers 1403. La ressemblance des armes des Noyal-Treffléan, que cette famille écartelait avec celles des Vermandois, lui faisait dire souvent qu'elle venait d'une princesse de cette maison. Dans les annales de l'ordre militaire de Saint-Louis, on trouve un Noyal-Treffléan chef d'escadre, remplissant les fonctions de vice-amiral, créé commandeur par Louis XIV, et ayant reçu des mains de ce monarque le premier cordon rouge qui ait été donné dans la marine de France. A l'époque où s'ouvre notre livre, cette maison comptait des alliances avec les Charolais, les Crussol, les Béthune, les Boulainvilliers et les Chaulnes-Cadenet.

Le duc de Noyal-Treffléan était un homme de quarante-cinq ans environ; il était fort, vaste d'épaules et d'une taille au-dessus de la moyenne. On ne pouvait pas dire précisément que sa figure prévînt beaucoup; non, elle ne cherchait pas le regard, mais elle le retenait. C'était un mélange harmonieux de finesse et de puissance, avec une grande teinte d'apathie; on devinait l'homme qui ne fait rien, justement parce qu'il est capable de tout.

Il avait la tête carrée, à la façon bretonne; d'énergiques cheveux blonds envahissaient son front, plein de rudesse comme un escarpement de carrière; la boîte de son crâne devait être construite avec la solidité d'une citadelle. Il était facile de pressentir que, dans une occasion politique, le duc de Noyal-Treffléan eût montré la ténacité capricieuse de ce Biron que Henri IV fit décapiter.

Ses yeux, plutôt petits que grands, n'avaient pas de couleur à eux propre; ils devenaient verts, gris, noirs, selon les circonstances et les impressions.

Le nez était d'une grosseur à rappeler celui du Roi-Soleil, ce nez que le pinceau de Lebrun a fait si terrible et si trivial. Mais chez le duc de Noyal-Treffléan le nez était expié par la bouche, une merveille de dessin, de couleur et d'expression ; fine et grasse tout ensemble. Le menton tombait droit et rond à la manière des gens sans avidité, qui aiment leurs aises partout. Il avait le cou fort, mais bien modelé et superbement blanc.

Son éducation avait été celle de beaucoup de nobles, c'est-à-dire qu'il avait été élevé par les pères jésuites, et que les plus verdoyantes années de sa jeunesse s'étaient passées dans les hautes et grandes salles dallées d'un collége. D'ailleurs, on n'avait jamais reconnu en lui qu'un écolier absolument médiocre, que le plaisir aiguillonnait plutôt que l'émulation. Ensuite, ce dont on ne s'aperçut que trop tard, c'est qu'à côté de la science du collége le jeune Breton s'en procurait une autre, avec laquelle il anéantissait les bons germes de la première. Il lisait de mauvais livres. Il dévorait en cachette des romans galantins et poissards. Tout l'argent de ses menus plaisirs était consacré à l'achat des productions scandaleuses qu'on imprimait alors en Hollande et en Angleterre, mémoires anonymes, libelles coquins, datés de la Chine ou de Constantinople, *imprimerie du mufti*.

Cette armée de livres coupables, qui s'est abattue sur le xviiie siècle comme une invasion de barbares, est un fait révolutionnaire suffisamment reconnu aujourd'hui. Je n'envisage pas sans effroi cette grande expédition du vice contre la société, et ces vengeances exercées la plume à la main, par des goujats sans âme et sans style. Quel attrait fatal existe donc au fond de ces inepties écrites avec le sang-froid d'un valet de bourreau ou avec le rire d'un tabarin qui ne se sent pas bien portant? C'est ce que le duc de Noyal-Treffléan eût peut-être su vous dire, lui qui prétendait avoir appris bien davantage dans les mauvais livres que dans les bons. Ainsi donc, et d'abord, cet homme fut le produit immédiat des livres du dix-huitième siècle. Ce n'est ni par ses propres douleurs ni par ses propres joies qu'il s'est instruit; ça été par les joies et par les douleurs écrites. Il s'est privé de la sorte des découvertes si douces à la jeunesse, des étonnements naïfs, des petits bonheurs qui rendent si fier parce que l'on croit les avoir inventés. Il n'a eu que la jeunesse des autres.

Dès vingt ans, les larmes lui avaient totalement manqué. La sensibilité l'abandonnait chaque jour, comme ferait une marée qui ne doit plus remonter. Le rire lui restait à peine, il n'avait plus guère que le sourire. Déjà même ses passions commençaient à n'être plus humaines; c'étaient des passions *à côté*, excroissantes et parasites, tumeurs morales, dont il est rare qu'on guérisse.

En revanche, il était arrivé à cet immense bon sens, qui est un des plus épouvantables résultats de la débauche calculée. Ce qui ne s'acquiert pas toujours par la vertu, lui l'avait acquis par le vice. Dire, horrible étrangeté! que les voies les plus diverses et les plus extrêmes conduisent souvent à un but semblable; que les ascétiques et les libertins parviennent au même degré de clairvoyance! Ah! monstruosités! incohérences! ne plongeons pas dans ces abîmes de la raison, d'où ne peut revenir que l'orgueilleuse pantoufle d'Empédocle!

Pour le monde le duc de Noyal-Treffléau passait pour le type accompli du courtisan et du grand seigneur. Bien certainement, s'il eût pris naissance dans le peuple, il ne fût pas resté peuple; il fût devenu capitaine illustre ou forban redoutable.

Né grand seigneur, il l'était d'autant mieux qu'il avait plus de peine à le rester. Ses caprices l'entraînaient souvent à se mêler aux gens des barrières. Pour redevenir homme de cour après de tel excès, ses efforts pouvaient lui coûter, mais, à coup sûr, il n'en paraissait rien.

Un fait à constater, c'est qu'il détestait profondément l'esprit, et, lorsqu'il en avait, c'était surtout sans le vouloir. Il avait pour habitude de dire que l'esprit était l'orgueilleuse excuse des gens qui ne possèdent ni cœur, ni imagination, ni patience, ni passion, ni qualités grandes, ni vices hautains. Sa causerie, à lui, se composait de phrases très-courtes et de mots très-courts, qu'il accentuait avec une netteté tranquille. Il savait recouvrir de douceur ses formules d'ailleurs très-impératives. Son geste prévenait la réplique, son sourire éteignait la contradiction, et son regard était préposé aux périphrases. On aimait à l'entendre, justement parce qu'il tranchait par le fond et par la forme sur le ton général des conversations. Il imposa une fois tellement à Chamfort, quoiqu'il dédaignât de s'adresser à lui, que ce jeune littérateur ne put jamais arriver à fournir plus de quatre bons mots dans toute la soirée. Ordinairement, Chamfort poussait jusqu'à douze, c'était sa moyenne. En outre, il avait son tarif pour les repas.

S'il l'avait voulu, le duc de Noyal-Treffléan serait arrivé à tout à la cour de France. Le roi l'aimait pour la tournure de son esprit, et la favorite pour la tournure de sa jambe. Il n'avait qu'à tendre la main pour être ambassadeur ou ministre. Bah ! l'idée ne lui en était pas encore venue, mais elle pouvait lui venir ; il ne répondait de rien. Sa famille lui avait fait épouser une dame d'honneur de la reine, qui tenait d'un côté aux Brissac et de l'autre aux Rohan. Ainsi pourvu, il vit trop de facilité à être ambitieux, il se borna à tenir son rang. Pilier à Versailles, et espalier à l'Opéra.

Maintenant cet homme marchait d'un pas sûr dans la forêt de ses vices ; il en connaissait tous les taillis et il pouvait en chiffrer l'étendue par hectares. Il ne s'occupait plus que de leur revenu net. Il

avait des procédés à lui pour développer tel ou tel
défaut, comme les éducateurs de vers à soie ; il avait
ses greffes, ses boutures spéciales et selon les saisons.
Un almanach est certainement moins rigoureux.
En mars, on sème le pourpier et la bourrache. Le
duc de Noyal-Treffléan faisait ainsi : en mars il se-
mait le défaut, en octobre il récoltait le vice.

Ses plaisirs étaient d'une nature souvent inexpli-
cable, toujours recherchée; chacun d'eux était une
trouvaille, une conquête. Il passait son temps à la
poursuite de désirs nouveaux et dans leur assouvis-
sement immédiat. Sa richesse lui permettait de par-
courir sans crainte la gamme des criminalités. Il avait
arrangé sa vie avec le soin qu'on apporte à une chose
d'art. Des dissonances étaient ménagées savamment.
Entre autres originalités, il payait un homme très-
adroit et rempli d'imaginative, afin qu'il lui procu-
rât des récréations imprévues, des événements auxquels il ne s'attendait pas.

— Fais de ma vie un roman brillant et joyeux,
tout semé d'aventures, lui avait-il dit, ; ne néglige ni
le mystérieux, ni le tendre, ni le chevaleresque, ni
même le terrible, au besoin. Jette l'or à pleines

mains, s'il le faut; cela regarde mon intendant. Mais que tes ressorts me demeurent bien cachés, que mes surprises soient réelles; veille surtout à graduer mes sensations. Chaque jour, sans pourtant te montrer à ma vue, cherche à deviner mes désirs sur ma figure. Si tu crois que j'ai l'envie d'un duel, procure-le-moi; d'une maîtresse, qu'elle soit dans deux heures sur mon chemin. Fais-moi voir les gens célèbres ou savants, dont je suis curieux avec malice. Que l'objet qu'on vante ou qu'on envie se trouve sans retard en ma possession. Enfin, deviens un enchanteur invisible et perpétuellement attentif; et plutôt que de me laisser m'ennuyer, entends-tu bien, ruine-moi, irrite-moi, et tue-moi, le cas échéant!

Ce rôle, d'une audacieuse invention, il l'avait confié a un romancier malheureux, homme de génie, qui n'a jamais fait, sans l'écrire, qu'un seul livre : — la vie de M. le duc de Noyal-Treffléan!

Mais ce qu'il a dépensé de verve, de passion et de nouveauté dans ce livre vivant, c'est ce qui ne peut s'écrire, en vérité. Ce grand homme inconnu a mis en scène toute une société et fait mouvoir pres-

que tous les personnages d'un siècle. Partout il
se glissait, il voyait tout, mais il ne faisait voir
que ce qui valait la peine d'être vu. Il a pesé
successivement, à ses poids rigoureux, princes, artistes, courtisanes, laquais, grandes dames, mi-
nistres, spadassins, cardinaux, mendiants, bourgeois et bourgeoises, toutce qui avait du relief.
Pour la multiplicité des ressources, les plus éton-
nants aventuriers, Roselli, Balsamo, le comte de
Saint-Germain, n'allaient pas à la cheville de cet
obscur romancier, qui suscitait les événements et
déplaçait les existences au profit d'une seule existence. Sur un simple caprice deviné, il inventait un
drame ou une comédie. Bouffon, fais-moi rire ! et il
avait des joies à dépasser le Pantagruel. Avec la mé-
tempsycose, il n'eût pas été impossible de prouver
qu'il ressuscitait Arioste. Et quel magnifique décora-
teur cela faisait ! Le splendide ordonnateur de fêtes !
Avec lui, le lieu de la scène changeait tous les jours ;
tantôt c'était un boudoir et tantôt une charmille ;
l'herbe des tapis alternait avec le velours des gazons ;
le matin sur le grand escalier de Versailles, le soir
au fond d'une loge en clavecin à l'Opéra. Du reste,

il était sans mœurs, sans pitié, sans conscience; après avoir soulevé la portière d'un salon, il ne reculait pas à lever le loquet d'une pauvre mansarde. Car ce livre avait des pages barbares, de même qu'il avait des pages sensibles; parfois un déshonneur coudoyait une douce et blanche action. Rien ne manquait à l'ensemble. C'était un ouvrage inouï, d'une vérité romanesque, un ouvrage extravagant, et sans précédent dans les littératures, car il dura la vie de deux hommes, celui par lequel il fut fait et celui pour lequel il fut fait, un auteur et un lecteur, pas davantage.

Telle était une des idées de ce duc de Noyal-Treffléan, qui n'était vraiment pas un homme ordinaire.

Maintenant, il se demandait ce qu'il allait faire de son enfant; il se le demandait avec la naïveté de l'ogre, et il se trouvait fort à plaindre de ce qu'il ne pouvait rien imaginer en ce moment.

Il regardait la petite fille qui dormait tranquillement sur le sofa.

Après avoir agité dans sa tête quelques projets qu'il repoussa comme stupides, le duc de Noyal-

Treffléan poussa le mot éternel de tous les Archimède :

— J'ai trouvé !

Mais au bout de quelques minutes de réflexion :

— Diantre ! quel nom faut-il que je lui donne ?

Il leva les yeux au plafond, puis les ramena au plancher.

Avisant l'Amanach de la Cour sur une console, il le prit et le feuilleta.

— Parbleu ! dit-il, c'est cela ; nous sommes le trois mai; ma fille se nommera Trois-Mai, du jour de sa naissance.

Aller à une table, tracer quelque mots, déchirer le papier et revenir le fixer par une épingle aux langes de l'enfant, c'est ce que fit le duc.

— Maintenant, s'écria-t-il, il n'y a pas de temps à perdre !

VI

Il pleuvait...

La nuit était d'un noir irréprochable. Les réverbères fleurdelisés, rudement secoués par le vent sur leur corde, jetaient des poignées de lueurs dans des flaques d'eau, lueur sale et triste !

Les gouttières chantaient, tombaient et s'aplatissaient sur le pavé, avec de mauvais ricanemets.

Nuit bizarre pour l'une des premières de mai ! Le vent eût rougi le nez d'un Suisse et contraint un barbet à se réfugier sous une porte cochère.

C'était l'heure où le cercle des causeurs s'amoindrissait dans les salons de *parfilage*, où les petits abbés se levaient pour aller dire bonsoir à leur marquise, et l'appeler *cruelle* en minaudant.

C'était l'heure où la Guimard et la Beaumenard donnaient un sourire ou un coup de busc à leur Mondor, suivant la moisson de gloire qu'elles avaient faite dans la soirée.

On rencontrait çà et là quelques carrosses ravisseurs, aux roues soigneusement enveloppées, qui roulaient sans fracas, les uns du côté de la Grange-Batelière, les autres vers la rue du Bac ou le faubourg-Saint-Antoine, partout où il y avait de petites maisons discrètes.

Quelques bourgeois attardés revenaient en *brouette* des spectacles des boulevards; de loin en loin s'entendait la chanson d'un ivrogne ou d'un escroc de billard, interrompue par des invectives contre l'orage.

Minuit sonnait, heure noire que l'homme n'entend pas vibrer sans une émotion involontaire.

Les douze coups murmuraient encore dans l'air troublé; lorsqu'une ombre se glissa d'un côté de la rue Plâtrière, frôlant bornes et murailles.

Vue de près, cette ombre laissait deviner un

homme dans un manteau; aux plis du drap, on reconnaissait que cet homme portait quelque chose.

Il marchait avec vivacité, la figure cachée sous une des cornes de son chapeau.

La pluie ne lui faisait rien.

Par intervalles, il jetait son coup d'œil à droite et à gauche, devant et derrière lui, comme s'il eût craint d'être suivi ou épié.

En passant à peu de distance d'un réverbère qui se dandinait au coin de la rue, la lumière frappa pleinement sur ses traits...

C'était Jean-Jacques Rousseau !

Il allait exposer son enfant.

A fréquentes reprises, l'orage déroulait au loin l'écharpe rouge de l'éclair. Des coups de tonnerre, violents, butors, précipités, se répétaient sur le silence de la ville. Le ciel changeait deux ou trois fois de robe dans une heure.

Rousseau se dirigeait du côté de la rue Montmartre.

A l'angle des deux rues il se heurta avec un individu, suivi d'un petit garçon qui tenait une croix.

C'était un prêtre qui allait porter le saint viatique.

Jean-Jacques se jeta en arrière pour laisser passer l'homme de Dieu, et il continua son chemin. La secousse n'avait pas interrompu le sommeil de l'enfant.

Le long de la rue Montmartre, quelques cabarets étaient ouverts, à cause du voisinage des Halles ; on y voyait des hommes stupidement accoudés sur des tables, auprès de quelques chopines et de morceaux de pain rougis ; plusieurs d'entre eux dormaient. Il y avait, dans les recoins, deux ou trois femmes sans forme. Personne ne s'égayait là-dedans, car chez le bas peuple on regarde l'ivresse non comme un plaisir, mais comme une tâche sérieuse et à laquelle il est nécessaire d'apporter une gravité presque farouche.

Épuisé, il s'assit sous les Halles.

Son œil erra dans les masses confuses de la nuit, pour venir se fixer sur un point lumineux.

Dans la maison qui lui faisait face, une seule fenêtre était éclairée. L'absence de rideaux permettait de voir ce qui se passait à l'intérieur.

Un artisan, en manches de chemise, travaillait devant une petite table. La lueur d'une chandelle, agrandie par une boule d'eau, tombait sur divers bijoux qu'il était occupé à sertir. C'était un homme de trente ans environ.

Derrière lui, allant et venant, Rousseau voyait une jeune femme. Sa figure *revenait*, selon une expression populaire ; ses yeux étaient intelligents, sa bouche était bonne.

Elle couchait son petit enfant, en l'embrassant par tout le corps.

Quand elle l'eut bien paré et qu'elle l'eut coiffé avec amour d'un bonnet de quatre sous, elle le prit dans ses bras et l'apporta à son mari, qui se retourna avec un sourire, et qui confondit dans un double baiser ces deux têtes penchées sur lui...

Rousseau regardait !

Ce tableau qu'il venait de surprendre dans sa douceur nocturne, entrait dans son cœur sans forcer la porte, et l'emplissait d'un trouble inconnu. De sourds battements faisaient remonter à son souvenir les choses à demi entrevues de son enfance.

Soulevant un coin du manteau qui cachait la figure de son fils, il murmura :

— Si je le gardais ?...

L'ombre était muette autour de lui.

Rousseau, haletant, souriait à cette pensée audacieuse.

Il dévorait son enfant du regard.

Et tout à coup il lui vint un désir.

Après s'être assuré que personne ne pouvait le voir, il pencha ses lèvres sur les siennes et l'embrassa...

L'enfant cria.

Le ciel eut un coup de tonnerre.

Jean-Jacques se releva par une commotion soudaine et trembla.

— Lâcheté ! lâcheté ! gronda-t-il.

La fenêtre de vis-à-vis brillait toujours.

Il s'enfuit sans oser la regarder.

Enfin, il déboucha sur les quais.

La pluie tombait à flots, à flots, à flots...

Il allait, abrité à demi par les auvents des boutiques.

6.

Égaré, il puisait une sorte de courage dans la furie des éléments.

Son manteau ruisselant lui coulait sur les épaules; il suait sous son chapeau trempé.

Paris était tout noir. Le grand vaisseau de la Cité, plus noir encore, se détachait et semblait s'avancer vers lui.

Le philosophe avait peur.

La Samaritaine, qu'il avait dépassée, sonna un quart d'heure à ses oreilles.

Minuit un quart.

Il voyait mal.

Ses yeux, battus de gouttes d'eau, se vitraient malgré lui. Les ruisseaux devenaient torrents à son pied. Il n'en pouvait plus.

Et voilà que, sur le pont Notre-Dame, l'enfant recommença à crier.

Jean-Jacques eut un regard du côté de l'eau.

— Au fait, murmura-t-il, ce serait plus simple; l'injustice des hommes ne le suivrait pas là-dedans.

Il entra enfin dans la rue de la Cité.

A quelque distance, un autre individu, recouvert, lui aussi, d'un manteau noir, se dirigeait également vers l'hospice des Enfants trouvés.

Il portait un fardeau comme Jean-Jacques.

Mais il était gai, lui ; sa démarche n'avait rien de craintif ; parfois même il fredonnait les airs de Colasse et de Rameau, intercalant ses souvenirs mélodieux de réflexions dans le genre suivant :

— Oui, parbleu ! c'est une idée originale que j'ai eue là. Je ressemble à Saturne avec moins de cruauté et de gourmandise. Je me contente d'abandonner mon enfant. Si cette petite ne meurt pas, elle fera une agréable occupation pour ma vieillesse.

C'était le duc de Noyal-Treffléan qui parlait de la sorte.

On l'a deviné.

Sorti de l'hôtel de la rue Plâtrière au moment où Rousseau sortait de la maison voisine, il avait suivi la même direction, pour venir accomplir le même crime.

Il disait, malgré la pluie :

— La vie est un jeu. Je joue à la vie comme je jouerais au pharaon ou au trictrac. Je me fais le plagiaire du Créateur, je lance dans le monde un être, et je suis seul à savoir le secret de son existence. Dieu n'est-il pas comme moi un père qui met ses fils à l'hospice du hasard? — Diable de pluie!....

Souvent aussi, il regardait sa fille avec une satisfaction étrange.

— Tu seras belle peut-être et le diable te tentera. Il te tirera par la robe et te fera des niches incessantes. Tu te débattras, et je serai là, assistant à tes luttes, derrière toi. Je te sauverai, si cela me plaît; je te perdrai, si je le veux. Je ferai battre ton sang plus vif et plus chaud dans tes veines; ou bien, selon ma fantaisie, la chasteté viendra abriter ton chevet sous ses deux ailes blanches. De la sorte, j'aurai mon spectacle philosophique et mystérieux. Avec un mot, je ferai la joie ou la douleur de tes seize ans; j'aurai des recettes pour tes larmes et des ressorts pour chacun de tes éclats de rire. Penché sur toi, comme un médecin sur son sujet, j'apprendrai le point exact où le cœur se brise; montre en main, je saurai ce que dure la souffrance ou la jouissance que l'on croit éternelle; tes hésitations dans la société me diront l'anatomie des instincts ; tu seras un aliment toujours nouveau à ma curiosité.

Il tâchait de s'attendrir.

— Qui sait? Je t'aimerai si je peux. Ta voix aura peut-être pour moi des notes non entendues. O ma fille! si, grâce à toi, j'allais devenir sensible et humain!... Mais non, un pareil bonheur n'est pas fait pour moi; le paradis de la bêtise me tient ses portes inexorablement fermées.

Cependant tous les deux arrivaient, le duc et le philosophe.

En ce temps-là, les enfants trouvés, au lieu d'être reçus directement à l'Hôtel-Dieu, étaient déposés dans une pharmacie qui faisait face, et où on leur prodiguait les premiers soins.

Devant cette pharmacie, collé contre un pilier de la sombre cathédrale, — se tenait un troisième individu, enveloppé jusqu'aux dents et mouillé jusqu'aux os.

Celui-là attendait.

La pluie l'inondait; mais, loin de se rebuter, il opposait un mépris stoïque aux insultes du temps

Néanmoins il s'enrhumait fort.

— Atchi! disait-il en éternuant ; je saurai à quoi m'en tenir... Atchi!

Une patrouille du guet à cheval s'annonça par un bruit cadencé : au détour de la rue du Cloître, on vit apparaître les gardes avec leurs tricornes à galons et couvrant des plis de leurs larges manteaux la croupe de leurs montures. Ils juraient et maugréaient contre la pluie qui souillait la bourse de leurs cheveux.

— Halte! commanda le sergent.

Il venait d'apercevoir la tache d'encre que l'inconnu faisait sur la muraille.

— Qui vive? cria le sergent, qui se détacha et s'avança seul.

L'inconnu se rencoigna de son mieux et ne répondit point.

— Qui vive?

Toujours semblable silence.

Le sergent eut un juron à faire tomber un saint de sa niche de pierre.

Il poussa sa bête jusque sous le nez et sur les pieds du muet personnage.

Alors celui-ci fit entendre un grommelement de contrariété.

— Çà, l'ami! qu'est-ce que vous faites ici, à pareille heure? dit le sergent.

— Parbleu! je m'enrhume, repartit une voix de notre connaissance.

— Vous moquez-vous du guet par hasard?

— Je lui dis la vérité, à lui, comme à tout le monde. Le mensonge est proscrit de ma bouche. Atchi!

— Vous n'avez pas le droit de demeurer planté sous un porche, minuit sonné.

— Et pourquoi pas?

— Parce qu'on n'a pas le droit de ressembler à un larron.

— Atchi!

— M'avez-vous entendu?

Cette fois l'inconnu parut impatienté, et haussant légèrement les épaules :

— Allez, allez, sergent; croyez-moi, poursuivez

votre chemin et ne faites pas mouiller inutilement vos hommes. Je suis le docteur Champdoiseau, prononça-t-il en se décoiffant pour laisser voir ses traits.

Le sergent du guet recula au nom du médecin, que répétèrent immédiatement tous les gardes de la patrouille. Ils le connaissaient. Médecin des pauvres, il était aussi médecin des soldats.

— Pardon... excuse! balbutia le sergent; je me repentirais de mon impolitesse, si elle ne m'avait procuré l'honneur de dialoguer avec un brave homme comme vous.

Et s'adressant à sa troupe :

— Marche! articula-t-il.

Le guet à cheval s'éloigna.

Le docteur Champdoiseau avait repris son immobilité.

Tout à coup il entendit un léger bruit de pas.

— Enfin! pensa-t-il.

Mais aussitôt le bruit se doubla, et, sur une ligne absolument parallèle il vit s'avancer deux ombres; d'un côté, un homme noir couvert d'un manteau noir; de l'autre, un homme également noir couvert d'un noir manteau. Juste en face du docteur, ces deux personnages, qui cherchaient où poser leurs pieds, ne se voyaient pas encore, bien qu'ils fussent près l'un de l'autre à se toucher. Ils avaient écarté leur manteau et tenaient chacun leur progéniture sur l'extrémité de leur bras, afin de n'avoir plus qu'à faire un mouvement pour s'en débarrasser.

Comme la porte de la maison de secours, qui restait toujours ouverte, était suffisamment large, ils entrèrent à la fois.

Préoccupés, ils ne se regardèrent point...

Mais, une fois qu'ils eurent consommé leur barbare abandon, en sortant, sur la première marche éclairée par les rayons d'une lanterne rouge, ils levèrent les yeux l'un sur l'autre.

Le duc de Noyal-Treffléan éclata de rire.

Jean-Jacques Rousseau reconnut le grand seigneur qu'il avait rencontré le matin au Palais-Royal, jouant avec un singe.

Il s'enfuit, sombre et contrarié...

Le docteur Champdoiseau avait disparu. Il avait

vu tout ce qu'il voulait voir. Il en avait même vu davantage.

Longtemps encore, à travers la nuit, on entendit l'éclat de rire du duc poursuivant le philosophe.

PREMIÈRE PARTIE

I

Ainsi donc, voilà notre roman posé. D'un côté le fils de Jean-Jacques Rousseau, de l'autre la fille du duc de Noyal-Treffléan, deux enfants abandonnés que nous allons suivre dans la vie, à travers les événements fastueux, horribles ou sanglants d'une ère sans égale. Pour user d'un privilége commun à tous les romanciers, nous commencerons d'abord par enjamber seize ou dix-sept années. Maintenant nos héros sont grandis, et Jean-Jacques n'existe plus.

Un des originaux les plus fameux du dix-huitième siècle, l'avocat Grimod de la Reynière, donnait ce soir-là un de ces soupers étranges et merveilleux avec lesquels il remuait toute la société de Paris.

C'était le petit-fils d'un charcutier, de qui il aimait à tirer honneur lorsqu'il se trouvait au milieu de gens de cour, et qu'il rappelait en mainte occasion, par une sorte d'orgueil retourné. Un des appartements de Grimod de la Reynière était orné de tous les attributs de la charcuterie; au milieu des panneaux dorés, un artiste habile avait brodé des assiettes de boudin en relief. Les dessus de porte représentaient des hures peintes en camaïeu.

Il était riche, mais il méprisait sa richesse. Malgré les instances de sa famille, il n'avait jamais voulu être autre chose qu'avocat, homme de lettres et gourmand. Un de ses noms de baptême était Balthazar. Il aimait l'indépendance par-dessus tout; et ses déblatérations contre les grands, qu'il invitait à ses repas, n'ont pas peu concouru à sa réputation exceptionnelle.

Au physique, Grimod de la Reynière était d'assez haute taille, bien fait et d'une figure agréable. Par malheur, il avait un défaut de conformation aux mains, qui l'obligeait à se servir de doigts artificiels, toujours recouverts de gants. Ce qui ne l'empêchait pas d'être un homme infiniment empressé auprès des femmes, surtout vis-à-vis des actrices qu'il adora jusqu'à la fin de ses jours. Comme littérateur, il avait du goût, de l'érudition, et surtout une philosophie d'une franchise piquante. Il était très-personnel dans ses ouvrages, mérite qui les a vite rendus rares, et qui les fait rechercher aujourd'hui. Et puis, enfin, c'était un écrivain de bonne humeur, et de ceux-là on en comptait alors si peu!

Néanmoins, c'est plutôt comme *gourmand* que Grimod de la Reynière mérite de laisser un nom après lui. Sa supériorité à table était réelle et incontestée. Pour lui la table était un trône. Il s'est fait représenter dans une vaste bibliothèque, sur les tablettes de laquelle on aperçoit, au lieu de livres, une multitude de provisions alimentaires, tels que pâtés et cervelas de diverses sortes, légumes au vinaigre, lièvres, outardes, bartavelles, des pains de sucre et des flacons de liqueurs fines. Du milieu du plafond pend, en guise de lanterne, un monstrueux jambon de Bayonne.

On l'appelait généralement Grimod l'avocat, pour le distinguer de Grimod, *sangsue du peuple*, son père, qui était fermier-général, et qui, par un contraste plaisant, était réputé pour sa sobriété excessive. Grimod l'avocat, s'était surnommé lui-même un cynique de bonne compagnie. Il avait coutume de dire : « Je voudrais qu'il fût d'usage d'appeler un bon auteur *Votre Excellence*, et la plupart des grands *Votre Impertinence*. » En conséquence de ses principes, il n'allait nulle part, si ce n'est dans les coulisses et à la boucherie; mais on allait chez lui, ce qui revenait exactement au même.

Il apportait d'ailleurs beaucoup de noblesse et d'humanité dans ses fonctions d'avocat; il ne se chargeait que de la cause des malheureux, et affectait spécialement de prendre celle des gens opprimés par les fermiers-généraux.

L'hôtel de Grimod de la Reynière était situé et l'est encore dans la rue des Champs-Élysées, faisant angle sur la place Louis XV. C'est un édifice riche et commode, bâti en belle pierre, et qui est occupé aujourd'hui par le Cercle Impérial, après l'avoir été précédemment par la légation ottomane et par l'ambassade de Russie.

Ce jour-là, c'était un jour du mois de septembre; l'hôtel avait été illuminé du haut en bas dès l'approche du soir. Grimod l'avocat, qu'on appelait aussi *le jeune M. de la Reynière*, profitait d'une absence de sa famille pour se livrer à sa fantaisie accoutumée. Il fêtait Paris. Toutes sortes de gens avaient été invités à ce souper, pour lequel notre original avait promis de se surpasser lui-même : des artistes, des dames de la cour, des marquis, des comédiens, des apothicaires et des garçons tailleurs. Les lettres d'invitation contenaient une phrase ainsi conçue : « Du côté de l'huile et du cochon, j'ai lieu de croire qu'il n'y aura rien à désirer. »

Il fallait être bien intrépide et bien curieux pour aller souper chez Grimod de la Reynière. On y allait, cependant. Cela amusait ce siècle profondément lassé. Mais le souper de ce soir-là devait laisser bien derrière lui les précédentes excentricités. On en avait parlé huit jours à l'avance, on en devait parler huit mois après.

Voici le détail authentique et minutieux des formalités par lesquelles il fallait passer. D'abord, un suisse chamarré d'or, au large baudrier, arrêtait chaque convive sur le seuil de la porte pour lui demander s'il allait chez M. de la Reynière l'oppresseur du peuple, ou chez M. de la Reynière le défenseur du peuple. Naturellement on répondait qu'on allait chez le défenseur du peuple ; alors le suisse faisait une corne au billet d'invitation (dont on était formellement prié de se munir), et l'on passait dans une espèce de corps-de-garde où se tenaient rassemblés des hommes vêtus à l'antique. Ceux-ci vous introduisaient dans une première pièce où l'on voyait un inconnu, le casque en tête, la visière baissée, couvert d'une cuirasse, une manière de *frère terrible*, qui faisait une seconde corne à votre billet et vous ouvrait les battants d'une autre salle.

Là, se présentait un homme en robe noire, en bonnet carré ; il demandait au convive ce qu'il voulait ; il le questionnait sur son nom, ses qualités et sa demeure ; il dressait de tout procès-verbal, et, après avoir pris son billet, il l'annonçait enfin dans la salle de réunion.

Dès son entrée, le convive se trouvait en face de quatre petits enfants de chœur, la tête couverte d'une calotte rouge, les bas rouges, le surplis de dentelles, comme aux grandes fêtes de l'Église. Ils commençaient par l'encenser avec leurs encensoirs d'argent.

C'était alors que Grimod de la Reynière arrivait à lui, les bras ouverts, et l'embrassait fraternellement. Puis, s'il remarquait sur sa physionomie la surprise causée par les enfants de chœur :

— Mon père et ma mère, disait-il, ont l'habitude d'inviter toujours à leur table trois ou quatre flatteurs chargés spécialement de les encenser, eux et leurs connaissances. Ma foi ! j'ai trouvé plus simple de me procurer ces petits bonshommes qui s'acquittent aussi bien de cet emploi. Voyez plutôt !

Se tournant vers eux, il leur disait :

— Encensez monsieur !

Les enfants encensaient gravement jusqu'à ce que le nouveau-venu disparût dans un nuage et criât qu'il en avait assez.

Après quoi, Grimod de la Reynière le prenait sous le bras et le présentait à la compagnie.

Les convives, hommes et femmes, étaient au nombre de quarante environ ; ils causaient, debout au milieu de la chambre ou assis sur des canapés adossés à la tapisserie du mur. Nous ne mentionnerons que les plus connus, ceux qui méritent les honneurs d'une silhouette. Honteux et stupides, quelques hommes de rien cherchaient à se dérober dans les angles ou contre les rideaux des fenêtres donnant sur le jardin. C'étaient, comme je l'ai dit, des gens sans épée, des artisans, de petits bourgeois.

Il faut citer d'abord, avant tous et le premier par la réputation, ce personnage alerte, souple, dont la tête un peu petite est si spirituellement dressée sur les épaules, l'œil toujours en éveil, la bouche toujours sur ses gardes, comme quelqu'un qui n'a autre cho e à faire qu'à se défendre et qu'à attaquer, dont l'expression de visage hardie va jusqu'à l'impertinence, mais ne s'élève jamais jusqu'à la fierté, celui que plusieurs de nos lecteurs ont déjà nommé par son nom de Beaumarchais.

Sur un fauteuil, environnée de cinq ou six personnes, on remarquait madame la comtesse Fanny de Beauharnais, qui commençait à devenir une femme de lettres, une Sapho, comme on disait alors de toutes les femmes auteurs. Au nombre de ses courtisans, s'empressaient M. le marquis de La Grange, le jeune prince de Gonzague, et surtout un vieillard au regard perçant, au nez pointu, qui souriait d'une drôle de façon, écoutant sans cesse, ne disant rien, et qui s'appelait Jacques Cazotte.

—Voyons, M. de La Grange, disait la comtesse de Beauharnais; vous qui êtes de la cour, vous allez nous donner des lumières sur bien des faits. Il s'agissait hier des Mémoires du duc de Richelieu. Sont-ils vrais?

— Oui et non, répondit le marquis; ne croyez rien de sa tapissière, pas plus que d'autres traits semblables ; ce sont des romans qu'il a fait faire pour jeter quelque intérêt sur la nullité de sa vie...

Rivarol était venu avec ses deux sœurs, qu'il avait tout récemment appelées auprès de lui à Paris, au grand déplaisir de sa femme. On sait que le ménage de Rivarol était un enfer. Ce fut là sans doute ce qui le conduisit à traduire le Dante, bien qu'au premier aspect l'union de ces deux talents puisse sembler impossible. Quoi qu'il en soit, Rivarol, un des hommes les plus brillants de la décadence française, était vêtu comme un prince, dont il avait d'ailleurs la mine et le maintien. Le bas de soie accusait une jambe de cour, et sa chevelure poudrée avec un art spécial étincelait aux lueurs des bougies. Il n'y avait guère en ce moment à Paris que deux hommes capables de lutter de science élégante avec M. de Rivarol : c'étaient le comte d'Artois et Molé le comédien.

Un gros homme, en perruque à boucles épaisses, était assis non loin de madame la comtesse de Beauharnais. C'était Mercier, l'auteur du *Tableau de Paris*. Il s'agitait bruyamment sur sa chaise, et prodiguait à l'unisson la voix et les gestes. Son élocution ressemblait à son style : c'étaient la même clarté dans la même énergie, la même rapidité d'appréciation ; il prenait grand souci des intelligences obscures ou sommeillantes, mais il était sans pitié pour les esprits vulgaires dont la petite science a été puisée aux abreuvoirs communs. On avait cru le flétrir en disant de ses ouvrages qu'ils étaient « pensés dans la rue et écrits sur la borne. » Il n'en portait la tête que plus haute, car il était orgueilleux avec raison ; et, par ses drames populaires et, robustes, tels que *la Brouette du vinaigrier*, il tranchait vigoureusement sur les écrivains affadis de l'école encyclopédique, décapitée alors de ses chefs les plus illustres.

Parmi les voisins de Mercier, celui qui paraissait le plus offusqué, c'était M. Pons (de Verdun), un petit farceur médiocre, qui a inondé les Almanachs de ses épigrammes sans esprit et de ses contes sans nouveauté, propres tout au plus à tapisser le fond des bonbonnières. Mais qui s'inquiétait de M. Pons, et qui faisait attention à M. Pons, sinon M. Pons lui-même?...

Qui y avait-il encore à ce festin goguenard, donné par Grimod de la Reynière ? Il y avait un poëte terrible, qui s'appelait Robbé dans les écuries et dans les greniers où il couchait, et M. Robbé de Beauveset dans les salons où il était admis. Le prince de Conti, et c'est là une de ces actions qui honorent le plus un homme, avait acheté vingt mille livres la non-publication de ses ouvrages érotiques et anti-chrétiens. Robbé avait le malheur de posséder du talent, et on le priait quelquefois, vers la fin des orgies, de réciter son *Origénisme*, poëme rocailleux, mais énergique. En déclamant, il avait la figure et les gestes d'un convulsionnaire ; ses yeux roulaient dans leur orbite, l'écume mouillait ses lèvres, et les auditeurs s'entre-regardaient presque épouvantés.

Il y avait enfin le vieux Goldoni, encore leste pour son âge ; Flins des Oliviers, et le censeur Coquelet de Chaussepierre. Parmi les hommes de la noblesse, le comte de Piles, le chevalier de Castellane, le marquis de Marnesia et le vicomte de Toustain-Richebourg.

Les femmes étaient représentées, outre madame de Beauharnais et les sœurs de Rivarol, par la comtesse de Laval, par la belle marquise de Montalembert, et par une troisième, plus belle encore, qui n'était connue de personne, et que Grimod de la Reynière avait présentée sous le nom de madame la marquise de Perverie.

Ces trois dames luttaient entre elles de fierté et d'élégance ; elles s'étaient réunies par instinct ; de loin on les eût prises pour trois châsses dorées. De temps en temps, une d'elles se penchait vers l'autre, et les frissons soyeux qu'elle imprimait à sa robe couraient par toute la salle. D'autres fois, de leurs trois éventails ouverts ensemble comme trois arcs-en-ciel, elles voilaient et dévoilaient harmonieusement leur visage encadré de dentelles et de perles. Les trois Grâces, mises à la mode du dix-huitième siècle, n'auraient pas eu d'autre aspect, ne se seraient pas vues entourées d'un plus glorieux resplendissement.

C'était surtout la marquise de Perverie que l'on regardait davantage.

Il était difficile en effet d'être plus belle que cette personne, d'avoir cet éclat reposé que donne une patiente habitude du monde, et auquel les natures privilégiées arrivent seules avant trente ans.

Qui était-elle et d'où venait-elle? Pourquoi ne l'avait-on pas vue jusqu'à présent, ou, si on l'avait vue, pourquoi ne l'avait-on pas remarquée? Jamais, de mémoire de courtisan, une femme n'avait mis pour la première fois les deux pieds dans le monde de Paris avec autant de certitude et de charme supérieur.

Elle imposait considérablement par le regard et par l'attitude, et ce pouvait passer pour un miracle au milieu de cette société composée des gens les plus spirituels et les plus dépravés du royaume, d'autant moins disposés à se laisser étonner qu'ils étonnaient eux-mêmes. Où avait-elle pris cette témérité heureuse, cette douceur grave, enfin cette science aimable et exacte, qui fait qu'une femme n'est jamais tant chez elle que lorsqu'elle est chez les autres?

Au moment où l'on allait se mettre à table, un bruit assez vif se fit entendre dans l'antichambre; on eût dit de quelqu'un se disputant avec les valets.

Comme Grimod de la Reynière se dirigeait vers la porte d'entrée, afin d'apprendre la cause de cette rumeur, une femme parut sur le seuil, une fort belle femme.

— Madame de Rivarol! s'écrièrent quelques personnes.

A ce nom redouté, le spirituel écrivain pâlit imperceptiblement et froissa la dentelle de ses manchettes.

Les deux sœurs cherchaient partout un endroit pour se cacher.

— Madame... fit Grimod en saluant.

— Je ne suis pas invitée, dit-elle avec l'accent anglais, et je ne demande pas à l'être... Je connais les influences auxquelles vous cédez... Depuis que mes belles-sœurs sont ici, elles ont porté le trouble dans ma maison. Mon mari m'a quittée et m'a enlevé mon fils...

— Pardonnez-moi, madame, de vous interrompre, dit Grimod de la Reynière après un second salut ironique; mais si c'est une consultation que vous venez chercher auprès de moi, je vous préviens que je n'en donne pas aux heures du souper. Aujourd'hui l'avocat cède le pas à l'amphitryon.

Rivarol avait tourné le dos à sa femme et commencé une conversation avec Robbé.

— Mais cependant... continua-t-elle.

Grimod de la Reynière saisit un cor d'ivoire qui était appendu à la tapisserie, et il en tira un son dolent et prolongé.

Trois hommes vêtus de noir apparurent.

— Bourguignon, La Jeunesse, Robert! prononça-t-il, emparez-vous de madame et transportez-la dans la chambre des douleurs.

Immédiatement madame de Rivarol fut enlevée,

malgré ses cris, et emmenée hors de la salle du festin.

On était tellemment habitué à ces escapades, que cet incident et l'ordre qui le termina ne surprirent personne.

Grimod de la Reynière s'avança toutefois vers Rivarol, comme pour s'excuser de la liberté qu'il avait prise ; mais celui-ci fit la moitié du chemin et lui frappa sur l'épaule en souriant d'approbation.

Alors l'heure du souper sonna.

Une musique invisible se fit entendre dans le lointain, et contribua à donner une teinte d'enchantement aux scènes qui allaient se dérouler.

Grimod invita l'assemblée à passer dans la salle du festin ; lui-même se dirigea vers la belle marquise de Perverie à laquelle il offrit sa main, précédant le cortége de ses quarante convives.

— Où diable La Reynière est-il allé dénicher cette belle inconnue? demandait Beaumarchais à l'oreille de Cazotte.

— Il paraît que c'est une jeune veuve de province, répondait celui-ci ; son mari était un loup septuagénaire qu'on a trouvé gelé, un matin, dans sa gentilhommière. Alors la marquise a tiré le verrou sur ses domaines, et voilà qu'elle est à Paris.

— Qui vous a raconté cela, Cazotte?
— Personne.

On traversait une pièce entièrement obscure.

Beaumarchais garda le silence.

Tout à coup, une toile de théâtre se leva rapidement et laissa voir la salle à manger.

Ce ne fut qu'un cri d'admiration.

Les convives se crurent un instant transportés au pays du soleil, tant l'éclairage était exagéré.

Un lustre pendait au-dessus de la table; ses cristaux, taillés en fleurs-de-lis, lançaient des feux changeants. Il portait trois cent soixante-cinq bougies en l'honneur des trois cent soixante-cinq jours de l'an.

Une galerie supérieure faisait le tour de la salle; elle était indiquée par un cordon de feu qui se détachait, vivace, sur des draperies riches et sombres.

La table était ronde, symbole de l'égalité, et ornée d'une multitude de fleurs embaumantes, qui reposaient dans de magnifiques vases de porcelaine de Sèvres.

Au milieu, par une antithèse de l'espèce la plus choquante, s'élevait, en guise de surtout, un catafalque en velours, parsemé de petites larmes d'argent et de petits os disposés en quinconces.

Cette déplorable parodie donna le frisson à quelques-uns ; mais comme on s'attendait généralement à des choses extraordinaires, on ne s'en étonna pas plus qu'il ne fallait.

Lorsque tout le monde se fut assis, on reconnut qu'il y avait une place vide. Instinctivement les regards se tournèrent de ce côté.

Grimod de la Reynière s'en aperçut et satisfit la curiosité unanime par ces paroles :

— M. le duc de Noyal-Treffléan nous excusera de ne point l'avoir attendu. Il aura fallu, sans doute, des causes majeures pour motiver son absence. C'est la première fois qu'il manque un de mes soupers.

— Écoutez donc, s'écria le marquis de Marnesia ; voilà plus d'une semaine, en effet, que l'on n'a vu le duc de Noyal-Treffléan.

— C'est inconcevable de la part d'un homme si fort à la mode, ajouta la comtesse de Laval.

— Il faut, comme dit notre hôte, qu'il lui soit arrivé quelque chose de bouleversant, murmura le poète Robbé.

— Ze crois ploutôt, dit Goldoni, qu'il se cace exprès pour faire parler de loui.

— Non, dit tranquillement une voix; M. le duc de Noyal-Treffléan sera ici dans une heure.

C'était Cazotte qui venait de parler.

— Comment le savez-vous? demanda Grimod de la Reynière.

— J'en suis certain.

L'entrée du premier service détourna l'attention de ces paroles mystérieuses, et l'on cessa de s'occuper de la place vide.

Le nouveau spectacle qui s'offrit aux yeux éblouis des conviés était d'ailleurs de nature à les absorber complétement...

Mais avant de continuer cette relation, je demanderai la permission de retrograder quelque peu, afin de voir ce qui avait pu empêcher le duc de Noyal-Treffléan de se rendre au souper de Balthazar Grimod de la Reynière.

II

A l'heure douce du crépuscule, un fiacre antique et lent, avec de belles roues toutes rouges, remontait la rue Saint-Victor, que Santeuil et l'épicier empoisonneur Desrues ont successivement rendue célèbre. Il était traîné par deux bêtes placides, sur lesquelles un cocher somnolent laissait pendre les rênes avec mélancolie. Des planches tenaient lieu de glaces et étaient haussées.

Ce fiacre dépassa tour à tour la rue du Paon, la rue du Mûrier, et toutes ces petites rues horribles qui ont des noms pleins de coquetterie. On aurait parié qu'il promenait un malade, tant il y avait de calme réfléchi dans son allure.

Arrivé à la hauteur du cabaret du *Verre galant*, qui existe encore aujourd'hui et qui fait le coin de la rue Saint-Victor et de la place Maubert, le cocher leva la tête et jeta les yeux autour de lui. Il arrêta ses chevaux, et quitta son siége à franges avec précaution. Le crépuscule commençait à ressembler à la nuit.

Ouvrant la portière, il prononça ce seul mot :

— Descendez.

Sans doute la personne à qui il s'adressait ne l'entendit pas ou ne voulut pas l'entendre, car il répéta son injonction.

Même silence.

Alors le cocher, s'appuyant sur le marchepied, avança les deux bras et saisit, dans le fond de la voiture où elle était tapie, une jeune fille qu'il enleva comme une plume et qu'il déposa sur le pavé, plus morte que vive.

Il referma la portière.

C'était une enfant de seize ans, blonde comme notre mère Ève, mais habillée d'une robe misérable et faite avec une de ces étoffes de couleur navrante qui ne se rencontrent que dans les maisons de charité. Comment elle s'arrangeait pour être jolie là-dessous, c'est le secret de la jeunesse.

Elle était d'abord demeurée immobile et muette; mais en voyant le cocher qui remontait sur son siége :

— Où suis-je ? demanda-t-elle timidement.

— Place Maubert...

— Place Maubert... Pourquoi m'avoir amenée ici ?

Le cocher prit ses brides.

— Je ne sais où aller, ne m'abandonnez pas ! dit-elle avec une expression de terreur.

Le cocher fouetta ses chevaux.

— Monsieur, de grâce !... s'écria la jeune fille en joignant les mains.

Le cocher partit.

Elle resta seule devant le cabaret, comme une statue brune, n'osant bouger ses deux pieds charmants et regardant passer le monde d'un air craintif. Ce qui se disait ou qui se chantait dans l'intérieur du *Verre galant* n'arrivait pas à ses oreilles. Elle écoutait machinalement le bruit monotone des réverbères descendus et remontés par les allumeurs.

La place Maubert avait cet aspect rebutant et sinistre qui s'attache toujours aux endroits habités par la misère vicieuse. C'était cependant le quartier où se trouvaient le plus de couvents : les Carmes Déchaux, les Filles Bleues, les Bernardins, les Prémontrés, sans compter les colléges et les séminaires. Le reste était occupé par des marchands de vin; ensuite venait cette population indescriptible de chiffonniers, de tondeurs de chiens, de matelassiers, de rempailleurs, de regrattiers et de crieuses de fruits, écume bruyante de Paris. Sur le devant de quelques portes basses se tenaient des vieillards de quarante ans, hébétés de débauche et dont l'alcool avait rendu tous les membres tremblants.

Ce qui se fait, ce qui s'agite au fond de ces masures épouvantables m'a toujours intrigué. Çà et là une femme se montre à une croisée, étreignant un linge. Un ragoût soupire péniblement dans une casserole, et l'odeur qu'il exhale emplit la rue entière. Plus près, c'est un enfant que l'on assomme à coups de chaise, pour le punir de s'être laissé tomber dans l'escalier. Dans les angles ténébreux des boutiques sont assises des vieilles qui ne parlent plus, qui ne voient plus, qui ne dorment plus et qui existent

8

néanmoins. La vie semble avoir installé ses problèmes physiques et moraux dans ces taudis croulants, qu'on n'examine pas sans une vive tristesse, et dont l'intérieur plus horrible encore n'est connu que par quelques hommes de la police.

La jeune fille essaya de faire quelques pas ; il était aisé de voir qu'elle ne connaissait point la ville.

Elle se dirigea d'abord vers la rue Galande, mais, là, elle se perdit dans l'ignoble réseau qui déroule ses mailles derrière les bâtiments de l'Hôtel-Dieu. Elle allait de la rue des Anglais, courte et noirâtre, à l'étroite rue du Fouarre, où se tenait une académie d'armes ; de là, à la rue St-Julien-le-Pauvre, et partout elle rencontrait des figures qui n'étaient point faites pour la rassurer. Souvent les hommes qui passaient auprès d'elle la regardaient grossièrement ou la coudoyaient avec un mauvais rire, car sa démarche indécise et ses yeux sans but devaient donner le champ aux interprétations injurieuses.

Elle n'osait pas demander son chemin, car il n'y avait pas de chemin pour elle, pas de maison qui s'ouvrît à sa voix, pas de famille qui pût la recueillir et l'embrasser au front.

Après avoir erré quelque temps aux alentours de la place Maubert, où elle espérait peut-être voir revenir le fiacre, elle se trouva tout à coup sur les quais. L'horizon élargi la remplit d'effroi.

Paris se montrait par un coin de son immensité, avec son fleuve tortu, ses maisons en foule, son Louvre lointain, ses confusions et ses rumeurs de fourmilière humaine. Devant elle deux tours épaisses semblaient peser de toute leur sombre force sur la Cité, et l'enfoncer plus avant dans l'eau. On entendait des bruits de cloche, qui coupaient l'air, annonçant l'Angelus. De toutes parts s'éveillaient des lumières aux fenêtres, comme autant de petits souffles nés d'un impur marais.

Pourtant la population avait changé de physionomie, les visages étaient moins cruels, les allures plus honnêtes. De même que les maisons, les costumes s'étaient faits plus propres. Enfin, si l'on ne respirait pas mieux, du moins on respirait davantage. C'était comme un purgatoire après un enfer.

La jeune personne suivait maintenant le quai des Grands-Augustins. Les ravaudeuses, dans leur tonneau posé au coin des rues, voyant son air de candeur, lui souriaient avec cette malignité affable qu'ont les femmes qui se souviennent, ou bien elles chantonnaient un refrain du *Rémouleur* de Lécluse. De petits clercs passaient, lestes et la tête à l'event, portant encriers, papiers et sacs de procédures. Le long de l'eau se promenaient amoureusement grisettes et soldats aux gardes, causant du rendez-vous actuel, et poussant avec le pied les petits cailloux devant eux.

Les femmes n'avaient pas encore adopté la mode des souliers plats; la plupart portaient des mules de couleur, tantôt blanche ou verte, avec un réseau d'argent, tantôt rose avec une boucle riche ou des rubans; ces mules infiniment pointues étaient ornées de talons minces, dits *talons de chanoinesse*, hauts quelquefois de trois pouces et qui donnaient à la démarche une légèreté, mêlée d'embarras, du plus provoquant effet. Joignez à cela la jupe courte et flottante, le justaucorps baleiné un peu long par devant, la coiffe éblouissante de blancheur, et vous aurez le portrait physique des avenantes bourgeoises d'avant la révolution.

Parmi ce monde plus gai et mieux vêtu, la pauvre fille que nous voyons errer sentait son cœur moins contrit, sans pour cela être bien rassurée, mais son regard se levait avec plus de confiance sur ce qui l'entourait; les paroles qu'elle saisissait partaient de voix moins rudes. Même les gens du port, qui fumaient en se penchant sur le parapet, elle ne les trouvait pas trop effrayants, malgré leur stature d'athlètes.

Elle arriva sur le Pont-Neuf. Là, elle fut un peu étourdie du mouvement de carrosses qui s'y faisait et des industries ambulantes dont ce lieu était le siège traditionnel. C'étaient des marchands de chansons, habillés en marquis jaunes, avec une bourse graisseuse continuellement en branle sur le collet. C'étaient des escamoteurs qui faisaient manœuvrer sur une table des oiseaux privés, lesquels tiraient des coups d'un petit fusil et imitaient le mort. Les sieurs Miette et Pinetti avaient un cabinet de physique au bas du pont. D'agiles carillonneurs, armés de leurs baguettes, tiraient des harmonies limpides et tintantes de leur cadre de sonnettes, art perdu ! Graves et funèbres comme les vieilles gravures fla-

8.

mandes, passaient les marchands de mort-aux-rats, avec leur haute perche sur le dos, d'où pendaient les nombreuses et rebondies victimes du poison. Tantôt c'était une famille de saltimbanques, les cheveux rejetés derrière les oreilles, qui traînait après elle son tapis et ses chaises, Espagnols cagneux sous leur maillot, petits drôles de six ans, femme hâlée, habituée à porter des poids de cent livres sur son ventre. Comme le Palais-Royal, comme le Temple, comme les Tuileries, le Pont-Neuf avait sa population spéciale, qui tenait du spectacle en plein vent et dont on ne peut retrouver aujourd'hui que les débris effacés. C'était sur le Pont-Neuf, que l'on entendait la réunion assourdissante de tous les cris parisiens : cris des marchands d'éponges, cris des vinaigriers, cris des brocanteurs d'habits, cris des animaux, chiens et chats, pour lesquels un fer caché s'aiguisait sans cesse. Je ne parle pas des voleurs et des coupeurs de bourses, qui avaient assuré au Pont-Neuf une réputation européenne. Le beau moment du Pont-Neuf, c'était de huit à dix heures du soir. Il n'en était que sept à peine.

Troublée par toute cette agitation, la jeune fille

alla donner d'abord dans un groupe formé autour de quatre bouts de chandelle qui tâchaient d'éclairer un homme, poitrine nue, bras retroussés, qui avalait une lame d'épée. Ce malheureux, après avoir fait trois fois le tour de l'assemblée, retira l'épée de sa gorge, ayant soin de faire remarquer deux gouttes de sang, brillantes, sur l'acier.

La jeune fille s'éloigna....

Plus loin elle se vit face à face avec le Grimacier. Il était monté sur une chaise et s'accompagnait lui-même d'un violon, dont il jouait tantôt par derrière la tête et tantôt par-dessous la jambe. Il chantait, avec les contorsions les plus forcées, la *Béquille du père Barnaba*. Les éclats de rire de la foule accueillaient ses lazzis.

En fuyant ce bruit trivial, elle se trouva devant la Croix du Trahoir, à l'entrée de la rue de l'Arbre-Sec. Elle s'arrêta, sans remarquer dans un angle obscur, à quinze pas devant elle, un homme qui se tenait immobile et debout, et dont le regard ne la quittait pas.

Cet homme l'avait suivie depuis l'instant où le fiacre l'avait déposée sur la place Maubert; il l'avait suivie sur le quai, il la suivait encore ; et maintenant qu'elle était arrêtée, il s'arrêtait avec elle.

Espion étrange, il riait dans l'ombre. La force d'une émotion inconnue réveillait dans son œil des flammes assoupies depuis long-temps. Quelquefois il regardait les passants pour voir si quelqu'un d'entre eux s'amusait autant que lui. Puis toute son attention se reportait de nouveau sur la jeune fille, qu'il guettait en se jouant, comme un chat guette une souris.

Sous les vêtements noirs et presque communs dont il s'était affublé, peut-être n'eût-il pas été impossible de reconnaître ce mystérieux personnage, un des acteurs principaux de cette histoire.

Dix-sept années écoulées ne semblaient pas l'avoir vieilli. On eût dit qu'il avait compris le temps dans le défi téméraire porté par lui aux hommes et aux choses.

C'était le duc de Noyal-Treffléan.

En regardant la jeune abandonnée qui venait de s'asseoir sur une des marches les moins mouillées de la fontaine, il disait :

— Voilà mon sang, voilà ma fille. Cette jeunesse,

cette grâce, cette douleur, tout cela est à moi. Où ira-t-elle? que va-t-elle faire? Enfant rougissante, que je couve du regard, es-tu le vice ou la vertu? Sang tumultueux, fouetté sans cesse par les verges des passions farouches, sang de mes veines, es-tu celui de cette mignonne dont les grands yeux ébahis semblent éclairer l'ombre. Ma fille! Si les natures ne mentent pas, en ce moment où la cité brille et petille, où les haleines sont en feu, tu dois sentir remuer en toi quelque chose de la courtisane ta mère, et de ton père le libertin gigantesque. Bruit, élégances, couleurs et richesse, ne lui chantez-vous pas votre hymne la plus enivrante, celle qui comprime le cœur, élargit le regard et desserre la lèvre avide? Paris! accomplis ta mission corruptrice, enlace dans tes rets parfumés cette âme neuve, souffle à son visage tes bouffées qui égarent, alanguis sa marche ingénue, multiplie devant elle tes féeries timides ou fauves, riantes ou furibondes. C'est ma fille, et je te la livre entière, ô ville sirénéïque!...

Comme sous l'effort d'un magnétiseur invisible, l'enfant qu'on voyait assise au pied de la fontaine de la Croix du Trahoir s'agitait et paraissait souffrir.

L'œil du duc de Noyal-Treffléan avait une projection lumineuse telle qu'on en donne aux génies du mal dans les peintures.

Au bas de la fontaine, la jeune fille murmura :

— J'ai faim.

Premier mot de la vie réelle.

Se levant avec peine, elle se dirigea vers une boutique de boulanger, et elle s'arrêta devant en regardant les pains qui étaient au fond.

Le duc ricanait.

— Ah! tu veux manger, disait-il, voilà que tes luttes vont commencer alors ; et moi qui ne songeais pas au pain, au brutal, comme on l'appelle dans les auberges! Voilà ton premier séducteur trouvé, ma fille, c'est le pain. Regarde comme il a l'air bonhomme sur sa planchette où tu le convoites ; lui aussi est doré comme un grand seigneur ; c'est l'amoureux aux baisers rudes, c'est le minotaure de bas étage qui attend chaque jour son tribut de virginités et d'honneurs. Regarde-le bien. Le pain est terrible, ma fille, rien ne l'émeut ; c'est un amant qui creusera tes joues, qui pâlira ton front, si tu cherches à lui résister longtemps. Tu le prieras à mains jointes et il ne t'écoutera pas. Le pain n'a pas d'oreilles. La nuit tu rêveras de lui; honte et cruauté! A seize ans, avec un visage d'ange, blond et chaste, la bouche rosée et les paupières closes, rêver à un morceau de pain!

La jeune fille passa.

Implacable et ténébreux, le duc de Noyal-Treffléan la suivit.

Elle se traîna une heure encore dans la rue Saint-Honoré, mais un abattement profond se manifestait dans son allure.

Au coin de la rue Tirechappe elle tendit la main à un passant.

— Elle mendie! elle mendie! exclama son père qui sentit un nuage pourpre sur sa figure, mais qui le chassa aussitôt par un rire atroce; elle mendie! Mon sang est le même que celui des gueux!

Le passant ne vit pas la jeune fille ou ne voulut pas lui répondre.

Elle attendit un second passant, puis un troisième, toujours la main timidement tendue.

Quelques débauchés, au nombre de quatre ou cinq, sortirent d'une allée en titubant.

L'un d'eux l'aperçut, et, venant à elle, il la regarda sous le nez.

— Tiens! elle est jolie, dit-il.

— Elle pleure, dit un autre.

— Raison de plus pour la consoler...

Et plusieurs bras furent passés autour de sa taille. L'enfant, effrayée, se débattait palpitante comme un oiseau.

Le cercle des jeunes gens se resserrait autour d'elle.

— Laissez-moi! laissez-moi! disait-elle d'une voix étouffée.

A quelques pas de là, le duc voyait toute cette scène.

Les émotions les plus rapides se succédaient en lui.

Il tremblait légèrement : c'était sa fille qu'on insultait en sa présence.

— A moi! répétait-elle.

Pourtant, il restait immobile.

— Au secours! par pitié!...

Le duc n'avait qu'à faire un mouvement, un

geste. Il ne bougea pas. Seulement, ses doigts se crispaient, malgré lui. L'émotion était forte...

A la fin, on lâcha sa fille ; et les débauchés continuèrent leur chemin, chantant à tue-tête, à travers leurs éclats de rire :

>Le couvent le plus doux de Paris
>   Est celui de madame Pâris...

— Allons, cela ne commence pas mal ! dit le duc de Noyal-Treffléan ; mon idée est vraiment heureuse, et je passe par des sensations d'une espèce particulière. Mais ce n'est pas assez. Je veux voir comment, sans aide et sans conseil, elle se tirera de son premier combat avec la vie, si Dieu n'envoie pas du ciel un de ses séraphins pour la sauver.

Exaltée, frémissante, elle avait doublé le pas ; dans ses yeux brillait une résolution. Elle cherchait quelque chose et regardait fixement les maisons au sommet. Tout à coup un cri de joie partit de sa poitrine ; une croix se dessinait dans l'air noir.

C'était une église.

Elle y courut...

Mais le duc l'avait devinée; rapide, il fendit l'ombre et se dressa devant elle, lorsqu'elle parut aux premières marches du monument.

— On n'entre plus, dit-il; il est trop tard; l'église est fermée.

— Fermée! répéta-t-elle avec une explosion de sanglots, en se laissant tomber sur la pierre.

Le duc demeura debout.

Père dénaturé, il venait de refuser à son enfant l'entrée de la maison de Dieu!

Oui, horrible! horrible! comme dit Shakspeare. Ici, le drame devient odieux et se dresse de toute sa hauteur, comme un ours, sur ses pattes de derrière. Cet homme va trop loin; et pour sentir crier la vie au dedans de lui, il ne recule ni devant l'infamie, ni devant le sacrilége. Peut-être je devrais le laisser à son œuvre et détourner de lui mes yeux. Mais non, cet homme appelle l'analyse; et, quoi qu'il fasse, c'est une patiente et abominable étude que nous devons tout entière à nos lecteurs. Allons donc jusqu'au bout avec le duc de Noyal-Treffléan, et surmontons, s'il se peut, notre grande horreur!

Une pensée lui était venue.

Il s'était rappelé l'invitation de Grimod de La Reynière, et, consultant sa montre, il se disait que l'heure était proche.

— Diable! je ne voudrais pas faire à ce brave garçon l'injure de manquer son souper. Il m'amuse, ce La Reynière. Tous les originaux de Paris, tous les songes creux, tous les gredins de mérite seront chez lui ce soir. Je ne serais pas fâché de m'y produire moi-même avec quelque éclat. Cela devient nécessaire. On ne parle presque plus de moi depuis quelque temps. Je m'oublie et l'on m'oublie. Les femmes commencent à me trouver vieux; les hommes font semblant de ne plus me redouter. Que leur faut-il donc de plus, à eux et à moi? N'ai-je pas fait déjà tout ce qu'il est humainement et inhumainement possible de faire? N'ai-je pas creusé le vice jusqu'au tuf? J'eusse bien voulu les voir à ma place! On parle de ce drôle nommé Hercule, et de ses douze travaux; babioles que cela. Étrangler un lion, balayer une écurie, assommer des voleurs, couper la tête aux serpents, c'est le fait d'un homme de la Halle ou d'un exempt de maréchaussée. Je ne veux pas des exploits d'Hercule. Mais au lieu d'une hydre ou d'un tigre, prendre un événement et le faire marcher devant soi, et le pousser, et le conduire jusqu'à ses limites extrêmes, et ne s'arrêter que là où le possible finit ; à la bonne heure ! Voilà ce que l'homme à la massue n'eût jamais imaginé, et ce que j'ai réalisé, moi. Tout ce que les autres sont parvenus à faire, à voir et à sentir, je l'ai vu, je l'ai senti, je l'ai fait. Aucune sensation ne m'est échappée, depuis la plus intime jusqu'à la plus grandiose. Est-ce ma faute à présent si je ne sais plus de thème à ma curiosité ; si ce monde flétri, stupide, en ruines, m'est connu jusque dans ses derniers recoins et jusqu'au plus bas de ses hontes? L'homme que je paie pour me récréer paraît être à bout d'inventions ; il se répète comme un auteur énervé ; ses dernières situations sont plates et traînées en longueur ; j'ai déjà vu cela quelque part. Peut-être faudra-t-il que je le chasse. En quinze jours il ne m'a servi qu'une misérable intrigue, bonne tout au plus pour un provincial débarqué, et un rendez-vous auquel j'ai envoyé mon valet de chambre. Vraiment le comte d'Artois est un autre homme, lui qui s'en est revenu tout nu, à cheval, de Versailles à Paris. Encore une semaine, et me voilà perdu de réputation, classé parmi les mortels inoffensifs et vertueux, les Penthièvre ou les Malesherbes, couronné de roses et suspecté d'aller sécher des pleurs au fond des chaumières. Morbleu! j'aurais bien voulu arriver chez ce La Reynière de façon à faire jaser un peu!

Sa fille pleurait toujours, enroulée dans sa douleur, et cachant sa tête dépeignée entre ses mains que les libertins avaient meurtries.

— Mais je suis cloué aux pas de cette petite, et je ne puis me partager en deux. Comment concilier l'un et l'autre de mes désirs? Quel moyen employer pour ne perdre aucune des larmes de cette enfant, aucune des gorges chaudes de ce souper? O pauvreté de l'espèce humaine, qui, sur deux plaisirs, est toujours forcée d'en lâcher un! — La voici qui se relève cependant et qui promène aux alentours son beau regard, éloquent comme un tableau de sainteté. Elle descend les marches, et se retournant, elle se signe. Oui, la religion donne la force; mais, à moi, d'où vient que la force ne m'a pas donné la religion? Elle paraît calme et résignée maintenant; sa prière, ainsi qu'un baume miraculeux, a coulé dans ses veines. Cette ville folle ne lui fait plus tant de peur; en vain les vieilles maisons mystérieuses se penchent vers elle pour lui murmurer de confuses infamies, elle fuit, cette proie blanche, mais elle ne tremble plus et elle parfume de son innocence les rues fangeuses où elle passe. Je ne la suis plus, elle m'entraîne. Ce n'est plus elle à présent qui s'inquiète et qui s'étonne, les rôles sont changés et je sens mon rire qui s'éteint. Pourquoi cela? Est-ce la tendresse qui m'envahit le cœur? Cette domination à laquelle je semble obéir, est-ce le lien du sang, que j'ai tant de fois nié et méconnu? Allons donc! Et pourtant il ne tiendrait qu'à moi de l'arrêter en lui criant : » Ma fille! » mais bah! ce serait trop simple et trop vite fini. N'importe; c'est un mot étrange à prononcer...

Il le prononça deux ou trois fois dans la nuit, à voix bien basse et comme s'il eût craint de s'entendre lui-même.

— Ma fille... ma fille!

Au milieu de son extase enveloppée de honte, le

duc de Noyal-Treffléan ne vit pas d'abord trois ou quatre hommes qui s'élancèrent sur lui, d'un angle obscur où ils étaient cachés.

— LA BOURSE ET LA VIE! fit l'un d'eux en le saisissant aux poignets.

— Oh! comment dites-vous cela! s'écria le duc en reculant; la bourse et la vie, toutes les deux à la fois? Corbleu! que d'exigence!

Il chercha à tirer son épée.

Un homme venu par derrière lui épargna ce soin.

En se retournant, le duc de Noyal-Treffléan reconnut qu'il avait affaire à une demi-douzaine d'individus.

On était sur le quai, un endroit désert, à quelque distance de l'arche Marion.

La jeune fille, dans ses circonvallations sans but, se rapprochait, comme on le voit, du point d'où elle était partie.

Elle marchait toujours, sans s'apercevoir de l'incident qu'elle laissait derrière elle.

Bientôt le duc la perdit complétement de vue. Il en poussa un blasphème de rage.

Quatre griffes vigoureuses le maintenaient aux

épaules. Pendant ce temps-là, un homme lui arrachait sa montre; un autre le fouillait. Cela s'accomplissait vivement, lestement, sans bruit. Dans toute autre circonstance, le duc en aurait été charmé, mais à ce moment cet épisode ne laissait pas de lui inspirer une contrariété évidente.

D'autant plus qu'il s'aperçut qu'on le poussait vers la Seine.

— Au fait, pensa-t-il, j'étais indécis entre ma fille et le souper de La Reynière; ces bandits vont trancher la question.

Néanmoins il essaya de lutter. Il était robuste et il avait appris la boxe dans les carrefours de Londres. Il se dérouilla donc du mieux qui lui fut possible, et quelques-unes de ses gourmades déconcertèrent les assaillants.

Mais que pouvait-il faire contre six ou sept qu'ils étaient?

Un d'entre eux, le saisissant à la gorge, se mit en devoir de lui pousser un bâillon entre les dents.

En se débattant, le duc s'écria :

— Laissez, laissez donc... je sais ce que c'est... la poire d'angoisse... je n'en veux pas!

D'un coup de poing rudement asséné au creux de l'estomac, il se débarrassa de son bâillonneur. Mais bientôt, serré de plus près par les autres :

— Eh bien! dit-il, si vous tenez absolument à étouffer mes cris... mes chers messieurs... soyez assez obligeants pour vouloir bien remplacer... Aïe! ne frappez donc pas si fort!... pour vouloir bien remplacer la poire d'angoisse, que je connais, par le masque de poix, qui m'est totalement inconnu... Voulez-vous me rendre ce dernier service, hein?

Au milieu de leur verve occupée, les filous ne purent s'empêcher d'échanger un coup d'œil d'étonnement.

Le duc insistait.

— Mes amis... mes bons amis... un masque de poix! accordez cette suprême satisfaction à un mourant. Du fond de l'eau, je vous bénirai, je vous remercierai! Un masque de poix!...

On descendait toujours vers la rivière.

— Ah! chiens!... ah! canailles! Me faire manquer un souper auquel je tenais tant! Au moins, mettez-y des formes... On ne noie pas un duc comme on ferait d'un chat ou d'un veau... A l'aide! à moi!

9.

Une paume de main, large comme un gant de joueur de balle, prit la mesure de sa bouche, en y comprenant le nez, le menton et une partie des joues.

En cet instant, par un de ces éclairs d'âme que rien n'explique et qui expliquent Dieu, il eut une vision qui lui rappela soudainement sa fille, alors qu'elle criait elle aussi au secours, et que lui ne l'écoutait pas.

Ce qui lui arrivait maintenant était-ce une vengeance céleste?

Je n'oserais affirmer qu'il en eut la pensée ; mais un frémissement dansa sur ses lèvres pâles, et il ferma les yeux pendant l'espace d'une seconde.

Arrivé à un endroit où le quai précipite sa pente, les bandits eurent un mouvement de recul, qui laissa le duc en avant et seul.

Il comprit que l'instant était venu.

— Tenez, dit-il en retirant une bague de son doigt et la leur offrant, vous êtes des maladroits qui ne savez pas votre métier...

Puis un des hommes le prit par les épaules, et le poussa brusquement dans la Seine.

Un sourire magnifique passa sur la face du duc de Noyal-Trefflèan, qui disparut avec la majesté du Don Juan de Molière.

III

— Au secours ! au secours !... un homme vient d'être jeté à l'eau !

A ces cris poussés subitement, quelques hommes et quelques femmes, têtes curieuses, accoururent sur le quai, à la place où venait de disparaître le duc de Noyal-Treffléan.

La lune, étalée brillante sur le bleu du ciel, éclairait si bien qu'on eût dit le plein jour.

— Où est donc l'homme qui se noie ?

— On ne voit rien.

— C'est une ruse de coupeurs de poches.

— Non ! voici une tête et puis des bras ; tenez, le voyez-vous ? voilà le noyé !

L'immersion du duc avait été longue, car, lancé brusquement sans qu'il lui fût possible de se conformer aux règles de la natation, il était tombé en troublant la Seine comme une pile de pont qui s'écroule.

Après avoir tourné et retourné sur lui-même, il reparaissait enfin, étourdi, brisé et se frottant les yeux.

Il aperçut la galerie de spectateurs dont tous les regards le contemplaient avidement.

Ne pouvant trouver une meilleure occasion de prouver qu'il savait nager, il s'étendit alors sur le fleuve aussi bien qu'un Tytire sur l'herbe.

La foule désappointée gesticulait en criant à la mystification; elle se fût peut-être retirée mécontente sans un incident cruellement burlesque.

Un marinier s'était élancé vers le duc.

On n'avait guère pu voir d'où il sortait, et s'il arrivait de dessus ou de dessous le fleuve.

— Voilà un brave homme, dit-on, qui, trompé comme nous, va au secours de cet original.

Le marinier plongea au moment où il atteignait le duc, et ce dernier s'engouffra absolument comme si un requin lui eût happé la jambe.

— Ce sont d'habiles nageurs, dit un bourgeois en accompagnant [son observation d'une prise de tabac.

— Non, dit un autre, ils ne s'amusent pas, ils sont engloutis tous deux.

Pendant un instant on ne vit, en effet, ni l'un ni l'autre.

Une rumeur de satisfaction accueillit leur double réapparition.

Mais le marinier, posant aussitôt la main sur la tête du duc, l'envoya d'un mouvement vigoureux revoir le fond pour la troisième fois.

— Bravo ! bravo ! s'écrièrent les spectateurs, il est impossible de mieux rester sous l'eau.

Quand M. de Noyal-Treffléan revint à la surface, il ne nageait plus ; ses bras battaient l'air, imitant les ailes d'un moulin.

— Je... je me noie...

— Glou, glou, glou, glou ! faisait l'eau en entrant dans sa gorge.

— Bravo ! bravo ! répétait la foule.

Il était temps d'en finir avec ces passes trop prolongées, si du moins on n'avait pas l'intention de noyer bel et bien M. le duc. Aussi le plongeur le prit aux cheveux et l'amena vers un canot, dans lequel se trouvait un homme souriant.

— C'est bien, dit ce dernier, c'est très-bien.

A eux deux ils posèrent sur le bateau le duc inanimé, comme un saumon de plomb.

— Est-il à point, monsieur Soleil? demanda le marinier.

—Parfaitement, répondit le personnage interpellé.

— Je ne pouvais sans danger lui en laisser avaler une gorgée de plus.

— C'est suffisant. Maintenant ramenons-le à terre.

Le marinier se revêtit d'un surtout de grosse toile, et, faisant jouer les avirons, il dirigea la barque vers la pointe de la Cité.

Les curieux, voyant ce corps roide étendu au fond du bateau, s'attroupèrent sur le terre-plein; et un vieux médecin qui passait par hasard descendit promptement sur la berge afin de donner les premiers soins au noyé.

— Permettez, permettez, écartez-vous, messieurs et mesdames, dit le vieillard; que je sonde les dangers de cette asphyxie!

Le lecteur aurait reconnu la voix qui parlait ainsi, mais non l'homme; il était si changé, ce pauvre docteur Champdoiseau ! il n'avait jamais été gras, cela est vrai, mais maintenant c'était un squelette.

A peine ses yeux se furent-ils arrêtés sur les traits du personnage évanoui, qu'il salua ce corps inanimé avec une vénération profonde.

— Qu'on transporte M. le duc dans ma maison, dit-il, je serai trop honoré de lui donner les soins que réclame son état.

Sur un clin d'œil de M. Soleil, quatre hommes qui, mêlés, à la foule, semblaient attendre ce signal, firent de leurs bras un brancard sur lequel ils emportèrent M. de Noyal-Treffléan.

— Là tout près, quai des Augustins, n° 27, prononça le docteur Champdoiseau.

Une partie de la foule suivit; l'autre resta sur la berge, livrée aux commentaires les plus extravagants.

— C'est un duc !

— Il a voulu se suicider parce qu'il est amoureux de la reine.

— Non, c'est sa femme légitime qui l'a fait jeter à l'eau par ses laquais.

— Voilà le brave qui l'a sauvé, dit quelqu'un en montrant le batelier.

Et celui-ci eut beaucoup de peine à empêcher qu'on le portât en triomphe.

Les quatre hommes avaient déposé le duc sur le lit du médecin et s'étaient retirés.

— Ce malade n'est donc pas pour vous un inconnu, docteur? demanda M. Soleil, quand il fut seul en présence de celui-ci.

— M. le duc de Noyal-Treffléan, un inconnu pour moi! oh! non, je le proclame.

— Cependant, il faut qu'il vous soit inconnu.

— Plaît-il?

— M. le duc doit s'être noyé et avoir été soigné par vous, tout cela incognito.

Les moindres mystères agaçaient singulièrement l'intelligence du docteur Champdoiseau; il s'arrêta immobile, la bouche ouverte, les yeux clignotants.

— C'est bizarre! comment! je ne pourrai pas me vanter d'avoir eu l'insigne honneur de...

— Non!

— Je me rends.

— L'état de M. le duc offre-t-il quelque danger? reprit M. Soleil.

— Aucun; avant une heure, M. le duc possédera toutes ses facultés comme vous et moi, et il pourra retourner à son hôtel à pied ou en carrosse.

M. Soleil hocha la tête négativement.

— Retourner à son hôtel, non.

— J'ignore quelles seront ses intentions dans une heure.

— Il ne faut pas qu'il ait des intentions, murmura entre ses dents le singulier personnage qui avait commandé si largement le bain de M. le duc.

— Tenez, voyez-vous? la potion que je lui ai donnée lui permet déjà quelques mouvements.

— Il va revenir à lui?

— Plus tôt que je ne croyais.

— Diable!

— Cela me prouve l'efficacité de mes médecines, s'écria le docteur enthousiasmé. Oui, monsieur, qui que vous soyez, sachez-le bien, la France possède en moi un savant utile, fécond en inventions, mais je vous répète peut-être ce que vous avez entendu dire...

— Certainement, oh! certainement, fit M. Soleil.

Champdoiseau sourit à cette réponse, comme un sultan au balancement d'un éventail.

Le duc de Noyal-Treffléan entr'ouvrit les yeux, puis ses lèvres pâlies remuèrent imperceptiblement.

— Docteur, murmura M. Soleil, il ne faut pas que cette atonie cesse tout de suite.

— Je ne comprends pas.

— Peu importe.

— Il s'agit de lui donner une potion qui lui procure un sommeil de...

Il tira de son gousset une montre, et observant la position des aiguilles :

— Un sommeil, continua-t-il, de trois heures environ, plutôt plus que moins.

— Jamais je ne consentirai à me rendre le complice d'une semblable imprudence.

— Vous refusez?

— Je refuse.

— Eh bien alors, je vais de nouveau faire jeter M. le duc dans la Seine.

La terreur et l'indignation se disputèrent à la fois les traits de Champdoiseau.

— Vous auriez cette cruauté?

— Si vous m'y forcez.

— Mais de quel droit, monsieur, feriez-vous noyer cet honorable, cet illustre, ce magnanime gentilhomme?

— Du droit que j'ai de le faire noyer.

— A qui persuaderez-vous semblable folie?

— A tous ceux à qui je montrerai ce papier.

Le docteur jeta un regard effaré sur l'écrit que lui présentait son interlocuteur.

Ses yeux s'agrandirent de moitié, ses lèvres se gonflèrent à toucher son nez.

— Oh! je vous demande pardon de vous avoir méconnu. Sublime! sublime! s'écria-t-il; oh! philosophie! tu fais des géants au moral; comme moi, par la science, je vais créer des hommes de huit pieds quatre pouces.

— Comprenez-vous maintenant pourquoi j'aurai le droit de rendre M. le duc aux voluptés du bain froid si vous ne lui administrez pas un narcotique?

— Excusez-moi, mon bon, mon excellent monsieur Soleil (j'ai vu votre nom sur le papier), j'ai maintenant confiance en vous autant que M. le duc lui-même; excusez-moi de ne pas avoir accueilli vos prescriptions sans examen; j'aurais dû, sur votre physionomie, dans vos yeux, lire la dignité de votre caractère, la grandeur de votre mission. — Potion somnifère! ajouta-t-il en cherchant parmi des flacons alignés sur les étagères d'un placard.

Dans une coupe de cristal, il versa une liqueur noirâtre...

— Nous disons trois heures de sommeil.

— Ce breuvage ne peut produire aucun mauvais effet, n'est-ce pas? demanda M. Soleil.

— J'en réponds sur mes cheveux blancs; dans trois heures, M. le duc s'éveillera frais et dispos, comme il sortirait de son lit après la nuit la plus heureuse.

— Fort bien.

Le docteur Champdoiseau insinua entre les lèvres du duc de Noyal-Treffléan le contenu de la coupe.

— Maintenant, il s'agit de le déshabiller dit M. Soleil.

— Le déshabiller!

— Entièrement.

— Mais quel est donc votre projet?

— Ah! docteur, docteur...

— C'est juste, je ne peux pas être initié aux devoirs de votre charge.

Le docteur aida M. Soleil de fort bonne grâce.

Quand l'opération fut terminée, ce dernier sortit pour revenir peu de temps après, suivi de quatre hommes que nous avons vus déjà à ses ordres.

Ces quatre hommes portaient un immense plat d'argent qui aurait pu dignement figurer sur la table d'Ajax ou d'Ulysse. Des linceuls étendaient leur blanche neige jusqu'aux rebords de son ovale. Un petit édredon garnissait l'une des extrémités.

En apercevant ce plat, le docteur Champdoiseau recula abasourdi.

On y posa le duc de Noyal-Trefflean recouvert de serviettes brodées.

— J'en ai la chair de poule, dit Champdoiseau à M. Soleil. Vous ne pouvez pas m'expliquer?...

— Non.

— C'est égal, je vous admire et je veux vous prouver mon amitié. Cela vous surprendrait si moi, vieillard, préoccupé par la science et qui suis censé vivre hors du monde et ignorer tous les scandales, je vous apprenais un secret qui peut avoir sur M. le duc une influence magique ?

— Docteur, je ne saurais comment vous prouver ma reconnaissance.

— Venez chez moi demain matin, et nous causerons.

— A demain, dit M. Soleil.

Les quatre hommes emportèrent le plat où reposait le duc de Noyal-Treffléan, et ils le déposèrent dans un spacieux carrosse qui attendait à la porte.

IV

Il est temps de revenir au souper de Grimod de La Reynière, où j'ai laissé mes convives en train de se placer et de s'asseoir, à la grande satisfaction de leurs muscles zygomatiques.

La plupart avaient fait une ample provision d'appétit, car on savait qu'un festin chez l'avocat n'était pas une mince affaire. Cinq ou six heures étaient d'une rigoureuse indispensabilité pour l'accomplissement à fond de cette cérémonie alimentaire et théâtrale, où les yeux autant que la bouche se trouvaient étonnés et ravis.

L'entrée du premier service se fit avec toute la pompe des solennités antiques.

Deux joueurs de flûtes ouvraient la marche ; ils étaient suivis d'un héraut d'armes exactement costumé comme Lekain dans la tragédie de *Bayard*, le glaive au flanc et tenant en sa main une lance dorée, dont il frappait le sol à chaque pas..

Le maître-d'hôtel venait ensuite, et puis les cuisiniers portant des plats d'argent élevés sur leurs bras au-dessus de la tête.

De jeunes imberbes, des *éphèbes* en robe blanche, marchaient à leur côté, comme chez les Romains.

Suivait l'écuyer tranchant.

Le cortége se terminait par plusieurs jeunes filles ou nymphes, blondes pour la plupart, vêtues d'un fourreau, couleur de chair, et chaussées en brodequins ; elles portaient gracieusement sur leurs épaules des amphores pleines de vin, et leurs cheveux en forêt débordaient somptueusement par derrière, ma retenus par un cercle d'or.

Ce service fit trois fois le tour de la salle, en cadence et gravement.

Au troisième, les plats s'abaissèrent, et les nymphes se réunirent pour les poser l'un après l'autre, car ils étaient d'une énorme dimension.

On ne s'attend pas probablement à ce que je dresse un historique de ce menu ; ici les renseignements n'ont fait défaut, et je le regrette avec sincérité. La littérature y perd sans doute une curiosité et la gastronomie un enseignement. Disons cependant que tout ce que les marchés de Paris fournissent de plus fin et de plus délicat s'était donné rendez-vous sur la table de Grimod de La Reynière.

Dès les premières attaques de fourchettes, les convives s'étaient entre-regardés d'un air significatif et en souriant. Ils portaient leurs yeux sur leurs mains et de là sur leurs genoux. Ils se retournaient et se remuaient.

Grimod de La Reynière s'aperçut de l'embarras général.

— Qu'attendez-vous ? demanda-t-il.

— C'est que, mon cher Grimod, dit Flins des Oliviers, c'est que... nous n'avons pas de serviettes.

— C'est juste.

Et sur un signe, les jeunes filles vinrent se ranger immédiatement autour de la table, en dénouant leur chevelure, qui se répandit en ondes frissonnantes sur leurs bras et le long de leurs hanches.

— Drôles de serviettes, murmura la plus jeune sœur de Rivarol, celle que l'on surnommait Agacète.

— C'est un usage renouvelé des anciens, lui dit son frère.

Tout le monde essuya ses doigts aux cheveux des belles blondes, et le festin continua imposant, affamé, brillant.

L'entrée de chaque service s'opérait dans les mêmes formalités que nous avons décrites. Toujours le héraut avec sa lance ; toujours les deux joueurs de flûte. Une fois seulement ils furent remplacés par deux joueurs de cymbales.

Grimod s'était levé et avait disparu.

Il rentra, précédant lui-même son maître-d'hôtel.

Quand, au bout des trois tours, les plats furent posés, on vit que c'était un service tout en cochon, cochon en côtelettes, cochon en ragoût, cochon en menus-droits, en petit-salé, en rôti, en laitues, à la dame Simone, en jambons, en fromage ; cochons de lait à la broche ; en daube et au père Douillet.

C'était la glorification et l'apothéose du cochon sous toutes ses formes, sous tous ses points de vue ;

c'était le dernier mot du cochon, on ne pouvait point aller au-delà.

Aussi Grimod de La Reynière, voyant l'approbation peinte sur tous les visages, s'empressa-t-il de dire :

— Messieurs, cette cochonnaille est de la façon du charcutier Michel, demeurant rue des Arcis, le cousin de mon père...

On le laissa dire et on mangea.

Mais lorsque ce fut le tour des petits cochons de lait arrosés d'huile vierge, il ne put retenir sa langue et il demanda si l'on était content de cette huile.

Chœur enthousiaste.

— Eh bien ! dit Grimod, elle m'a été fournie par l'épicier Plansou, demeurant rue Sainte-Avoye, le cousin de mon père. Je vous le recommande ainsi que le charcutier.

Quelques convives inclinèrent la tête en manière d'acquiescement ; les autres se contentèrent de sourire, habitués qu'ils étaient aux extravagances de leur hôte...

Nous avons parlé, au commencement, d'une galerie élevée dans la salle; elle était destinée aux personnes qui voudraient jouir du coup d'œil. Une immense quantité de billets avaient été distribués sans distinction par Grimod de La Reynière ; et déjà le flot grondant des visiteurs emplissait l'antichambre.

Ceux des convives qui n'étaient pas prévenus s'inquiétèrent de cette rumeur.

L'amphitryon souriait.

— Monsieur de La Reynière, n'entendez-vous pas ?

— Si fait, monsieur Mercier, j'entends fort bien. Vous plaît-il un peu de ces pigeons à l'eau-de-vie ?

Le bruit redoublait.

— Grimod, je crois que l'on heurte à la porte, dit Me de Bonnières, jeune avocat de quelque réputation.

— Tu ne te trompes pas, mon cher ami ; laissons heurter, la serrure est solide.

— Mais cependant...

— Monsieur de Rivarol, des figues d'Ollioules ?

— Je veux bien, répondit l'homme de lettres, très-friand.

Comme onze heures vinrent à sonner, Grimod de

La Reynière se tourna vers ses hérauts et leur dit alors d'ouvrir la galerie.

Une cohue de visages échelonnés, surpris, gouailleurs, agités, curieux, apparut derrière les deux battants. Il y avait des femmes, il y avait des enfants, il y avait des gens de la rue. D'abord, ils n'osèrent rien dire. On n'entendait que la cadence de leurs pieds, car il était expressément défendu de s'arrêter; on ne pouvait que traverser pour faire place à d'autres.

Tout de suite il y eut une sensation générale d'ébahissement, parmi ceux d'en haut et parmi ceux d'en bas.

Les mangeurs regardaient les passants; les passants regardaient les mangeurs. Quelques-uns de ces derniers étaient vexés qu'on les montrât en spectacle. Les autres, moins scrupuleux, n'y prenaient pas garde, et buvaient.

Peu à peu les langues des promeneurs se délièrent; à quelques rires étouffés succédèrent quelques propos railleurs.

— Tiens! regarde donc ce gros, comme il bâfre en baissant la tête.

— Et cette dame toute reluisante, qui cause d'un air si dédaigneux avec son voisin sans paraître s'occuper de ce qui se passe autour d'elle.

— Faites circuler! faites circuler! criait Grimod de la Reynière.

Au bout d'une demi-heure, la galerie se vida, après avoir livré passage à cinq ou six cents personnes environ ; les dernières furent les plus rebelles à s'en aller, car, de propos en propos, la licence s'était mise de la partie ; les rires s'étaient tournés en huées, on s'était pris de chansons, on avait soufflé bon nombre de bougies. Néanmoins, moitié de gré, moitié de force, les hérauts finirent par congédier ce public malencontreux, et tout rentra dans l'ordre, après qu'ils eurent fermé soigneusement les portes de la galerie supérieure.

Cet épisode jeta un peu de contrainte sur les convives de Grimod de la Reynière.

La marquise de Perverie, qui faisait ce soir-là son entrée dans le monde, était la seule qui ne parût affectée de rien.

Ce grand calme, joint à cette grande beauté, lui valait l'admiration de tous. Elle n'étudiait pas, elle n'écoutait pas pour profiter, comme font neuf provinciales sur dix ; elle avait la science innée ; les hommes la regardaient à l'envi, les femmes avec envie.

Et non-seulement les hommes et les femmes, mais encore les valets, ces pauvres êtres dont on niait l'humanité. Les valets, leurs flacons à la main, debout le long du mur, fixaient leurs yeux ardents sur cette belle femme et faisaient mentir mille fois le magnétisme en la laissant insensible et tranquille sous cette obsession muette. La marquise de Perverie ne les voyait pas. Ils eussent pu la contempler cent ans, comme alors, face à face, sans qu'elle les vît jamais. Quelque chose lui disait qu'il y avait des valets là, et elle ne regardait pas là.

Pourtant là, dans cet angle, deux étoiles étaient arrêtées sur elle, deux flammes comme il s'en éveille chez les jeunes tigres lors de leurs premières colères ou de leurs premières amours, deux yeux de laquais, deux prunelles d'enfant de dix-sept ans, immobiles, éblouies !

Ce valet regardait la marquise de Perverie, comme bien certainement il ne peut être donné à l'homme dans sa vie que de regarder une seule femme ; il l'enveloppait, il la buvait avec son âme, il l'embrassait tout entière, dans ses moindres mouvements, et jusque dans les nuances les plus imperceptibles de sa beauté.

La marquise de Perverie était assise entre M. de Castellane et le prince de Gonzague. Ces deux messieurs se penchaient souvent vers elle pour lui parler et lui sourire. Elle répondait avec mesure, mais agréablement toujours, sans mettre de prix à ses paroles. Sa conversation était ce qu'elle devait être, dans cette réunion si folle et si diverse.

J'ai dit que le public admis dans la galerie supérieure s'était amusé à éteindre les bougies qui se trouvaient à sa portée. Cela avait répandu quelques plaques d'ombre dans la salle. Des domestiques s'occupaient à rallumer, lorsque l'orchestre qui se faisait entendre au loin cessa tout à coup ses accords.

Grimod de La Reynière dressa la tête d'un air inquiet.

Après quelques secondes de silence, la musique reprit ; mais ce fut pour entonner un chant douloureux, plein de notes gutturales et funèbres. Si la musique a une couleur, on peut dire que celle-ci était de la musique noire. L'oreille y distinguait des fragments d'hymnes religieuses, des sanglots, de plain-chant et ces soupirs prolongés qui traversent les mélodies sépulcrales. Involontairement l'assemblée éprouva une pénible sensation. Les fourchettes s'arrêtèrent, les verres furent posés à moitié vides.

Un esprit fort, Robbé de Beauveset, murmura :

— Diable ! cela n'est pas gai :

Le marquis de Marnésia fronça le sourcil :

— Voilà des dièzes qui gâtent singulièrement le vin.

— Une vraie chanson à porter ma femme en terre ! dit Rivarol.

— C'est sans doute encore une invention de Grimod, ajouta le censeur Coquelei.

Mais Grimod paraissait n'être pour rien là-dedans. Il s'étonnait comme les autres, et comme les autres il était légèrement ému. Les valets ne se pressaient pas de rallumer les bougies ; leur main tremblait. Il semblait que chacun pressentît qu'il allait se passer quelque chose d'inusité.

Grimod de La Reyniere se leva enfin pour aller savoir le mot de cette énigme.

Il n'avait pas fait deux pas que la porte de la salle s'ouvrit avec retentissement.

Un spectacle étrange se produisit alors.

Quatre laquais tout habillés de noir s'avancèrent solennellement, portant sur leurs épaules un immense plat d'argent, démésurément ovale, et recouvert.

Ils ployaient tous les quatre, sous ce pesant fardeau.

S'approchant de la table, où la surprise des conviés était au comble, ils l'y déposèrent au milieu, non sans user de précautions infinies.

La musique jouait toujours.

Autour de la table il n'y avait pas un souffle, pas un geste ; seulement cinquante regards cloués sur ce plat monumental...

Une voix annonça :

— Monsieur le duc de Noyal-Treffléan !

Et, comme par miracle, le linge qui recouvrait ce nouveau service s'écarta en un clin-d'œil.

Cinquante regards plongèrent à la fois comme une tombée de flèches sur un même but.

Un cri de stupéfaction sortit de cinquante poitrines.

Horreur!

Ce plat contenait un être humain!.

Un être humain presque nu, couché tout de son long, dans l'attitude d'un poisson gigantesque, entouré d'herbages, couronné de plantes aquatiques, les bras étendus et collés contre le corps, muet, pâle, sans mouvement et les yeux fermés... le duc de Noyal-Treffléan!

D'abord on n'osa pas parler.

On regardait...

Et puis la musique d'enfer ne cessait pas de se faire entendre; elle devenait hautaine, elle ouvrait les portes, elle approchait.

A tout prendre cette scène était inouïe et ne ressemblait à rien dans son audace effrénée. Était-ce joyeux? Était-ce terrible? Fallait-il rire ou s'inquiéter? A cette hauteur, la farce devient sauvage et le rire se glace sous la sueur froide. Il est de ces amusements formidables qui donnent le frisson et dont on se passerait volontiers; ce sont ceux où l'image de la mort figure comme ingrédient de joie.

Néanmoins, au premier aspect, la surprise avait tellement dominé l'effroi que les femmes n'avaient pas eu le temps de s'évanouir. Elles commençaient maintenant à y songer, lorsqu'un mouvement échappa au duc sur sa couche verte et argentée.

On respira.

Ce mouvement fut suivi d'un soupir comme fait un homme qui se réveille. La poitrine se haussa. Quelques doigts de la main se contractèrent, mais les yeux restèrent clos.

N'importe, l'assemblée était rassurée ; bientôt elle allait rire.

Le duc de Noyal-Treffléan reprenait peu à peu connaissance ; un bourdonnement confus arrivait à ses oreilles ; ses paupières commençaient à percevoir une lueur vive, bien qu'il ne les eût pas encore ouvertes ; la chaleur pénétrait son corps, mais la pensée sommeillait toujours.

Cependant, il y eut un moment où il crut entendre des voix rapprochées et en foule : il venait de se lever sur son séant, livide et les cheveux collés aux tempes, comme quelqu'un qui n'est plus mort, et qui n'est pas encore vivant, et tel que Rembrandt a représenté le ressuscité Lazare. Alors il ouvrit vaguement les yeux, mais il les ferma aussitôt, car il lui avait semblé y voir entrer un million de poignards éclatants. C'étaient les lustres de la salle. Il retomba dans son plat.

Cette fois, une clameur joyeuse, la clameur des convives, étouffa la musique, souffleta les lumières et monta jusqu'au plafond. Ils avaient pris leur parti.

Grimod de la Reynière donnait l'exemple.

A présent ils étaient bien certains que ce n'était qu'une comédie, et ils voulurent la pousser jusqu'au bout.

— Il faut le découper! criait-on.

— Oui! oui!

Un cercle de fourchettes brandies s'éleva autour du duc de Noyal-Treffléan.

C'étaient des cris, des transports!...

Chez lui, cependant, la pensée commençait à batailler vigoureusement. Il s'agitait. Il se débattait contre ce qu'il croyait être un cauchemar lumineux. A la fin il ne lui fut plus permis de douter de son prochain réveil.

Au même instant il sentit une légère piqûre au bras, et il entendit Grimod de la Reynière demander :

— Qui est-ce qui veut un morceau du duc de Noyal-Treffléan ?

L'éclair est moins rapide. D'un bond, oubliant ou domptant sa faiblesse, il se roula sur lui-même et se dressa debout.

Quand il vit à ses pieds ces hommes et ces femmes rangés en rond, le vertige le prit, et il sauta en bas de la table.

Il y eut un hurrah prolongé.

Ce fut alors qu'un personnage respectueux, en qui nous retrouvons M. Soleil, s'approcha de lui et jeta vivement sur ses épaules un ample manteau.

Le duc n'était pas tellement étourdi qu'il ne pût le reconnaître.

— Monseigneur est-il content de moi ? lui demanda cet étrange officieux.

— Diable ! dit le duc en souriant, ceci est un peu vif ; je te donne trois cents louis.

Après ce colloque rapide et qui ne fut entendu de personne, le duc de Noyal-Treffléan, qui n'était pas tout à fait remis de cette secousse imprévue, et dont les jambes fléchissaient, fut entraîné par M. Soleil dans une pièce voisine.

Quand au bout de vingt minutes environ il reparut, étincelant de broderies et de velours, recouvert de ses insignes, droit, fier, coiffé, le sourire sur les lèvres, comme s'il sortait des appartements de Versailles, tout le monde se leva.

Il était pâle encore, et cette pâleur légèrement répandue ajoutait à la noblesse de son visage. La cravate blanche était gracieusement serrée autour du cou, et le jabot, neige aux plis de soie, descendait en s'éparpillant sur sa poitrine. Il n'avait pas encore franchi cette limite qui sépare l'homme mûr du vieillard; il ne voulait pas la franchir. C'était un de ces rares débauchés qui déjouent tous les calculs et toutes les prévisions des moralistes; qui avancent dans le vice et dans l'âge, frais, gras, fleuris; que les excès ne tuent pas, mais qui parviennent, au contraire, à tuer les excès; à l'aise dans leur dépravation comme des grives dans un champ de raisin, joyeux et impunis à dégoûter de la vertu et à faire tomber la bêche des mains d'un trappiste.

De ces hommes il en est bien peu, mais on en compte cependant. Le duc de Noyal-Treffléan était de ce nombre ; il promettait de vivre cent ans, au grand scandale de la chrétienté et à l'ébahissement profond des bonnes gens, qui, bien que prévenus des tourments réservés au crime dans l'autre monde, ne sont pas fâchés néanmoins de le voir châtié dans celui-ci.

Avec le duc de Noyal-Treffléan, la morale en action en est pour ses frais de maxime, et, pour notre part, nous sommes vraiment fâché que le personnage odieux et méprisable de cette histoire ait cette fleur de santé, ce port majestueux et calme, cette force et cet esprit que la justice divine devrait seulement réserver à l'honnête homme. Par malheur, je ne suis que l'historien d'une époque et le peintre d'un gentilhomme.

Le duc de Noyal-Treffléan s'assit à la place qui était restée vide depuis le commencement du repas, et il se trouva justement en face de la marquise de Perverie.

Il la regarda curieusement et attentivement, comme il savait regarder ; de ce regard savant, effronté comme un baiser, âpre comme un instrument de chirurgie, voyageur comme une puce.

La marquise soutint tranquillement ce regard. Il en fut surpris.

Une fois assis, le duc recueillit les compliments sans fin que lui valait son entrée originale, et il ne s'occupa plus qu'à regagner le temps perdu. Il mangea comme un poëte du temps de Villon; il but comme un musicien de tous les temps. Grimod de la Reynière le regardait faire avec une admiration qui allait jusqu'à l'attendrissement.

Ce souper tant de fois interrompu se remit donc en marche avec une furie nouvelle, comme une diligence dont on a fermé les portières et qui roule sur une pente rapide.

Il semblait que cet incident dût être le dernier. Les bougies étaient rallumées toutes; l'orchestre invisible revenait graduellement à des sentiments meilleurs, exprimés en plus harmonieuses cadences. Les services se succédèrent, toujours de plus en plus somptueux; les vins se reprirent de babil charmant et de charmant éclat; il y en avait de rosés qui brillaient langoureusement, il y en avait d'écarlates qui grondaient sourdement au fond du verre, brillants et orgueilleux.

Les vins ont des œillades comme les femmes, et à une certaine heure on se grise rien qu'à les voir.

Ce souper alla ainsi jusqu'à travers vingt-quatre services.

Quant au dessert, ce fut quelque chose de transcendantal. On couvrit la table de miroirs, sur lesquels des sables diversement coloriés figuraient d'élégants parterres. Des arbustes véritables portaient des fruits confits à leurs branches. Et, pour compléter l'illusion, toute une société de petits personnages en sucre se promenaient sur un boulingrin émaillé de fleurs.

Mais l'ornement principal de ce dessert, et celui qui souleva le plus de transports laudatifs, ce fut un morceau d'architecture candie, représentant le festin de Trimalcion, d'après Pétrone. Les colonnes, les chapiteaux, les corniches, tout était d'une pureté de profil remarquable. Drapées avec vérité, les figures étaient composées avec une excellente pâte d'amande. Ce surtout, qui était alors une nouveauté, occupait trois pieds de longueur sur vingt pouces de large et trente d'élévation.

Il était une heure du matin. La chaleur des vins, des haleines et des flambeaux suffoquait.

On fut obligé d'ouvrir les fenêtres toutes grandes.

Alors la lune entra, claire entre les arbres noirs, la lune des nuits d'été; elle regarda manger ces hommes et ces femmes, et elle parut y prendre du plaisir.

Ce n'est pas tout. A l'instant le plus animé, Grimod de la Reynière approcha une allumette *à la fleur d'orange* du festin de Trimalcion; le feu se communiqua à une mèche soigneusement cachée. Aussitôt le temple se couvrit de feux odorants; mille gerbes s'élancèrent au plafond; un chœur de petites étoiles rouges, bleues et jaunes dansèrent au-dessus de la table. Pour ne pas effrayer les femmes, Grimod eut le soin de prévenir que ces étincelles, malgré leur vivacité, étaient tellement innocentes que les tissus les plus légers n'en recevaient aucun dommage.

Ce spectacle inattendu obtint beaucoup de succès; et à dater de ce jour, l'introduction de la pyrotechnie dans les desserts fut presque universellement admise; tous les pâtissiers s'empressèrent d'adapter des feux d'artifices à leurs décorations.

Le souper était enfin arrivé à son apogée.

L'hôte se leva, et étendant son verre :

— A la santé de M. le duc de Noyal-Treffléan, s'écria-t-il.

Tout le monde acclama.

Après le choc des verres, et lorsqu'il se fut incliné, voici ce que le duc répondit :

— Eh bien! oui, vous avez raison; à ma santé! A la santé de tous ceux qui vivent grandement! A ma santé. Je suis la force, la richesse, la joie. J'étais né pour être dieu de l'Olympe ou roi de Juda, satrape ou sybarite, consul ou sultan. Ce qu'il me fallait, c'était la pourpre de Tyr et les parfums de l'Asie, un flacon de Massique dans la poitrine, une couronne de fleurs sur la tête, et la queue de mon chien coupée. Il me fallait un siècle de marbre et non un siècle de bois, de grands palais, des salles immenses où j'aurais du moins eu la place de traîner mon ombre. J'étouffe dans nos mœurs de nains et dans notre monde resserré! C'est ce qui fait que j'enfonce les portes et que je vais audelà. Au delà, c'est le cri des hommes puissants. A ma santé! J'appartiens à une race qui compte parmi ses ancêtres Nemrod, Salomon et Tarquin, âmes géantes auxquelles il faut des corps géants, et dont les descendants décroissent de jour en jour, broyés entre les murailles sans cesse rapprochées d'une société qui manque d'air.-» Moi, j'ai mis les pieds sur la société. Là où les autres s'arrêtent et font un détour, j'enjambe. Toutes mes facultés physiques et morales, je les ai élargies outre mesure; faut-il vider la botte de Bassompierre, pleine de vin jusqu'au bord? A ma santé! Que ma vie soit toujours un vaste fleuve roulant l'or, les chants, les fleurs arrachées au rivage! Que je vive toujours dans mon impénitente volupté, debout comme à présent; que je vive pour les larges soifs, pour les fêtes moqueuses, pour les délires de toute sorte, pour les chimères réalisées, pour les désirs sans frein et les jouissances sans mots! Le ciel m'a donné une âme à bail, je ne veux la lui rendre qu'après en avoir exprimé tout ce qu'elle contient de pensées mystérieuses, impies, cachées, audacieuses, insensées! Mon existence aura été un concerto de toutes les passions élevées à leur dernière puissance, où chaque note aura fourni son volume de son le plus excessif, où les cordes des violons auront été tendues à se rompre. Cela aura été beau et cela aura été entendu de loin. Souvent je m'admire. Autour de moi se groupent les amours et les éclats de rires interminables, à mes pieds se roulent, dans les plus humbles et les plus ravissantes contorsions, toutes les fantaisies, tout ce qui s'achète, se donne, se prend ou se trouve. Ce globe est à moi. Je m'y empare à mon gré de tout ce qui me plaît, j'y mets les deux mains et on me laisse faire. A ma santé, à ma santé donc! Je suis un des rois de ce siècle. Où vais-je ainsi? je n'en sais rien. Où va-t-on derrière moi? peu m'importe. Rien ne me résiste, rien ne me fait hésiter, ni les mains jointes ni les éclairs de l'épée nue. Je suis roi, bien roi! Ma couronne est scellée à mon front, et, pour la faire tomber, il faudrait faire tomber ma tête avec elle!

Ces paroles qui tenaient à la fois de l'ode et de la malédiction, on les écouta en silence, presque avec terreur.

Toutefois, on applaudit longuement.

— A boire! dit ensuite le duc Noyal-Treffléan en tendant son verre à l'un des gens qui se tenaient derrière lui.

Celui-ci hésita un moment, regarda le duc de travers, et, jetant loin de lui le flacon qu'il avait à la main, il répondit :

— Non!

Le duc se retourna pour le voir en face.

Il s'était fait un silence de stupeur.

C'était un jeune homme en costume d'éphèbe; sa tête s'élevait, pâle et triste, sur sa robe blanche; ses cheveux noirs tombaient sur ses épaules nues. Tout à l'heure, c'était celui qui regardait avec tant de flamme la marquise de Perverie.

En présence de tous ces yeux, il resta immobile.

Puis, fiévreusement, il arracha le bandeau doré qu'il avait au front, déchira sa robe, et murmura sourdement :

— Je ne veux pas demeurer ici un instant de plus. J'ai honte et j'ai peur. Vos parfums me brisent la tête et me dévorent les yeux; je ne sais plus où je suis ; vos rires me donnent envie de pleurer, et mes pleurs me rendent furieux. Ce que vous dites, je ne veux pas l'entendre; ce que vous faites, je ne veux pas le voir. Toutes mes idées se troublent au milieu de vous. Je sens chanceler ma raison. Laissez-moi partir. Ces vêtements de comédien m'indignent et m'entrent dans les chairs.

Grimod de la Reynière se leva.

Le duc de Noyal-Treffléan le contint avec un sourire.

— Non, laissez-le dire; il m'a causé une minute de surprise dont je lui suis reconnaissant. D'ailleurs, je puis fort bien me verser à boire moi-même.

Prenant un flacon des mains d'un autre laquais, il se gratifia d'une rasade royale qu'il vida lentement et jusqu'à la dernière goutte.

L'éphèbe était toujours debout.

— As-tu tout dit? demanda le duc après avoir posé son verre.

— Pas encore, répondit-il en relevant son regard sombre; mais si vous êtes curieux de savoir le reste, moi aussi, la parole me tourmente. Je vous ai trop long-temps regardé boire sans que vous m'ayez regardé pleurer. Et puis, du reste, comme vous dites, cela est divertissant de voir de temps à autre sortir un bon flot de haine du cœur d'un homme. Moi, je ne suis qu'un enfant. Écoutez pourtant, si cela vous amuse. Vos paroles ne sont pas seulement barbares et ridicules, elles sont folles de la pire folie, de la folie aveugle. Oh! vous ne m'effrayez pas, je n'ai pas peur, je ne tiens à personne; derrière moi il n'y a pas une miette d'affection; je ne dois rien à la société, au contraire; une fois par hasard je peux donc dire ce que j'ai sur le cœur. Allez, ce n'est pas un métier d'homme que vous faites ici, et, si bas que je sois à vos pieds, je me trouve encore plus haut que vous en ce moment. Versez-vous donc à boire, monsieur le duc!

Puis s'adressant à tous :

— Oui, buvez, buvez! Devenez pâles, ivres, balancés, abandonnés! buvez, et que le torrent de l'ivresse charrie vos raisons perdues! Que le vin coule désordonnément dans votre corps, faisant la chasse à votre âme, à votre tête, à tout ce qui vit et palpite en vous! Par ici, par ici, boisson vengeresse, entre bien partout : tue ce souvenir, éteins ce regret, ne laisse pas un de leurs sentiments debout! Buvez, buvez encore, et tant que vous pourrez boire. A votre santé! O mon Dieu! penser que la plupart de tous ces hommes ont chez eux le baiser d'une femme ou d'une sœur qui les attend! De tous ces gentils-hommes, pas un qui ne pourrait, s'il le voulait, passer heureusement sa soirée sous les ombrages de son parc ou à la fenêtre de son château, la main dans les cheveux de son enfant! Dire que les voilà tous, s'attachant à bien dissiper le peu de cœur qu'ils ont, ne voulant ni de la tendresse, ni de la rêverie, ni du ciel, ni rien de ce qui est bon, suave et simple! Ils ne craignent donc pas qu'un jour la justice divine ne leur demande : « Qu'avez-vous fait de la force et de l'intelligence que je vous ai départies? » Hélas! ils en font de la débauche, de l'oubli, des rubans tachés de vin, de folles actions et de lâches discours. Tenez, vous me donnez le vertige. Et lorsque, non contents de vous dégrader, de vous anéantir vous-mêmes, je vous vois encore ouvrir vos belles mains blanches pour en souffleter la maigre joue du peuple, ce n'est pas même de la colère que je ressens, c'est une grande pitié pour vous, mêlée à une grande terreur!

Alors il se tut.

— Duc, est-ce que vous ne reconnaissez pas ce drôle? dit Grimod de la Reynière d'un bout de la table à l'autre.

— Ma foi, non! L'aurais-je vu déjà en autre lieu?

— Regardez-le bien au front; n'apercevez-vous pas une marque, une cicatrice, comme qui dirait un accent circonflexe?

— En effet.

— Consultez vos souvenirs. Rappelez-vous cette visite que nous fîmes ensemble à l'hospice des Enfants trouvés.

— Il y a trois ans?

— Juste! dit Grimod de la Reynière.

— Eh bien? demanda curieusement le duc de Noyal-Treffléau.

— Eh bien, n'avez-vous pas mémoire d'un jeune garçon dont la physionomie studieuse nous frappa?

— Et que vous recueillîtes dans un élan d'humanité contre lequel je m'élevai de toute ma raison.

— Précisément.

— Il se nommait, je crois...

— Émile.

— J'y suis tout à fait maintenant, fit le duc; ainsi

donc ce maraud, qui voudrait aujourd'hui nous tuer de la parole et nous brûler du regard, n'est autre... que cet enfant trouvé.

Le duc de Noyal-Treffléan éclata de rire; l'assemblée tout entière en fit autant.

Celui qui portait ce nom d'Émile montra son front, beau sous les larmes, et eut cette réponse :

— Enfant trouvé! c'est la première fois que je suis glorieux de ce titre, car il n'est personne ici que je ne rougirais d'appeler mon père.

— Va-t-en! je te chasse! cria Grimod.

Mais comme il allait sortir, il entendit s'élever une voix qui lui dit :

— Venez demain, à mon hôtel, faubourg du Roule.

Émile tressaillit; et, s'inclinant, il baisa respectueusement un pan de la robe de celle qui venait de prononcer ces mots.

C'était la marquise de Perverie.

V

Le lendemain de ce souper mémorable, et dont toutes les gazettes, *Gazette bleue,* *Tableau mouvant de Paris, Mémoires secrets,* s'emparèrent pour en faire un conte des *Mille et une Nuits*; le lendemain, disons-nous, vers huit heures du matin, trois petits coups secs frappés sur les contrevents encore fermés, éveillaient le bon docteur Champdoiseau dans son domicile.

Comme on le sait déjà, il occupait sur le quai des Augustins une grande boutique, quoiqu'il ne vendît rien du tout; mais ce local de plain-pied était favorable à ses travaux mystérieux.

En entendant frapper contre la devanture, présage

d'une visite qui lui parut un peu matinale, le docteur Champdoiseau s'enveloppa à la hâte d'une douillette couleur *souris qui trotte*, et passa sa tête sans perruque à travers un petit œil-de-bœuf pratiqué dans le haut d'un volet.

Cependant l'inconnu, qui n'était pas au fait de ces préparatifs, s'était mis à frapper derechef.

— Eh bien, eh bien, prononça le docteur mal éveillé, à qui en avez vous donc de la sorte, brave homme?

En apercevant cette digne figure dans ce cadre improvisé, l'homme ne put s'empêcher de sourire.

— Daignez tourner votre prunelle un peu plus de ce côté, docteur, dit-il en reculant de quelques pas.

— Oh! oh! attendez donc... je ne me trompe point... vous êtes mon homme d'hier soir. Parbleu! soyez le bienvenu.

Et le reste de cette phrase, commencée à la lucarne, s'acheva dans les profondeurs de la boutique, tant l'estimable Champdoiseau mit d'empressement à venir tirer les verrous de la porte.

— Ma foi, vous êtes de parole, fit-il en se présentant d'un air à la fois épanoui et curieux.

— Est-ce à dire que vous ne comptiez plus sur ma visite? reprit l'autre légèrement goguenard.

— Bon! je ne dis pas cela... mais entrez donc, entrez donc...

Ainsi qu'un héros de tragédie, le docteur avait les jambes nues sous sa douillette.

Néanmoins il prit le temps de retirer un ou deux volets, afin de laisser pénétrer la clarté du jour à l'intérieur.

Une fois entré, le visiteur se plongea sans façon dans l'unique et solennel fauteuil de la pièce, pendant que le médecin s'empressait de compléter sa toilette au fond de l'arrière-boutique.

Ce visiteur déjà prévu, et avec lequel il importe que nous fassions connaissance sans plus tarder, l'étrange serviteur que nous avons vu à l'œuvre la veille, l'individu au plat d'argent et aux paroles énigmatiques, n'était autre que ce personnage dont le singulier emploi a été défini dans le prologue de cette histoire. Ce n'était pas précisément l'homme de peine de M. le duc de Noyal-Treffléan, c'était au contraire son homme de plaisirs, le Lebel de cet autre Louis XV, le machiniste souterrain de ses distractions véhémentes. Il s'appelait François Soleil. Sans être rebutante, sa physionomie offrait un ensemble de vulgarité contre laquelle luttaient désespérément deux yeux pleins d'intelligence et une bouche aussi éloquente que les yeux. A en juger par les lignes profondes de son visage, le chapitre réservé des passions de cet homme, passions tombées de la table de son maître, devait être d'une nature particulière. Il eût été difficile de clouer un âge à ce front sans ampleur comme sans bassesse, dépoli, mais non ridé. N'ayant jamais été jeune, il espérait n'être jamais vieux. Mais sur ce masque de rustre diplomate se lisait une vie ardente et dissimulée avec effort, toute d'envie refoulée et de désirs incomplétement assouvis. Vivant au milieu des excès qu'il suscitait pour autrui, il semblait un Tantale de nouvelle espèce apprêtant lui-même les fruits de la table mythologique à laquelle il sait qu'il ne doit point s'asseoir. Et pourtant il avait faim de deux appétits, de l'appétit de son maître d'abord, et ensuite de son appétit à lui, François Soleil.

Au bout de cinq minutes, le docteur Champdoiseau reparut, nouant sur ses genoux les boucles de sa vieille culotte de velours, et assujettissant avec une certaine crânerie les deux ailes de sa perruque moitié poudre et moitié graisse.

— Voilà qui est fait! Et maintenant, mon cher monsieur, je suis tout à votre service.

— Docteur, vous vous méprenez; c'est moi qui demeure absolument au vôtre, dit le nouveau-venu.

— Enfin, peu importent les termes, reprit le médecin; causons!

— C'est cela; causez d'abord, je vous écoute.

L'honorable docteur était visiblement embarrassé; il chercha aux alentours de son oreille une démangeaison absente; enfin il poussa un profond soupir.

— Quand vous voudrez... dit monsieur Soleil attendant toujours.

— Eh bien!... Mais... Ne veniez-vous pas me demander quelque chose?

— Distinguons, docteur; ne vouliez-vous pas m'offrir quelque chose?

— Vous avez raison. Je suis si troublé... Il faut vraiment que la nécessité m'y pousse... J'ai tant besoin d'argent!

— D'argent?

M. Soleil, en répétant ce mot, essayait d'en lire à l'avance la signification sur le visage du médecin. Mais la bénignité parfaite de cette physionomie déroutait toutes ses suppositions.

— Venez, dit le docteur Champdoiseau d'un air de mystère et comme s'il se fût décidé à l'accomplissement d'un grand acte; suivez-moi.

Il remua deux ou trois clefs dans sa poche et précéda son visiteur de plus en plus intrigué.

Dans l'arrière-boutique où ils pénétrèrent tous deux, le carreau était encombré d'un amas de livres rances, ternes, jaunâtres, recroquevillés, plus répugnants à voir et à humer qu'une collection du Journal de Trévoux, qui constitue, comme on le sait, le paradis du rat.

— Voilà ma bibliothèque, prononça le docteur Champdoiseau avec une certaine velléité d'orgueil.

— Ah! ah!

— De bien bons livres, ajouta-t-il, et tous bien chers.

— Vraiment? dit M. Soleil en jetant un coup d'œil dédaigneux sur les bouquins.

— Vous plaît-il d'examiner les titres de quelques-uns?

Déjà, sans attendre une réponse, le docteur avait saisi au hasard quelques-uns des volumes les plus hérissés d'aspect.

Mais M. Soleil, lui frappant sur l'épaule :

— Un autre jour, mon cher docteur, nous examinerons tout cela à loisir; aujourd'hui vous savez ce qui m'amène.

— C'est juste, dit le savant en replaçant à terre plusieurs in-folio dont il avait les bras surchargés avec amour.

Et, se redressant, il guida son interlocuteur dans une pièce qui tirait sa lumière d'une cour étroite en forme de puits.

— Nous sommes dans mon cabinet, articula-t-il avec respect, ou plutôt dans mon laboratoire : c'est ici que loin des regards profanes j'accomplis mes expériences, grandes et petites.

Le magasin d'un docteur Faust ou d'un Paracelse eût pu seul offrir une idée de l'étrange et malpropre confusion qui régnait dans cet habitacle. Les rayons étaient envahis d'une armée de cylindres, de fioles aux becs variés, de métaux de toute couleur, et de paquets de drogues qui saisissaient l'odorat. A travers ces aspirations multiples, fuyantes, criardes, plaintives, et si cruellement en opposition, un poëte allemand n'eût pas manqué d'écrire le Ballet des Odeurs, pour le théâtre impossible d'une principauté imaginaire.

— Hein? s'écria le docteur en se retournant vers M. Soleil, comme pour provoquer son admiration.

Mais celui-ci se sentait évidemment mal à l'aise au milieu de cette atmosphère faite pour des hommes spéciaux, épris de science jusqu'à la gorge.

— Oui, oui, c'est très-beau, certainement, mais ce n'est pas ici, je pense, que nous devons avoir notre entretien.

— Avez-vous vu mes deux cyclopes?

— Quels cyclopes.

— Et mon colosse?

— De quel colosse parlez-vous?

— Du colosse que j'ai formé et que j'élève, parbleu!

M. Soleil toussait.

— Mes cyclopes ont encore leurs deux yeux, il est

vrai, continua le docteur Champdoiseau ; mais dans quelque temps j'espère qu'ils n'en auront bientôt plus qu'un.

M. Soleil s'agitait en faisant la grimace.

— Mon colosse n'est encore qu'au berceau ; mais il est certain qu'il ne peut manquer d'atteindre graduellement un développement gigantesque préparé par mes soins.

M. Soleil piétinait.

— Je vous en prie, docteur, laissez là votre colosse et vos cyclopes, et songez à ce qui m'amène.

— Volontiers.

— D'abord, sortons d'ici.

— C'est ce que j'allais vous proposer, dit le médecin en soulevant une trappe.

— Qu'est-ce que vous faites? demanda M. Soleil étonné.

— J'ouvre la porte de sortie. Venez.

— Où cela?

— Venez, vous dis-je, il vous reste encore d'autres choses à connaître.

— Mais, docteur, vous me menez à la cave.

— Je le sais bien. Venez toujours.

M. Soleil, poussé par la curiosité, se décida à le suivre, bien qu'en grommelant.

— A quoi diable aboutiront tous ces préliminaires? pensait-il.

Ils descendirent ainsi au fond d'un caveau assez bas, mais spacieux et frais, et qui était éclairé par deux soupiraux ouvrant sur le quai.

Cette fois ce fut une odeur de comestibles qui s'empara du nerf olfactif de M. Soleil.

Cette cave n'était en effet qu'un garde-manger.

D'énormes fromages hollandais et normands en garnissaient les parois; des buissons d'artichauts s'échafaudaient dans les angles; on remarquait, pendus par les pieds, deux ou trois coqs. Le reste des provisions se composait de fruits secs et de salaisons, telles que anchois de Nice, morues vertes et harengs de Flandre.

— Ah çà! s'écria M. Soleil, je tombe d'un gourmand chez un autre. Tudieu! docteur, il paraît que vous apportez des soins tout particuliers à votre nutrition.

— Oh! oh! ce n'est pas pour moi, dit le docteur avec un rire d'humilité.

— Et pour qui donc?

— C'est pour mes mégalanthropogénésiens.

— Comment dites-vous cela?

— Je dis mégalanthropogénésiens... de mégalanthropogénésie ou l'art de procréer de grands hommes.

— Vous procréez des grands hommes?

— Certainement.

— Mais encore, dans quel genre?

— Dans tous les genres et au choix. Voulez-vous des mégalanthropogénésiens guerriers ou savants, un Alexandre ou un Newton? Je peux vous en montrer. J'ai des mégalanthropogénésiens musiciens et poëtes, sculpteurs et peintres, navigateurs et médecins. Tel que vous me voyez, en ce moment je m'occupe à former un mégalanthropogénésien de l'ordre des voleurs ou bandits, destiné à lutter avec les modèles du genre, et qui surpassera un jour, j'en suis certain, les plus célèbres malfaiteurs, tels que Mandrin et Cartouche. Mais, comme vous le pensez bien, ceci n'est qu'un pur article de curiosité et de fantaisie.

— Je comprends, dit M. Soleil, qui ne comprenait pas.

— Prévenez-moi quand vous voudrez avoir un mégalanthropogénésien? Il ne s'agit que de faire suivre au sujet un régime dont je possède seul le secret, et pour la composition duquel sont rassemblées et fréquemment renouvelées les provisions que vous voyez ici.

Pendant que le docteur Champdoiseau parlait, François Soleil le regardait dans les yeux, étourdi de ce qu'il entendait, et cherchant vaguement son chemin au milieu de ces paroles entrelacées et déraisonnables. A la fin, il se fatigua de prêter son attention à ces sornettes, et frappant du pied sur le sol gras et noir du caveau :

— Au nom du ciel, docteur, quittez pour un instant vos dissertations ; venons-en au but. Vous m'avez donné rendez-vous ; me voici, qu'est-ce que vous me voulez?

— Je veux vous faire participer à l'œuvre immense et glorieuse des mégalanthropogénésiens dans la limite de vos moyens pécuniaires, c'est-à-dire en vous instituant le banquier de cette entreprise scientifique. Qu'en pensez-vous ?

Et il se campa sur ses hanches comme un homme content de lui-même.

M. Soleil ne répondit pas, mais il fit entendre un gémissement plaintif.

— Eh bien? reprit le docteur qui attendait une réponse.

— Si nous sortions de cette cave? murmura son interlocuteur.

— Pas encore, mais asseyez-vous sur ce fromage.

M. Soleil s'assit sur un fromage. Il avait l'air d'un patient. Il n'écoutait plus.

— J'ai besoin de beaucoup d'argent pour mes expériences; vous le concevez facilement; je compte sur vous; et, en échange, je vous livrerai ce que je vous ai promis.

Exaspéré et ouvrant impétueusement les bras, M. Soleil cria de toutes ses forces:

— Mais encore une fois, docteur, vous ne m'avez rien promis! rien! rien!

— Croyez-vous?

— Mais je le jure sur la tête de vos cyclopes, de vos colosses et de tous vos monstres en général.

— C'est singulier. Alors il faut reprendre de plus

haut. Combien payeriez-vous, par exemple, la connaissance d'un secret de monsieur le duc de Noyal-Treffléan.

— D'un secret ?

— Ou d'un mystère, comme vous voudrez.

— J'entends bien, dit M. Soleil, attentif, et se grattant le nez d'un air réfléchi.

— Eh bien ?

— Dame ! mon cher docteur, cela dépendrait du mystère ou du secret.

— Allons, allons, je vois que vous me soupçonnez ; peut-être croyez-vous qu'il s'agit d'une niaiserie, d'une peccadille sans importance. Détrompez-vous, le secret dont je parle est sérieux et surtout plus fertile que vous ne l'imaginez. En l'exploitant avec adresse, vous en avez jusqu'à la fin de vos jours.

— Oh ! oh !

— Et il faut tout mon amour de la science, croyez-le bien, pour me décider à vous le livrer entièrement. Mais la science a ses nécessités.

— Sans doute, sans doute... Enfin ce secret ? demanda M. Soleil avec un empressement où perçait néanmoins une pointe de méfiance.

— Voilà ce que c'est: Le 3 mai 176., à onze heures et demie du soir...

M. Soleil dressa l'oreille.

— ... Ou onze heures trois quarts, M. le duc de Noyal-Treffléan était dans un hôtel de la rue Plâtrière, où l'avait fait demander une actrice qu'il honorait, je crois, de sa noble protection.

— La Clarendon, n'est-ce pas?

— Précisément.

M. Soleil frappa sur sa cuisse.

— Ah! docteur, s'écria-t-il, quel regret venez-vous de réveiller! C'est le seul jour où ma police ait été mise en défaut.

— Votre police?

— Mais continuez.

— Ce jour donc, reprit le docteur Champdoiseau, ou plutôt cette nuit, à l'heure que je viens de vous indiquer, M. le duc, qui avait renvoyé sa voiture, sortait de l'hôtel par une porte dérobée, emportant sous son manteau un enfant qui venait de naître et qui était le sien.

— Le sien!

— Ou pour mieux dire la sienne, car c'était une

fille. Pauvre petite, je crois la voir encore, doucement endormie dans les bras de son père, qui lui chantait, en marchant, des chansons aux oreilles. Il faisait un orage épouvantable : Paris passait à la lessive. Même je me souviens que cette nuit-là je gagnai un gros rhume de cerveau. Pourtant vous n'eussiez pas reconnu M. le duc, tant il était allègre ; il sautait les ruisseaux plutôt qu'il ne les enjambait. La petite dormait toujours. Moi j'éternuais à briser les reverbères, et je crois vraiment, mon cher M. Soleil, qu'il n'y a que les grands seigneurs au monde pour ne pas s'enrhumer quand il pleut. Qu'en pensez-vous ?

— Après ?

— Après, il déposa sa fille à la maison des Enfants-trouvés, et tout fut dit.

— Aux Enfants-trouvés !

— D'abord cela m'étonna, mais après quelques réflexions je finis par comprendre la haute sagesse de cette mesure. Monsieur le duc de Noyal-Treffléan est un bon père, me dis-je ; il n'a pas voulu exposer sa fille aux séductions d'un monde élégant et pervers. En lui cachant sa brillante origine, il a prétendu écarter de son âme la paresse et l'orgueil, ces deux fléaux de la femme. C'est fort bien pensé. Le duc, en cela, s'est rencontré avec de grands philosophes.

François Soleil n'écoutait plus.

Le coude au genou et la tête dans une de ses mains, il réfléchissait :

— Oui, le voilà bien! murmurait-il; je le reconnais à cette action de ténèbres. Insatiable! Insatiable! Puis, relevant la tête et la secouant comme pour en chasser des pensées obsédantes :

— Eh bien ! docteur, reprit-il, comment retrouver cette enfant à présent?

Le docteur Champdoiseau le regardait d'un air narquois.

Évidemment c'était là qu'il l'attendait. Ses petits yeux, sa bouche entr'ouverte étaient remplis d'une malice triomphante.

— Rien de plus simple, répondit-il; ne suis-je pas le médecin en chef de l'hospice des Enfants-trouvés?

M. Soleil bondit sur le fromage qui lui servait de siége, et l'exclamation de joie qui sortit de sa poitrine fit résonner la cave entière.

— Serait-il vrai ?

— Je savais bien, continua Champdoiseau en souriant, que je finirais par vous intéresser. Vous me preniez sans doute pour un rabâcheur d'histoires, et voilà tout. Vous vous disiez : « Champdoiseau n'est qu'un savant ; Champdoiseau ne sait rien de ce qui se passe dans le monde. » Aussi je vous étonne. Sachez donc que je connais cette enfant comme si c'était ma fille ; qu'après l'avoir vue naître, je l'ai vue grandir, que je l'ai presque élevée ; enfin, si j'ose m'exprimer de la sorte, que j'ai eu l'honneur de lui servir de deuxième père. Ah ! vous m'écoutez à présent. Et si vous saviez la jolie fille que c'est aujourd'hui ! C'est le premier visage sur lequel je me suis surpris à regarder autre chose que la maladie ou la santé. Jusqu'alors j'avais tâté le pouls à tout le monde, mais je n'avais serré la main à personne. Elle m'a fait comprendre la grâce et la jeunesse. Croiriez-vous que moi, tête blanche, j'en rêve souvent devant mes alambics ? Ses grands yeux se mettent à briller au fond de mes vieux livres, et je me retourne quelquefois croyant l'entendre courir. Alors je me fâche contre ma faiblesse et je me dis :

« Voyez-vous cette octogénaire à qui le ciel envoie des visions de damoiseau ! » Et je me fâche contre le ciel qui me les envoie si tard et qui semble se moquer de moi si doucement. Mais vous ne savez pas comme Trois-Mai est belle !

— Trois-Mai?

— C'est son nom. Un nom de fleurs et de printemps, le seul nom que je comprenne et que j'aie pu retenir. Trois-Mai ! n'est-ce pas que cela est joli ? Si j'avais une fille, il me semble que je ne l'aurais pas appelée autrement, quand même elle serait née au mois de décembre. Et puis, comme elle ressemble à son nom ! Ah ! M. le duc est bien heureux !

— Au moins, est-il venu la voir à l'hospice ?

— Trois fois, pas davantage ; c'est ce qui m'étonne.

— Seul ?

— La première fois, il y a bien longtemps, c'était avec moi, qui l'avais engagé adroitement à visiter cet asile philanthropique ; la deuxième fois, c'était avec M. de la Reynière, un de ses amis...

— Et la troisième fois ?

— La troisième fois, c'était avant-hier.

M. le duc était seul.

— Avant-hier, dites-vous?

— Avant-hier. Il s'entretint longtemps avec le sous-directeur, à ce que l'on m'a dit; il lui remit une bourse pleine d'or, s'il faut en croire les indiscrétions d'un garçon de salle qui m'est absolument dévoué.

— Avant-hier... pensait M. Soleil; cette jeune fille que le duc a suivie si longtemps sous un déguisement d'homme du peuple... ce serait bizarre, en vérité... Et, dites-moi, monsieur Champdoiseau, dans ses rares visites à l'hospice, monseigneur a-t-il parlé quelquefois à sa fille?

— Jamais!

— Du moins a-t-il manifesté pour elle quelqu'une de ces sympathies que trahissent le regard et le geste?

— Aucunement.

— Mais encore, a-t-il fait surveiller son éducation? Peut-être que des ordres secrets émanés de lui...

— Du tout. Trois-Mai a reçu l'éducation commune à toutes les pensionnaires, et jamais une seule faveur, une seule distinction n'a pu faire soupçonner la connaissance du sang glorieux dont elle est issue.

— C'est singulier !

— N'est-ce pas? continua le bon Champdoiseau; pour moi, je mets vainement mon esprit à la torture, dans le but de pénétrer les projets de M. le duc de Noyal-Trefflćan. Ils doivent être d'une nature philosophique toute nouvelle.

— Docteur, dit François Soleil après un instant de réflexion, pourriez-vous me faire en quelques mots le portrait de cette jeune fille?

— Le portrait de Trois-Mai? Mon Dieu! je ne sais pas si mes souvenirs sont exacts. Je la vois pourtant toutes les semaines, mais c'est son âme que je regarde toujours dans sa figure, et non ses traits. Est-ce qu'il y a une autre manière de regarder ceux qu'on aime?

— Enfin, vous devez vous rappeler cependant si elle est brune ou blonde.

— Si je me le rappelle! oh! oui. Elle est blonde comme un rayon céleste, comme l'épi mûrissant, comme...

— C'est bien cela, se dit tout bas M. Soleil. Et sa taille?

— Sa taille! poursuivit Champdoiseau en proie à une douce exaltation, c'est celle du bouleau flexible, du palmier élancé, de l'arbrisseau qui se balance au gré du zéphir!

— J'entends : une taille moyenne. Ses yeux?

— Ses yeux sont ceux des anges!

— Des yeux bleus.

— Mais à quoi bon tous ces détails? demanda le médecin; suivez-moi, allons à l'hospice des Enfants-Trouvés; vous la verrez par vous-même, ce qui vaudra bien mieux.

— C'est inutile, dit François Soleil.

— Inutile?

— Vos renseignements me suffisent et je n'ai pas besoin d'autre chose.

— Vous ne voulez pas voir Trois-Mai!

— Pourquoi faire?

— Dame... je ne sais pas... Cela vous regarde. Après tout, faites à votre volonté et prenez ce que bon vous semblera de mes révélations.

— C'est fort bien dit, docteur; et pour vous prouver ma gratitude, tenez, voici une bourse qui contient cent louis; acceptez-la, et puisse cette somme doter la France d'un couple ou deux de mégalanthropogénésiens !

Le docteur Champdoiseau tenait la bourse dans sa main.

Il la regardait, il la soupesait.

Il s'en méfiait aussi.

Chez les gens honnêtes, l'argent gagné trop facilement épouvante.

Ses yeux exprimaient une crainte enfantine, et le tremblement de ses lèvres trahissait une lutte intérieure.

— Cent louis ! murmura-t-il.

Il passa lentement la main sur son front.

— Écoutez-moi, monsieur Soleil, reprit-il d'une voix émue, je vous ai dévoilé mes travaux, je vous ai raconté mes espérances. La science n'a pas, je crois, de disciple plus zélé que moi, d'adorateur plus enthousiaste. L'argent que vous m'offrez, je l'accepte, parce que j'espère vous le rendre un jour au centuple. Mais je le refuserais sans hésitation si, de la confidence dont il est le prix, devait résulter tôt ou tard quelque malheur pour ma pauvre Trois-Mai. Je vous ai dit mon affection pour cette enfant. Promettez-moi donc (et en parlant de la sorte le vieillard se sentait venir les pleurs aux yeux) qu'il ne lui sera fait aucun mal par vous ; promettez le moi, je vous en supplie.

M. Soleil eut un mouvement d'épaules.

— Je vous le promets, dit-il.

— Jurez le moi, poursuivit le docteur Champdoiseau en joignant les mains ; jurez le moi sur quelque chose de sacré.

— Sur tout ce qu'il vous plaira.

— Eh bien !... sur les mânes de votre mère.

M. Soleil se leva brusquement.

Il jeta un mauvais regard sur le docteur, puis il reprit la bourse et la mit dans sa poche.

Tout cela sans proférer une parole.

Le docteur le regardait avec surprise en même temps qu'avec effroi.

Il se demanda tout bas ce que ces deux hommes, ce père et ce valet, prétendaient faire de cette jeune fille.

M. Soleil se dirigea vers la porte du caveau.

Le docteur le suivit machinalement.

M. Soleil repassa par le laboratoire, par la bibliothèque, par la chambre à coucher, et enfin il se retrouva dans la boutique.

Une fois là, il se retourna vers le docteur consterné.

— Maintenant, lui dit-il, voulez-vous connaître pourquoi j'ai refusé tout à l'heure d'aller voir avec vous la fille du duc de Noyal-Trefflèan ?

— Eh bien ? balbutia le docteur.

— C'est que, depuis avant-hier, la fille du duc de Noyal-Trefflèan a disparu de l'hospice des Enfants-Trouvés !

Et, sans attendre de réponse, M. Soleil poussa du bout de sa canne la porte de la rue et s'en alla tranquillement.

Quand il eut fait vingt pas :

— Allons ! pensa-t-il, j'ai bien fait de m'assurer l'autre soir de cette fillette que suivait M. le duc !

VI

La marquise de Perverie demeurait vers le milieu du faubourg du Roule, qui commençait alors à devenir un quartier à la mode, et qui était déjà un quartier élégant.

L'hôtel qu'elle occupait était neuf, audacieusement neuf du haut en bas : à cette grande dame apparue d'hier, il avait fallu une maison bâtie d'hier.

Point de lourdes tapisseries, point de ces hautes cheminées à féeries pouvant abriter sous leur manteau blasonné une douzaine de barons frileux.

Tout était riant et clair là-dedans ; il faisait bon vivre au milieu de ce luxe jeune et franc, de ces lambris récemment dorés, de ces beaux meubles qui promettaient de durer des siècles.

Aussi s'attendait-on involontairement à voir surgir quelque frais et gracieux visage derrière ces portières éclatantes.

Émile n'avait pas manqué de se rendre chez la marquise de Perverie, selon l'invitation qu'il en avait reçue d'elle-même au souper de Grimod de La Reynière.

Émile était, comme on l'a vu, un beau garçon, fier, plus fier qu'il n'aurait dû l'être, avec des cheveux bruns.

Il était vêtu d'une lévite humble et grise, comme en portaient alors les domestiques.

Sa taille était ordinaire, mais il marchait sans irrésolution, et il portait la tête haute, ce qui était peu commun dans ce temps d'élégante féodalité. Lorsqu'il se présenta à l'hôtel de Perverie et qu'il demanda à parler à madame la marquise, on le regarda et on l'écouta sans trop lui rire au nez, et on l'introduisit auprès de M. le majordome.

M. le majordome s'appelait Turpin et était un gros homme.

Il reçut Émile avec cette importance familière des subalternes qui ont du ventre et des économies.

Il lui demanda ce qu'il savait faire. Au lieu de répondre : «Tout!» comme le bossu de Phrygie, Émile répondit : «Rien.» Le majordome n'en fut pas surpris.

Une grande partie de la domesticité du dix-huitième siècle n'aurait rien perdu à s'appeler l'Inutilité.

Et puisque aussi bien ce jeune homme se recommandait si hautement de madame la marquise, Turpin ne vit aucun mal à le placer dans l'antichambre, en attendant de nouvelles instructions. Valet chez Grimod de La Reynière, Émile fut donc installé valet chez madame de Perverie.

Il avait la livrée verte avec le galon d'argent, il eut la livrée amaranthe avec le galon d'or.

Parlons de lui, puisqu'il doit tenir une des premières places dans ce roman.

Il est des enfances heureuses et faciles, toutes couronnées de candeur et d'amour. Le romancier qui les trouve sur son chemin s'arrête devant elles et se complaît dans leur peinture gracieuse, bouquet de lumière allumé sans effort sous sa palette, ronde de printemps, peuplée de sourires, brouillard naissant, éclairé de beaux regards bleus et doux. C'est un chapitre ravissant à écrire et que l'on écrit toujours, ne fût-ce que pour retarder le drame et jeter un rayon d'or sur les ténèbres sanglantes de l'action. Il est des enfances presque divines, soit qu'elles aient leur nid entre deux jolis bras de femme du monde ou qu'elles soient mangées et barbouillées de caresses par les mères du peuple. Le baiser tonnant de la mansarde vaut alors le baiser ouaté du salon. Le même sourire s'éveille à la même heure sur les riches berceaux tapissés de dentelles et sur les humbles berceaux en osier. C'est presque la même chanson, vague et somnolente comme les cendres du foyer, qui s'endort à tous les petits chevets blancs, et dont le refrain expire derrière les rideaux tirés.

Telle ne devait point être l'enfance d'Émile.

D'un monde de religieuses et d'infirmiers, il passa sans transition à un monde de laquais et de valets de chambre. A la tranquillité sombre et pieuse de l'hospice, succéda l'agitation grossière de l'hôtel. Il connut les mœurs de ses compagnons brodés à l'épaule comme lui, et il s'effraya de leur bassesse animale et de leur immoralité narquoise ; il sut ce que valaient ces Lafleur de comédie, ces Marton et ces Lisette, avec lesquels il passa son temps à jouer aux cartes, — ce qui est la grande occupation et le premier divertissement des gens de livrée.

On le roua de coups pendant les premières années jusqu'à ce qu'il se fût fait un poing à l'égal des plus robustes, apte à la riposte, et qu'il eût appris à casser les bouteilles sur la tête de ses semblables.

Alors on le laissa être ce qu'il voulait être, c'est-à-dire un enfant rêveur, farouche et solitaire.

Grimod de La Reynière croyait avoir beaucoup fait pour lui en le retirant d'un hospice pour le mettre dans un office. Il se trouvait généreux et il s'applaudissait volontiers de ce qu'il croyait être un beau trait. Ses amis l'en avaient chaleureusement félicité.

Lorsqu'il entra chez lui, le petit Émile savait déjà lire et écrire ; il ne lui fit rien enseigner de plus, afin de ne pas lui inspirer des sentiments propres à l'élever au-dessus de sa médiocrité.

A l'hospice, on lui eût mis un métier entre les mains : à l'office, on en fit un désœuvré.

On pouvait en faire pis.

Heureusement la nature était bonne chez Émile. Mais nul n'était là pour diriger ses qualités et façonner son caractère ; il marchait en aveugle dans la vie, sans but, sans volontés, ayant de l'énergie et n'en sachant que faire, un cœur que personne ne revendiquait et qui lui dévorait sourdement la poitrine de ses flammes ignorées.

Peu lui importait de rester dans le peuple ou d'en sortir, il n'aimait pas plus les maîtres que les valets ; le spectacle de la richesse ne lui avait jamais causé d'insomnie, non pas que son imagination fût bornée, mais elle ne s'épuisait pas en désirs frivoles.

Jusqu'à présent il n'avait demandé à la société autre chose que l'impossible : une famille.

Il eût été trop simple pour lui de demander tout d'abord des choses qui se peuvent.

Même à tout prendre, il se trouvait plus à son aise dans les rangs obscurs du peuple, où il pouvait du moins cacher sa tête pleurante sans être vu.

Sa fougueuse incartade au souper de Grimod de La Reynière venait plutôt d'un instinct de révolte que d'une idée d'ambition ou d'envie.

Livrée entièrement au tourbillon du monde et aux fêtes parisiennes, la marquise de Perverie ne s'aperçut pas dans les premiers temps de la présence d'Émile.

Elle ne pensait plus à lui, non plus qu'à l'incident hardi qui l'avait mis en lumière à ses yeux.

Dans son hôtel, elle ne voyait guère que ses femmes ; son regard hautain n'était jamais tombé dans l'antichambre où ne se promenait qu'à dix pouces au-dessus de la tête de ses laquais.

Le plus souvent elle était escortée de damerets et d'abbés, qui étaient pour elle ce que sont les nuages et les machines pour les déesses d'opéra.

Elle ne faisait, pour ainsi dire, que traverser la scène.

Sur une marche de l'escalier ou à l'entrée d'une porte, un flambeau à la main, Émile la regardait avidement et impunément sans qu'elle soupçonnât son existence…

Elle était si belle à voir, même en secret ! Surtout elle était née grande dame. Dès le premier jour, elle avait eu la fierté et la grâce, sans savoir comment, sans les avoir cherchées. Elle était élancée comme doivent l'être ou le paraître toutes les vraies grandes dames ; mais élancée sans maigreur, assez seulement pour donner de la majesté à sa robe. Ses mouvements sveltes et onduleux faisaient songer à ces beaux cygnes des étangs royaux. Comme eux, elle avait le calme blanc et la splendeur muette. On devinait en elle la race de ces femmes dont le corps n'est que la cuirasse du cœur, ambitieuses, mystérieuses, à qui le monde peut jeter par pitié un Scarron pour mari, mais qui sont de force à lui rendre un Louis XIV pieds et poings liés. Elle savait donner à son sourire et à son regard les nuances les plus opposées, charmantes et nombreuses comme les variétés d'une fleur. Sa figure était un théâtre où se lisait, depuis le front, morceau de marbre, jusqu'aux lèvres et au menton, tout un répertoire de comédie satirique et profonde.

La marquise de Perverie n'avait que vingt-cinq ans ; ses cheveux n'étaient précisément ni blonds ni noirs, ils avaient cette belle teinte châtaine, presque rousse, que les peintres puissants affectionnent jusqu'à l'idolâtrie. Il était fâcheux que la poudre en éteignît les magnifiques reflets. Ainsi couronnée, elle portait sa tête légèrement jetée en arrière et déployait les hautes lignes d'un cou pour la louange duquel le Cantique des Cantiques n'aurait pas eu assez d'ivoire et de neige.

Une fois que la marquise était passée, Émile posait la main sur ses yeux comme s'il avait eu une vision....

Il se sentait plus abandonné que jamais.

Cependant le hasard lui avait fait rencontrer dans le majordome Turpin un protecteur, presque un ami.

Cet homme, d'une intelligence et d'un cœur secondaires, qui était veuf de trois femmes et qui s'ennuyait comme si toutes les trois eussent encore été de ce monde, s'intéressa machinalement à lui et s'en fit une manière de confident. Émile était assez jeune pour l'écouter avec politesse, quoique le majordome fût un bavard de la pire espèce, un bavard politique. Il s'occupait avec une importance comique des affaires du temps et de la cour ; les maximes sociales travaillaient cette tête massive, devenue tête révolutionnaire par distraction plutôt que par conviction. Au milieu des devoirs de sa charge, en levant sa canne sur un marmiton indocile, il se surprenait à rêver de l'affranchissement des peuples et de la paix universelle. Ainsi qu'il aimait à le raconter, sa philosophie datait d'un jour où il avait eu l'honneur de servir à table M. Helvétius et verser un potage brûlant sur les cuisses de M. Grimm.

Le langage de ce gros individu était le même que celui des coryphées du système de la nature, passé à l'alambic du ridicule et de la déclamation quand même. Le mot ne sortait de sa bouche que flanqué de deux épithètes, une à droite, l'autre à gauche, et soigneusement enveloppé dans une métaphore. Ses deux joues étaient pleines de phrases emphatiques, qu'il débitait avec des gestes oratoires et en grasseyant, ce qui lui composait une prononciation nourrissante. Le concierge de l'Académie ne devait pas s'exprimer en plus beaux termes, et l'on reconnaissait facilement un homme élevé dans la saine poétique de Marmontel et imbu de la rhétorique des *Incas*.

Turpin avait chez lui tous les ouvrages des encyclopédistes reliés en veau et dorés sur tranche; il en avait permis et recommandé la lecture à son jeune protégé. Ce fut en fouillant dans cet arsenal, que celui-ci tomba sur un livre qui portait son nom : *Émile*. Guidé par une curiosité naturelle, il le prit et le lut, d'abord avec intérêt, ensuite avec passion et douleur. Cet Émile était si différent de lui-même ! C'était un enfant si complétement aimé, si entièrement heureux ! Le ciel lui avait donné un si bon père !

— Quel est donc ce M. Rousseau? demanda-t-il au majordome.

— Jeune téméraire! s'écria Turpin, prononce avec plus de respect le nom de ce philosophe incomparable, dont les œuvres immortelles, animées du feu sacré de la patrie et de l'humanité, ont leur place marquée au temple de Mémoire!

Après cette phrase, il respira bruyamment.

— M. Rousseau est-il vivant? continua Émile.

— Hélas! répondit Turpin en portant la main à ses paupières, la Parque, la cruelle Parque a tranché de sa faux impitoyable les jours de l'homme vertueux !

— Combien eut-il d'enfants? demanda encore Émile.

— Le nombre m'en est inconnu ; je sais seulement

qu'un sort de fer l'empêcha de goûter la douceur de leurs embrassements.

— Est-il possible ?

— Oui ; il.fut obligé, dit-on, de les abandonner sur la voie publique, afin de s'occuper plus tranquillement et plus exclusivement du bonheur de l'humanité.

Émile bondit comme sous la morsure d'un aiguillon.

— Allons donc, s'écria-t-il, cela ne peut pas être ; c'est un blasphème, un mensonge !...

— C'est la vérité, prononça sentencieusement le majordome ; jeune présomptueux, ne cherche point à pénétrer la conduite du sage. Contente-toi d'imiter ses vertus.

— Mais cet Émile ?

— Cet Émile n'est qu'un être fictif, enfant de l'imagination et de la sensibilité.

— Quoi! cette tendresse attentive, ces caresses, cet amour, ces mille soins sublimes et presque célestes, tout cela ne serait qu'invention et chimère !

— Tu l'as dit ; tel est, du reste, le noble privilége de l'homme inspiré, qui sait donner à ses moindres accents les prestiges de la vraisemblance. Que cela ne t'étonne point : l'illustre Jean-Jacques était bien capable de faire l'éducation d'un fils imaginaire. Moi-même, lorsque je n'étais encore qu'un humble employé dans les cuisines de M. de Silhouette, il me souvient d'avoir composé un plat de bœuf aux confitures où il n'entrait absolument que du jambon et du blanc de volaille.

L'éloquent majordome eût pu continuer sur ce ton sans qu'Émile l'écoutât. Plongé dans un abîme de réflexions nouvelles, interdit de ce qu'il venait d'apprendre, le jeune valet tenait ses yeux fixés en terre et gardait le silence. Malgré lui, son âme naïve se révoltait à l'idée d'une contradiction si barbare chez le glorieux penseur.

— Si tu veux en savoir davantage, lui avait dit Turpin en finissant, tu peux consulter les Mémoires de Jean-Jacques écrits par lui même; tu les trouveras à côté du *Compère Mathieu,* sur le quatrième rayon de ma bibliothèque.

Le soir, Émile montait rapidement les degrés qui conduisaient à sa petite chambre dans les greniers de l'hôtel, et d'où l'œil embrassait un vaste horizon déployé sur Paris. Il emportait sous son bras les *Confessions*.

Dès les premiers feuillets, cette lecture l'attacha comme aucune n'avait fait encore. Cette jeunesse timide, vagabonde, haineuse, ces amours de grands chemins, ces brutalités sans cause, ces larmes sans raison, tous ces délires d'un sang fermenté, le troublèrent puissamment et éveillèrent en lui des fibres jusqu'alors inconnues. Il ne voulait pas aimer ce Rousseau, et pourtant, il se sentait sur le point de l'adorer. Plusieurs fois il s'arrêta comme oppressé par maints tableaux énergiquement sympathiques.

Il arriva enfin au septième livre, où l'écrivain raconte comment l'idée d'abandonner son premier enfant lui fut suggérée au milieu d'une compagnie de table, et comment il s'y détermina « gaillardement et sans le moindre scrupule. » Un éblouissement passa sur le visage d'Émile. Il crut avoir mal lu.

A deux fois il revint sur cette phrase dont il ne voulait pas comprendre les mots, si odieux et si calmes en même temps. Il eut peur pour la gloire du grand homme. Une larme chaude tomba sur la page, mais elle ne l'effaça point.

La nuit venait.

Émile alluma une chandelle et continua sa lecture.

Au bout de quelques instants, un gémissement sortit de sa poitrine. Ce qu'il avait pris pour une erreur, pour une faute, née d'un instant d'égarement et d'oubli, c'était un crime; c'était plus qu'un crime, c'était un système. Rousseau venait de porter son deuxième enfant à l'hôpital.

« Je crus faire un acte de citoyen et de père, disait-il; je me regardai comme un habitant de la république de Platon. »

— Quoi! murmura Émile, les plus pauvres d'entre les pauvres, les mendiants de la rue, se font une volupté d'élever leur enfant! Quand ils partent le matin, c'est sur ce front endormi que leurs lèvres cueillent le courage. Ils marchent pieds nus pour donner des vêtements à l'être qu'ils ont créé et qu'ils regardent vivre avec joie; ils rognent leur pain afin de lui en réserver une part plus large, et chaque bouchée est pour eux une conquête. Ils dorment sur des planches pour lui laisser la paille ou la laine de leur couche ; en revanche, ils ne lui demandent qu'un de ses sourires ou un de ses regards pour se payer de toutes leurs privations ; dès qu'il peut marcher, ils font de lui leur trésor ambulant, ils mettent sur son corps, en nippes et colifichets, toutes leurs économies, tous les sacrifices, le prix du travail et du sommeil, du jour et de la nuit! Et lui, Jean-Jacques, lui, un philosophe, un poëte, il prend son enfant, le dépose sur le seuil d'une maison publique, et s'en retourne chez lui *gaillardement et sans le moindre scrupule!...*

Le volume était tombé des mains d'Émile.

Il le ramassa.

A peine avait-il commencé le huitième livre qu'il trembla d'horreur en lisant le passage suivant :

« Mon troisième enfant fut mis aux Enfants-Trouvés, ainsi que les deux autres. Cet arrangement me parut si bon, si sensé, si légitime, que si je ne m'en vantai pas ouvertement, ce fut uniquement par égard pour la mère ; mais je le dis à tous ceux à qui nos liaisons n'étaient pas cachées ; je le dis à Diderot et à Grimm, je l'appris dans la suite à madame d'Épinay et dans la suite encore à madame de Luxembourg, et cela librement, sans aucune espèce de nécessité et pouvant le cacher aisément à tout le monde. »

Le pauvre enfant qui lisait ceci sentait sa raison prête à faillir et son cœur prêt à se briser. Le vent de la nuit battait en vain son front qui restait brûlant. Ses yeux étaient fixes. Tout bas il se demandait de quelle chair et de quel sang avait donc été pétri ce philosophe audacieux!...

Il voulut aller jusqu'au bout, il lut, il lut toujours.

Un *quatrième* enfant fut abandonné par Rousseau...

Il lut, il lut encore.

Puis un cinquième.

Mais celui-ci, c'était le dernier. Le livre était fini.

Cette lecture laissa une longue traînée de réflexions au fond de l'âme d'Émile. Une imagination altérée trouve toujours dans l'ouvrage qu'elle absorbe des faits ou des pensées qui lui sont personnels. Quelques-unes de ces lignes furent pour lui comme les barres d'un soupirail, à travers lesquelles il crut entrevoir vaguement le mystère de sa naissance.

— Je dois être, se disait-il, le fils d'un homme qui a pensé. O Jean-Jacques! comme moi tu fus valet, mais l'orgueil entra dans ton âme et ouvrit la porte à l'envie. Comme toi je subirai les souffrances et les humiliations, mais je ne veux pas qu'elles me rendent comme toi jaloux et méchant. Du mal qui me sera fait, il ne reviendra pas du mal aux autres ; je ne serai pas l'animal enragé qui mord parce qu'il a été mordu.

Ainsi cet enfant sondait la route âpre et douloureuse que le destin lui avait tracée.

— Seulement, c'est horrible de n'avoir personne à qui dire : « Voici toutes mes tortures d'aujourd'hui, voici tout mon courage de demain. » Dieu a écarté de moi tout appui et toute affection. Mais ne suis-je pas ingrat en parlant de la sorte? N'ai-je pas un ami, un protecteur dans le bon vieillard Champdoiseau, le médecin des Enfants-Trouvés? C'est le seul qui ait veillé sur mon enfance, et j'ai souvent surpris des larmes à ses paupières lorsqu'il me regardait. Bon docteur! C'est à lui que je dois tout;

c'est lui qui m'a enseigné la force et la résignation...

Émile regarda une dernière fois les étoiles avant de refermer sa croisée.

— J'ai toujours pensé, murmura-t-il en s'endormant, que le docteur Champdoiseau a connu mon père!

VII

Un jour, le majordome Turpin, qui voyait s'accroître la tristesse du jeune valet, lui proposa de venir au *Grand-Vainqueur*, où il ne pouvait manquer de trouver des distractions d'un goût piquant.

Émile accepta.

Après tout, ce majordome avait ses heures de popularité, comme tous les grands politiques, et il ne reculait pas plus devant un rigodon et une partie de grisettes que devant les doctrines de La Mettrie.

Le *Grand-Vainqueur*, situé à la barrière des Gobelins, partageait autrefois la célébrité des salles de la Courtille et des Porcherons ; il rivalisait avec le

Grand-Salon et la *Maison-Blanche*. On y faisait des parties et des noces. La fricassée s'y dansait et s'y mangeait (excusez ce pitoyable jeu de mots). Le peuple des faubourgs Saint-Germain, Saint-Benoît, Saint-Jacques y affluait les jeudis et les dimanches.

C'était là que le majordome Turpin avait conduit Émile.

Quand ils entrèrent, la foule était grande ; il faisait chaud. On dansait et l'on mangeait dans la même salle : les danseurs au milieu, les mangeurs alentour. De façon que l'odeur des mets et du vin, la sueur, l'huile des quinquets, la poussière et les haleines, tout cela formait une atmosphère impérieuse, un brouillard épais, à travers lequel on distinguait sur leur estrade drapée de rouge les musiciens, s'évertuant.

Dès leurs premiers pas dans la cohue, Turpin et Émile rencontrèrent quelques camarades.

C'étaient en grande partie des cochers, des laquais, des cuisiniers, des coureurs, des piqueurs, tout un monde galonné, insolent, tapageur. Chacun d'eux avait une fille au bras. Alsace, le postillon, avait une blanchisseuse de bateau qui achevait de salir à la barrière les déshabillés blancs de ses pratiques ; Lapierre, le valet de chambre, avait Jeanneton la cardeuse, une grande fille aux beaux yeux, mais qui était trop hardie ; Christophe, le palefrenier, promenait avec ostentation une jolie crieuse, de celles qui vont par les rues, en répétant à tue-tête sur un mode plaintif : *Mes nouas vârtes ! mes belles nouas vârtes ! mes belles nouas vârtes !* ou bien : *Pouas râmés, pouas écossés !* Sa mise était très-propre ; c'était une robe d'indienne blanche à petites mouches rouges, avec un tablier de burat vert ; enfin, Ferrand, le laquais de Monsieur, et Lacravate, le laquais de Madame, escortaient, le premier, Toinon la coquetière, vêtue d'un casaquin blanc et d'une jupe de taffetas cramoisi, et le second, une jeune fille toujours parée en amazone, qui portait en bandoulière une mauvaise guitare, et qui gagnait sa vie à vendre des livrets de chansons.

— Bonsoir, mes enfants ! s'écria Turpin en distribuant des poignées de main de toutes parts ; bonsoir, Javotte ; bonsoir, Agathe ; bonsoir, Nina ; voilà un beau fils que je vous amène à dégourdir...

Il montrait Émile.

— Reluquez-moi çà, comme c'est tourné, comme c'est bâti ; on dirait le timbalier du roi de Maroc! Ce serait mon fils qu'il ne serait pas plus beau.

— J'en suis tout éberlouie, dit Jeanneton la cardeuse, en faisant une grande révérence.

Mais déjà on entendait grincer les violons de la prochaine contredanse, et la bande joyeuse s'envola pour aller prendre position au milieu de la salle...

Turpin, demeuré seul avec Émile, s'attacha à lui faire les honneurs du *Grand-Vainqueur* et à lui montrer les illustrations féminines d'alors.

— Voici, lui disait-il, la belle Bourbonnaise ou la Nouvelle débarquée, celle qui a donné lieu à la chanson ; c'est une bonne fille qui n'a que le tort de trop aimer les farauds... Ce beau brin de femme que tu vois passer avec un mantelet d'indienne à coqueluchon, c'est Jacquette, la marchande de cire d'Espagne; elle est avec un tireur de bois flotté du quai Saint-Bernard, qu'elle doit épouser dans quelques jours... Tiens ! bonsoir, Françoise, ma passion de la halle au beurre, tu es rouge comme un bigarreau et l'on jurerait Dieu que tu es en colère.

— Eh! parguienne, il y a bien de quoi, répondit Françoise la grande blonde; c'est un Nicodème qui voulait me manier le menton; ne voilà-t-il pas un beau morceau de contrebande avec ses mollets en planche de bois ! c'est comme la barque d'Asnières, ça ne sert plus qu'à passer l'eau. Ma foi ! je te lui ai appliqué, avec votre permission, mon moule de gant sur la mâchoire, et je lui ai dit sa généalogie, dont il se souviendra.

— Tu as donc toujours du sel sur la langue, mademoiselle la beurrière?

— Faut-il pas aussi se laisser dévisager par ces muguets qui s'en viennent vous chercher castille? Tiens, tiens ! le voilà qui passe là-bas avec sa figure de la noce des pendus; n'a-t-il pas l'air de l'huissier du diable? Parle donc, enseigne de cimetière, marionnette du pilori, balustre de la grève? Tu veux faire le quelqu'un, et ton père a été étouffé dans de la filasse; tête de caniche, pilier de boulevards !

La grande blonde, remontant sur sa colère comme sur un cheval au galop, s'éloigna en égrenant sur son passage les tropes du chapelet poissard.

Emile et Turpin riaient aux éclats.

Sur un autre point du bal, ce furent de nouveaux portraits, car le majordome était un habitué du *Grand-Vainqueur*, et il savait à fond toutes les aventures de ces demoiselles.

— Quelle est celle-là, qui porte un joli déshabillé de toile à carreaux rouges? demandait Émile.

— C'est Nanette, l'herbière, qui s'est sauvée l'an dernier avec un garnement de clerc de procureur, et qui s'en est revenue toute seule.

— Cette autre en chapeau à la préférence?

— C'est la Plantard, une porteuse de pain chez les boulangers; elle est jolie et la douceur même, mais elle vit avec un espion de police qui lui mange tout et la bat comme plâtre.

— Et cette petite qui tremble toujours?

— C'est Nicolina, la petite marchande de pain d'épice; on l'a surnommée mademoiselle la Gelée.

— La Gelée! Pourquoi cela? interrogea Émile.

— Dame! c'est toute une histoire... Mais nous pouvons la lui demander. Eh! la Gelée, écoute donc par ici.

Turpin appela une enfant assez pauvrement arrangée, qui ne cessait de sourire et de trembler.

— Dis donc, petite poupée de chapelle d'enfant, voilà un camarade qui désire savoir pourquoi on t'appelle comme ça mademoiselle la Gelée. Raconte-lui donc cet emblème à ce curieux; cela nous fera rire, et on te paiera à boire.

— Je le veux bien, pardi! avec ça qu'il ne fait pas chaud ici et que je commence à grelotter; vrai! la fraîcheur tombe; ne trouvez-vous pas? Brrr...

En disant ces mots, ses dents claquaient, quoique la sueur ruisselât de son visage, et elle tortillait son pauvre corps chétif.

Émile la regardait avec pitié.

— Voici ce que c'est. Un jour de Sainte-Geneviève, qu'il faisait un froid à couper le visage, je vendais du pain d'épice, comme c'est mon métier, devant la porte de Saint-Étienne-du-Mont, toute transie, parce que mon chaudron était éteint. Voilà deux ans de çà, et je n'y peux jamais penser sans frissonner. Brrr... Ce qui fait que j'avais quinze ans, car j'en ai dix-sept du mois dernier, mais j'étais fraîche alors comme de la salade de mâche, si bien que tous les hommes s'en venaient me godelurioter. Par exemple, ce jour-là il n'y avait pas foule autour de mon étalage, car il faisait un temps à ne pas mettre dehors le cousin de mon chien..Brrr... Notez que la nuit arrivait de toute la force de ses grandes jambes noires, et que la neige commençait à tomber, brin à brin, comme de la charpie ; le suisse, qui est un bel homme, était venu fermer les portes de l'église, après m'avoir souhaité une bonne nuit... Ah bien ! oui, moi, il fallait que je demeure pour attendre ma mère ; à preuve qu'elle m'avait donné une petite chandelle que j'essayai d'allumer plusieurs fois, mais que la neige éteignait toujours... Alors j'eus l'invention d'aller me mettre sous le reverbère, et de crier bien fort, puisqu'on ne me voyait plus : *Pain d'épice ! Achetez du bon pain d'épice !*

— Et il passait beaucoup de monde ? demanda Émile.

— Pas l'âme d'un juif, mon gentil monsieur ! et c'est ce qui me désolait, car je sentais mes lèvres se fendre, et puis j'avais l'onglée si fort, si fort, que j'aurais pu me couper les doigts avec les dents sans rien sentir du tout. Brrr... Ne voilà-t-il pas cependant, sur les huit heures, que je vois venir M. Lapierre, grimpé sur sa voiture, avec son gros manchon d'ours pour s'échauffer les pieds, qui me regarde et qui dit : « Vous ne devez pas avoir chaud, oui-dà, la belle ?

— Non, monsieur, lui fis-je, moi, en grelottant.

— Voulez-vous venir vous dégourdir un petit instant au cabaret de la place ?

— Vous avez bien de la bonté, mais ma marchandise ?

— Bon ! il fait si froid, que personne ne pourra desserrer les doigts pour en acheter, ni les dents pour en manger.

— C'est égal, M. Lapierre, que je lui répondis bien malgré moi, ma mère m'a dit de rester, voyez-vous bien ; sans rancune ! à une autre fois ! »

Et je me remis à crier : *Pain d'épice ! Qu'est-ce qui veut du pain d'épice ?* » Malgré cela, je ne sentais plus mes pieds. Brrr...

— Nigaude ! s'écria Turpin.

— Combien de temps restâtes-vous donc ainsi ? dit Émile à qui ce récit faisait mal.

— Ma fine ! à dix heures, je ne sentais plus rien

de nulle part ; ma mère m'avait oubliée en buvant sa goutte au *Petit-Trou...* Tout ce que je sais, c'est que lorsque je me réveillai le lendemain matin, j'avais une belle robe blanche qui m'avait été cousue par la neige pendant mon sommeil. J'en fus malade tout un grand mois, et depuis j'ai toujours conservé une grande peur de la neige et de l'hiver. Voilà pourquoi les gouailleurs du quartier Saint-Marcel ont pris l'habitude de ne plus m'appeler que mademoiselle la Gelée.

Nicolina tremblait et souriait.

— Merci, lui dit Turpin.

— Oh! ben, il n'y a pas de quoi, répondit-elle ; puisque vous m'avez promis de payer du pivois.

— C'est juste, retrouve-toi par ici après le menuet...

Car on dansait le menuet au *Grand-Vainqueur,* le menuet de la cour de France, épique et solennel. Le peuple avait conservé encore des prétentions à l'élégance et à la légèreté. Il n'y avait pas le moindre porteur à crochets qui ne tendît la jambe et n'arrondît les bras avec le moelleux d'un courtisan émérite; la marchande d'œufs rouges saluait et se balançait comme madame de Sévigné.

— Dansons, dit le majordome à Émile.

— Je n'ai pas le cœur à la danse, répondit celui-ci.

— Bah! cela viendra, il suffit que tu y aies les pieds. Allons inviter nos dames.

— Comme vous voudrez.

Turpin promena ses regards dans le bal; mais la plupart de ses connaissances étaient déjà au bras de leurs galants. Chacun avait sa chacune.

L'orcheste préludait.

Il avisa debout contre un pilier deux femmes seules qu'il ne connaissait pas. Leur costume était simple et leur physionomie modeste. Petites toutes deux, on eût dit les deux sœurs. Elles étaient jolies, mais chacune avec une expression différente. Celle qui paraissait être la plus âgée, quoiqu'elle n'eût pas vingt-cinq ans, avait les yeux vifs et la bouche joyeuse; les accords de la musique éveillaient en elle des tressaillements involontaires. L'autre, qui n'accusait pas encore dix-huit ans, n'offrait sur son visage qu'une expression étonnée; elle était sérieuse et même triste.

Le majordome Turpin poussa Émile vers ces deux personnes et formula son invitation.

Elles rougirent ensemble. La première eut un mouvement de joie ; la seconde baissa les yeux.

Émile demeura frappé des traits angéliques de la seconde.

Cependant, la bouche en as de cœur, Turpin attendait une réponse.

— Ces dames sont-elles retenues ?

— Mais... non, monsieur... balbutia la première.

Sa compagne la regarda d'un air effaré, en lui poussant le coude.

Émile à son tour fit sa demande à celle-ci.

Elle hésita.

— Accepte donc, Trois-Mai, lui dit l'autre à voix basse ; personne ne nous connaît ici.

Elles prirent alors le bras des deux hommes, qui les entraînèrent au milieu de la salle où le menuet allait commencer.

Émile ne se lassait pas de regarder la jeune fille qu'il venait d'entendre désigner sous le nom de Trois-Mai ; sa candeur et ses grands yeux le ravissaient malgré lui. Il éprouvait pour elle je ne sais quelle sympathie qu'il lui eût été difficile de définir. C'était de l'intérêt, c'était de l'amour, c'était une pitié instinctive.

De son côté, Trois-Mai sentait brûler ses joues lorsqu'elle levait ses yeux sur lui.

Après le menuet, les deux femmes voulurent s'échapper, mais le majordome les retint par la robe.

— Parbleu ! mes jolis oiseaux, leur dit-il, vous ne refuserez pas une petite collation sur l'ongle du pouce. Holà ! les autres, Alsace, Toinon, Ferrand, Nicolina, Jacquette, par ici ! par ici !

— Mais, monsieur...

Émile eut un regard de reproche pour la jeune fille qui voulait fuir, et qui resta.

— Allons ! ne craignez rien, s'écria Turpin ; nous sommes de bons lurons et nous ne vous ferons point de mal.

Comme les abeilles au son d'une cloche, les laquais et les grisettes s'assemblèrent en groupe autour du majordome. Ils s'approchèrent d'une table sans nappe, autour de laquelle ils se tassèrent sur des bancs de bois, riants, rouges, et s'éventant avec leurs mouchoirs.

D'un coup de poing, le majordome appela le garçon de service.

— Approche ici, Henri IV! lui dit-il familièrement, et apporte-nous un cervelas, un jambon, un pain de trois livres et du vin blanc à six sous la pinte.

— Est-ce tout, bourgeois?

— Pas encore, Jocrisse; tu y joindras du fromage à la pie pour ces dames, et, si tu te dépêches, ça te vaudra pour ta peine un sou de deux sous.

— Merci, bourgeois.

— Dites donc, la Cloche! fit Turpin en apostrophant une fille d'une figure charmante quoiqu'un peu luronne, coiffée d'un chapeau à la Colin-Maillard qui lui cachait presque les yeux.

— Qu'est-ce que tu me veux, l'Enflé?

— C'est-il à éplucher les lentilles sur le Pont-Rouge que tu as attrapé ce casaquin de siamoise et ce carrosse de dentelle qui t'éborgne?

— Et pourquoi pas, M. de l'Acacia? On a encore de quoi se faire brave, sauf votre respect; craignez-vous donc que je mette le feu à vos poudres?

Émile était assis en face de Trois-Mai. Ils ne buvaient et ne mangeaient guère, mais leurs cœurs se disaient de ces choses muettes qui ont le regard pour traducteur.

— Eh! Victoire, chante-nous donc une ronde ou un branle à danser, dit Turpin; quelque chose de drôle, tu sais bien.

— *La Carignan* ou *Escoussi, Escoussa?*

— Non, non, c'est trop vieux. Autre chose!

Victoire, qui n'avait pas froid aux yeux et que l'on avait surnommée la petite Saute-au-cou, entama la chanson suivante sans se faire prier, entremêlant chaque distique d'une réflexion parlée :

> C'est Suzon la Camarde,
> Savez-vous cet' histoire-là?
> (La savez-vous, dites?)
>
> Un monsieur z'à cocarde
> Sur le port l'accosta;
> (Voyez-vous ce muguet!)
>
> Suzon qu'est égrillarde
> L'abord le gouailla;
> (C'est bien fait!)
>
> Il offrit la poularde,
> Dam! cela la tenta!
> (C'te goulue!)

Devant le corps-de-garde,
Avec elle il passa ;
(Oh! oh!)

V'la-t-il pas qu'on les r'garde,
Oh ! je gage qu'on les verra...
(Pardine, ces aveugles !)

La ronde avait quatre-vingts couplets.

Au cinquante-septième, l'orchestre annonça une contredanse; on se dépêcha de vider les verres; quelques femmes mirent les restes du jambon dans leurs poches, et tout le monde se leva.

Celle qui accompagnait Trois-Mai prit d'elle-même le bras du majordome...

Il ne resta plus à table que la jeune fille et le jeune valet.

— Voulez-vous encore danser, mademoiselle? lui demanda-t-il timidement.

— Merci, dit-elle, je suis lasse.

Ils se turent. Émile fut heureux de ce refus qui le laissait seul avec elle.

Au bout de quelques instants :

— Venez-vous souvent au *Grand-Vainqueur?* reprit-il.

— C'est la première fois.

— Moi aussi.

Les amoureux sont si bêtes dans leur conversation, que nous serions tenté de renoncer à écrire celle-là, si nous ne comptions un peu sur l'indulgence du lecteur et beaucoup sur ses souvenirs. Il est une heure d'amour, unique et qu'on n'oublie pas, une heure qui a sonné pour chacun de nous, et dont l'écho vibre encore dans nos cœurs à de lointains intervalles. C'est cette heure délicieuse et embarrassée, placée néanmoins au-dessus de toute raillerie humaine, que nous voudrions qu'on se rappelât en faveur de nous, bien qu'il eût été plus simple peut-être de mettre en tête de ce chapitre : « Scène à écrire par le lecteur. »

La musique jouait avec un tel tumulte qu'ils étaient obligés, pour s'entendre, de se pencher l'un vers l'autre par-dessus la table. Jamais on ne fut plus isolé au milieu de tant de bruit, jamais on ne fut tant inaperçu au milieu de plus de lueur. Ce qu'Émile dit à Trois-Mai, entre ces bouteilles décoiffées, parmi ces débris de pain, la tête ébranlée par les violons, par les éclats de joie, par cette rencontre imprévue, c'est ce que chacun eût dit à sa place, c'est cette divagation sensible, émue, verveuse, qui saisit le cœur par ses côtés les moins retranchés et les plus accessibles. En amour, il ne s'agit pas tant de faire le siége de la raison que celui de l'extravagance.

Il lui dit sa tristesse d'hier et sa joie de maintenant, comment elle était pour lui une apparition céleste et le rattachement aux choses de la vie. Chacun d'eux raconta son histoire à l'autre, histoire cruellement brève; et lorsqu'ils apprirent leur singulière communauté de destin, ils ne s'en aimèrent que davantage. Émile en eût voulu à Trois-Mai d'être plus heureuse; Trois-Mai en eût voulu à Émile d'être plus heureux. Mais comme cela, à la bonne heure! nul ne pouvait en vouloir à l'autre; tous les deux étaient bien seuls, bien abandonnés, bien libres; rien ne s'opposait à ce qu'ils fissent ensemble leur chemin sur la terre. Ils prirent du courage dans leur amour, et ils se promirent tout ce qu'on se promet à cet âge où le regard étincelle comme un diamant, où la voix est vibrante et fraîche, où la bouche n'est qu'un sourire, où le cœur n'est qu'un brasier!

Cependant autour d'eux le plancher de la guinguette tremblait sous les coups de talon des danseurs résolus. Rubens n'eût pas mieux torchonné ces visages écarlates, qui avaient du rire jusqu'aux oreilles. Les musiciens, insensibles et maigres au milieu de cet embonpoint en fusion, pinçaient leurs basses, pétrissaient leurs flageolets, agaçaient leurs musettes. Comme eux, les quinquets avaient de la mélancolie dans leur flamme jaune. Mais la contredanse allait toujours en dépit des quinquets et des musiciens, se suffisant à elle-même, et remplaçant l'harmonie et l'éclat par une action vive et animée.

Cela faisait un cadre étrange à cette causerie naïve et passionnée, un fond tourmenté et criard sur lequel se découpaient ces deux adorables profils de dix-sept années. Émile, si muet auparavant, ne cessait de parler ou plutôt de rêver tout haut. Il entassait projets sur projets, félicités sur félicités; il prenait les mains de Trois-Mai et il lui parlait dans les yeux. Ils avaient tout oublié de ce qui les entourait; qui sait s'ils n'eussent pas donné en ce moment tous les concerts des anges pour la musique du *Grand-Vainqueur?*

S'apercevant tout à coup de l'attention avec laquelle elle écoutait le jeune homme, et combien son cœur gagnait d'émotion à le regarder autant qu'elle faisait, Trois-Mai eut un instinctif et délicieux éveil de pudeur. Ses deux mains se portèrent vivement sur ses yeux comme si elle eût voulu leur ôter pour le moment la permission de voir; le sang de la jeunesse et de la virginité monta à ses joues, et tout son visage apparut naïvement troublé, ainsi que derrière les plis chiffonnés d'une gaze rose. Il lui tombait des cheveux sur le front et sur le cou, au hasard sortis en touffes de dessous une coiffe. Sous ses cheveux et sous sa coiffe, elle souriait pourtant, et l'on voyait bien qu'elle s'efforçait à contenir cette surabondance de vie donnée par l'éclosion du premier amour.

— Qu'avez-vous? demanda Émile avec inquiétude.

L'enfant demeurait cachée et pensive, comme si elle n'eût pas entendu.

— Mon amie, répondez-moi, qu'avez-vous? reprit-il avec une douce instance. Vous ai-je fâchée sans le vouloir et sans le savoir? Pourquoi ne me regardez-vous plus comme auparavant? Répondez-moi, je vous en supplie.

Et comme elle se taisait toujours, il lui prit les deux mains, et, les écartant avec délicatesse, il découvrit ainsi la sublime confusion du visage de Trois-Mai.

— Émile! balbutia-t-elle en baissant les yeux.

— Mon Dieu! mon Dieu! Qu'est-ce que vous avez? s'écria-t-il pour le moins aussi ému qu'elle.

— Rien; je suis heureuse...

Ses deux mains tombèrent tout à fait. Ils se turent longtemps ensemble, écoutant les voix nouvelles et innombrables éveillées en eux. Ils essayèrent aussi de ne point se regarder, afin d'amasser une plus grande quantité de délices lorsqu'ils se regarderaient ensuite. Je suis sûr qu'on eût entendu battre leurs cœurs ainsi qu'on voyait frémir imperceptiblement leurs lèvres. Leurs prunelles, vaincues d'amour, se fermaient par intervalles comme celles des oiseaux aux approches de la nuit.

— Vous m'aimerez toujours? disait-elle.

— Est-ce que je pourrais faire autrement! répondait-il; et qui m'aimerait hors vous?

— C'est comme moi, enfant trouvée pour qui toute affection est un bienfait du ciel !

O beauté de la jeunesse ! divines clartés des visages de seize ans ! extravagances délicieuses de l'âme et de la tête ! ô jeunesse ! jeunesse ! Tenez, arrêtons-nous encore sur cette page éclairée des rayons de l'innocence qui rêve, chapitre inédit de la vie du ciel, causerie enivrante et qui fait mal, tant elle fait de bien ! Où prennent-ils, mon Dieu ! cette somme de bonheur si grande, les amoureux que l'on rencontre, silencieux et illuminés, dont le regard est si profondément vague et dont la bouche est remplie de feu ? S'ils ont tant de peine à respirer, dans ces moments où nul sacrifice ne coûterait, c'est que la vie réelle les gêne. Ils sont bons, le contentement anime chacun de leurs traits, volontiers ils embrasseraient tout le monde.

Ne laissons donc point passer cette chaste scène d'amour entre ces deux enfants qui ont eu notre âge, sans leur sourire avec sympathie.

— Une mère, disait-il en laissant aller son cœur à la dérive ; une mère ! si j'en crois votre regard si bon, votre front élevé, la vôtre doit être nécessairement une dame de condition ; vous n'êtes pas du sang du peuple, vous, on le voit bien, vous avez de plus que moi la noblesse écrite sur le visage.

— Je n'en sais rien, Émile ; à l'hospice nous n'avions pas de miroir.

— Je n'en avais pas non plus, et cependant tout m'y disait déjà que je n'étais qu'un enfant obscur né dans la mansarde ou dans la rue, de ceux-là qui embarrassent plus qu'ils ne compromettent, qui viennent avec les mains rudes, avec les cheveux rudes, avec le cœur rude aussi, quand ils ne rencontrent pas sur leur passage un ange comme vous, Trois-Mai ! un être de trop, et dont sans doute ne s'inquiétaient plus le lendemain ceux qui l'avaient abandonné la veille. Oh ! je suis bien du peuple, je le sens, du peuple mal commode et qu'on ne mène pas. J'ai des éclairs d'ambition à m'éblouir moi-même, mais ils ne durent pas plus que des éclairs ; et puis après, voici que la lâcheté du repos vient me prendre corps et âme. Je ne suis ni tout à fait bon ni tout à fait mauvais ; cependant, je devine qu'il s'en faudrait de bien peu pour que je devinsse entièrement l'un ou l'autre.

Elle, de son côté :

— Je ne suis qu'une pauvre fille, je n'ai pas de pensée, je n'ai qu'un cœur. Je n'ai pas de mérite à être bonne, car Dieu m'a faite ainsi ; j'aime ceux qui m'aiment. Je ne sais rien et je n'ai rien vu. L'histoire de ma vie pourrait s'écrire avec une larme et une prière. A l'hospice, les sœurs avaient pour moi de saintes tendresses, une attention constante et que je n'oublierai jamais. Je ne sais quelle volonté m'a fait enlever de ce lieu de repos, pour me jeter sans ressources sur le pavé de Paris. Hélas ! je fusse morte mille fois de faim et de peur, si le ciel n'eût envoyé vers moi quelqu'un pour me secourir !

— Quelqu'un ? interrogea Émile.

— C'était au bord du quai, le soir de ma sortie des Enfants-Trouvés ; je marchais au hasard, me confiant au ciel et répétant les oraisons qu'on m'a apprises, lorsqu'un homme, frappé de ma pâleur, vint tout à coup à moi et me demanda où j'allais. Il parlait avec douceur. Je lui racontai mon infortune et mon abandon ; alors il me conduisit chez sa femme, dans une grande maison bien triste, où je demeure avec elle depuis quinze jours.

— Et cette femme ?

— C'est Christine, c'est celle qui danse avec votre camarade.

— Mais son mari ?

— Nous le voyons bien rarement, à peine deux fois par semaine ; c'est l'homme de confiance d'un grand seigneur, auprès de qui le retiennent presque incessamment les devoirs de son emploi.

— Mais, chère Trois-Mai, vous ne pouvez demeurer toujours avec ces braves gens.

— Oh ! je le sais bien; mais Christine m'a promis qu'avant peu elle me procurerait de l'ouvrage et que je pourrais alors gagner ma vie en travaillant. Allez, j'ai le cœur trop fier pour ne pas hâter moi-même cet instant de tous mes vœux !

Émile lui sourit avec bonheur, et leurs deux mains restèrent longtemps entrelacées...

Cependant le majordome Turpin, ayant terminé ses entrechats et ses pirouettes, revenait vers eux, conduisant d'un air triomphant l'amie de Trois-Mai.

Mais tout à coup nos danseurs se trouvèrent en présence d'un homme qui, les bras croisés, les yeux brillants de colère, adressa ces paroles à la jeune femme :

— Christine, que faites-vous ici ?

Cette voix, mordante comme le roulement d'un moulin à café, la fit tressaillir.

— Vous le voyez, répondit-elle, je ne fais point de mal.....

L'homme qui venait d'apparaître était François Soleil.

— Rien de mal? reprit-il en l'enclouant de son regard ; quoi ! je vous défends de sortir, je mets vos mules sous clef et rien ne vous arrête ; vous désertez la maison pour venir vous livrer à des joies suspectes dans un lieu comme celui-ci, avec des gens...

— Tout beau ! interrompit Turpin, l'élégant parleur ; levez les yeux et voyez sur quel bras s'appuie madame, avant de vous répandre en généralités offensantes.

— Monsieur Turpin ?

— Moi-même, monsieur Soleil.

— L'ancien cuisinier de M. de Silhouette ?

— Le factotum de M. le duc de Noyal-Treffléan ?

— Avec ma femme !

— Vraiment! J'en suis enchanté, ravi; le hasard ne pouvait me réserver une surprise plus douce; recevez mes sincères félicitations, mon cher M. Soleil, sur l'amabilité et les grâces modestes de celle que les dieux vous donnèrent pour compagne. Nous venons de danser ensemble un menuet que Terpsichore eût approuvé.

Celui à qui s'adressaient ces tirades ne paraissait pas y prêter l'attention qu'elles méritaient; il avait dans ses doigts la main de Christine et la tourmentait nerveusement.

— Qu'est devenue Trois-Mai? lui disait-il à voix basse et presque en menaçant son oreille de ses dents.

— Écoutez, écoutez, interrompit le majordome en le prenant par les épaules afin d'être bien sûr de son auditeur; voilà que la jalousie vous a troublé de ses poisons dangereux; pourquoi vous gonfler le cœur inutilement? Celle que l'hymen fit vôtre n'a nullement dérogé à sa dignité personnelle en pénétrant dans cette enceinte; ignorez-vous que les plus hauts personnages empruntent souvent au Bacchus populaire la franche gaieté que Plutus leur refuse?

Il n'y a pas deux automnes de cela, j'ai rencontré M. le duc de Noyal-Treffléan dans une guinguette de la barrière des Sergents.

— Eh! je sais bien qu'il va partout! répliqua Soleil en se débarrassant de l'étreinte du majordome. Christine! reprit-il revenant vers sa femme, où est Trois-Mai?

— Rassurez-vous, François, elle est ici.

— Où?

— Nous allons la retrouver au bout de cette rangée de tables; nous l'avons laissée avec un ami de monsieur.

— Désormais je n'aurai plus de confiance en vous, Christine! Je vous avais remis cette enfant en vous disant que j'attachais la plus grande importance à ce qu'elle ne quittât pas un seul instant notre demeure.

— Comment vouliez-vous que j'exécutasse scrupuleusement un ordre que je ne comprenais pas?

— Vous n'avez pas besoin de me comprendre pour m'obéir.

— Je sais que je suis une esclave, c'est vrai; mais ce n'est pas ma faute si, après être restée renfermée comme une criminelle, lasse de voir cette pauvre petite s'ennuyer comme moi, et soupirer après un peu de bruit et de lumière, nous n'avons pu résister au désir de nous promener et à la tentation d'entendre de la musique. Mais comment avez-vous su que nous étions ici ?

— Cela vous inquiète, n'est-ce pas ? Je sais toutes vos actions, et je ne suis jamais plus près de vous que quand vous ne me voyez pas.

Ici maître Soleil se donnait une puissance un peu trop diabolique ; il n'y avait rien que de très-simple dans sa subite apparition au *Grand-Vainqueur*. Ayant aposté, pour surveiller Trois-Mai, un des agents ordinairement attachés aux pas de son maître, il avait appris la double escapade de sa femme et de la jeune fille, et il s'était hâté de venir les troubler par sa présence.

— Je ne la vois pas, reprenait-il en promenant ses yeux à droite et à gauche.

— Ayez un peu de patience, c'est plus loin.

— Christine, pour la première fois que vous vous avisez d'enfreindre mes ordres, vous me créez des tourments dont je me souviendrai toujours. Enfin, où est cette jeune fille ?

— J'en suis désolée, dit Christine, mais je crois que nous nous sommes trompés de côté ; c'est là-bas... oui, là-bas...

La pauvre femme tremblait de tous ses membres ; mais François Soleil n'avait pas entendu, occupé qu'il était à parler avec un inconnu qui venait de lui frapper sur l'épaule en lui disant précipitamment :

— Je ne m'étais pas trompé : M. le duc, déguisé en homme du peuple, vient d'entrer au *Grand-Vainqueur*.

François Soleil porta la main à sa tête et y enfonça ses ongles.

— Tous mes plans, dit-il, toutes mes espérances s'évanouissent s'il rencontre Trois-Mai.

— Vos ordres ? demanda l'inconnu.

— Ah ! Christine ! Christine !... Je voudrais que le *Grand-Vainqueur* s'écroulât...

— Vous plaît-il que nous sciions la charpente ? demanda l'inconnu avec une froideur qui prouvait quelle ponctualité présidait à l'exécution des moindres pensées de Soleil.

— Non, mais il faut immédiatement...

François Soleil chuchota quelques mots à l'oreille de son subordonné.

— C'est bien, dit celui-ci. Aidez-nous de ce côté, nous allons commencer de l'autre.

Il disparut, tandis que Soleil, ressaisissant la main de Christine avec brutalité, lui disait :

— Si vous ne me faites pas retrouver Trois-Mai d'ici à deux minutes, je ne réponds plus de ma colère !

— Venez, venez, elle est là-bas, nous aurions dû suivre M. Turpin, qui connaît mieux la salle que moi... Vous m'avez tellement troublée que j'en ai perdu la mémoire... Suivez-moi bien... les voici.

Mais en ce moment un effroyable vacarme s'éleva de plusieurs points de la salle à la fois ; des gourdins atteignaient les quinquets et les mettaient en pièces ; les danseurs et les danseuses, éclaboussés par l'huile chaude, se heurtaient dans un pêle-mêle aussi dangereux pour les mœurs que pour les vêtements. L'orchestre, élevé à quatre pieds du sol, interrompit ses stridentes harmonies, se levant spontanément pour réclamer le silence ; mais deux hommes à épaules herculéennes s'étaient formés en arc-boutant contre les parois peu solides, et les ébranlaient avec force ; l'estrade éventrée croula, lançant au milieu de la salle des hommes, des instruments et des bouteilles.

La foule, qui s'était ouverte devant cette cataracte, n'avait pu néanmoins se disperser assez tôt pour éviter entièrement un choc terrible ; çà et là des femmes roulaient, meurtries sous la chute des musiciens.

L'obscurité n'était pas encore complète ; un ou deux quinquets sanglotaient leur lueur effrayée sur cette scène. Au milieu du tohu-bohu, un homme aux vêtements souillés de vin, taché de boue, marchait le sourire à la bouche, promenant voluptueusement ses regards sur le désordre qui régnait autour de lui.

C'était le duc de Noyal-Treffléan...

François Soleil allait aussi, de son côté, cherchant sa femme, cherchant Trois-Mai, cherchant Turpin, lorsque l'individu que nous avons déjà vu lui parler revint de nouveau.

— Tenez, le voyez-vous ? lui dit-il ; le voilà qui se dirige de ce côté. Nous aurait-il vus ?

— Ce n'est pas probable ; il ne nous sait pas ici.

— Il a l'air bien heureux !

— Il aime le tumulte. Un tremblement de terre le rendrait fou de joie.

— Mais, vous voulez donc qu'il vous aperçoive, M. Soleil ?

— Allez, dites à mes hommes de continuer le branle-bas ; qu'on renverse tout devant lui !

Le duc approchait.

Soleil, qui craignait d'être vu, monta sur un banc, et cassa d'un coup de canne un des derniers quinquets.

Cette partie de la salle se trouva plongée dans les ténèbres.

Harengères, cardeuses, filandières, sabotières, crieuses, bouquetières, toute cette population vivace et forte, les hommes de la Râpée et de la Grenouillière, les marmitons, les commissionnaires, les cochers, tous et toutes se poussaient, se heurtaient ; s'entremêlaient, formant une seule interjection hurlante, assourdissante.

Pierre Aubin, en voulant retenir Jacqueline, aveuglait Marie-Jeanne et cognait Bertrand. Henriette la vinaigrière égratignait Julienne la découpeuse. Il y avait des coups de poing de postillon, des coups de coude de piqueur, des coups de pied de palefrenier. On s'étranglait et on se mordait. D'autres voulaient à toute force se remettre à la danse et criaient : La musique !

La tempête du *Grand-Vainqueur* allait crescendo ; le majordome Turpin, seul et les bras croisés, contemplait philosophiquement ce spectacle aux ardentes péripéties.

— C'est beau, c'est très-beau ! disait-il ; Pluton, le dieu du sombre empire, a dû donner un bal pareil le jour de son union avec Proserpine. Voyez-vous ces flots de chair qui s'entre-déchirent en roulant les uns sur les autres ces cheveux poudrés, épars, qui s'épanouissent comme l'écume des vagues ! Émile, mon cher enfant, vous dont je veux former l'esprit et le cœur, où donc êtes-vous pour admirer ce tableau magique ?

Turpin avait beau se retourner, ses yeux ne pouvaient plus distinguer personne au travers des ombres amassées derrière lui ; quant à sa voix, il était impossible qu'elle dominât le tumulte parvenu à son comble. Les femmes jetaient de ces sifflements aigus qui vous râtissent la moelle épinière. Les hommes, les uns par cruauté, les autres par plaisir, nageaient dans ces ondes humaines ; les tables étaient renversées, les chaises et les bancs semblaient vouloir prendre leur revanche une fois et s'asseoir sur la foule à leur tour.

Du sein de cette confusion se détachait, comme un géant brumeux qui marche en courbant des herbes sous ses pieds, la stature imposante du duc de Noyal-Treffléan. Il n'y avait point d'obstacles pour lui, il n'y avait point de femmes évanouies, il n'y avait point d'enfants écrasés ; il passait sur tout et sur tous. Quelquefois, quand il était trop resserré, il levait le poing, et aussitôt place était faite.

Tous les quinquets étaient éteints. Qu'on se figure un millier de gens cherchant à la fois une issue pour fuir cette succursale du Tartare. Il n'y a pas de bruit de guerre, pas de mousquetade, pas de coup de foudre, qui puisse donner une idée de ce remue-ménage où le plancher et le plafond frémissaient de compagnie, où les yeux avaient des éclairs, les lèvres des jurons, les mains des soufflets !

Comme il arrive presque toujours en pareil cas, la foule se porta d'un seul côté, vers un point de la salle où des barriques pleines étaient superposées contre le mur et formaient une cloison humide, toujours suintante. C'était la provision de semaine du *Grand-Vainqueur* ; ces futailles, vieux rejets des celliers de Bercy, vermoulues et moisies, n'offraient qu'une faible résistance. Au choc monstrueux qu'elles subirent, deux se défoncèrent, laissant tomber un fleuve de vin et d'eau-de-vie. La Seine elle-même, sortie tout à coup de son lit pour entrer par les fenêtres, n'eût pas causé plus d'effroi.

Un quinquet, qui n'était pas bien mort, pencha sa mèche et fit courir des veines bleues sur cette inondation...

Quelques robes s'allumèrent ; de gros souliers ferrés s'abattaient dans la flamme et en lançaient des jets jusqu'à hauteur de tête ; les ivrognes riaient stupidement ; plusieurs se traînaient sur les genoux pour tremper leurs doigts dans le vin ; c'était une folie, une fureur, — que dominait par intervalles le violon d'un pauvre musicien idiot, resté seul debout au milieu de cette bagarre.

Ce violon jouait un bien vieux air, dont voici les paroles :

> Je ne puis, Colin,
> Tarder davantage ;
> En filant mon lin,
> Je vais au village ;
> Toi, dans le hameau
> Garde-toi de dire...

De temps en temps un hurlement plus formidable que les autres étouffait la chanson, mais on l'entendait un instant après.

Les hommes de François Soleil avaient fermé et barricadé les portes du *Grand-Vainqueur*. La flamme avait donc beau jeu. Mais la garde arriva, qui entra par les fenêtres défoncées, portant des torches...

> Garde-toi de dire
> Que dessous l'ormeau
> Nous venons de rire.

La garde fit évacuer le bastringue.

Le duc de Noyal-Treffléan avait disparu.

François Soleil retrouva sa femme, et le majordome Turpin retrouva François Soleil.

Mais qu'étaient devenus Émile et Trois-Mai ?

VIII

Le long de la rue Mouffetard, voyez-vous ces deux ombres qui vont lentement, appuyées l'une sur l'autre et ne laissant après elles qu'un doux murmure de voix? Il semble que sur leur passage le soir se fasse plus caressant, et que les bruits des maisons s'apaisent. De temps en temps on les voit se retourner, et puis attendre, leurs regards plongés dans le lointain que leur oreille interroge.

Ce sont nos deux enfants perdus.

Deux enfants heureux! car le ciel leur a donné maintenant plus qu'un père, plus qu'une mère, plus qu'une famille! Le ciel leur a donné l'amour.

Après avoir été mis au ban de la société, ils peuvent narguer la société à leur tour et se passer d'elle.

Ils marchent.

Cette affreuse rue Mouffetard leur paraît courte et riante. Et pourtant ce n'est pas de la nuit qu'il y fait, c'est du charbon. Les masures dont elle est bordée s'effacent dans une ombre flottante qui ne permet aucun relief, aucune apparence exacte ; dans une ombre taquine et sans raison qui bouche les fenêtres ou les agrandit démesurément, qui masque une porte ou qui se couche à ses pieds, roulée en bloc de vapeur grisâtre. De temps en temps, la rue se déchire sur un de ses côtés et forme une ruelle étroite ou un cul-de-sac, que remplit seul l'œil rouge d'un réverbère. Quelquefois aussi, c'est un vieux mur qui se dévoile tout à coup et tout blanc ; un pan de mur affaissé et qui s'en va en poussière, avec de grands vides et des lézardes à loger le bras, laid et triste comme un octogénaire idiot.

De tout cela ils ne voient rien. Et cela ne nous étonne pas. Les amoureux passent toujours enve-

loppés dans une nue, comme les dieux ou les déesses
en envoyaient aux héros des poëmes antiques. Émile
et Trois-Mai descendaient depuis un quart d'heure
la rue Mouffetard sans en regarder les laideurs et les
ténébrosités. Au contraire, ils trouvaient à toute
chose un air de sympathie. Le pavé ne s'était fait
inégal et dur que pour ralentir leur marche ; quel
gazon eût pu lui être préféré? La rue était longue,
et cependant ils eussent désiré qu'elle le fût davantage. Ah ! si la rue où l'on aime pouvait ne jamais
finir !

J'en appelle à tous ceux qui ont aimé à Paris, c'est
une bonne chose. Que ce soit dans le Paris d'été,
étouffant et aphrodisiaque, ou dans le Paris d'hiver,
le Paris du soir flamboyant et crotté, au coin d'une
rue qui verse le gaz, ou au coin d'un faubourg
qui verse le givre, je le répète, c'est une bonne
chose.

Alors on ne se forme plus qu'une idée imparfaite
du vice. Toutes les maisons semblent recéler de
braves gens. Vous croyez voir briller des sourires
au bout de chaque corridor, et les figures les plus

rébarbatives vous apparaissent inondées de tendresse.

Tant que vous n'aurez pas aimé à Paris, vous détesterez Paris. Mais qu'une belle passion vienne vous y prendre, ou seulement quelques gracieuses amourettes, monnaie d'une passion, et peu à peu la terrible ville changera d'aspect à vos yeux. Vos coudes rentreront mieux dans chacun de ses angles. Vous aimerez Paris de la même manière que vous aimez un camarade qui vous a vu rire et qui vous a vu pleurer. Des liens mystérieux s'établiront entre les pierres et vous, entre la Seine et vous, entre les habitants et vous. Un beau matin vous vous réveillerez retenu comme Gulliver dans les mailles d'un filet invisible, mais celui-là vous ne pourrez pas le rompre et vous ne voudrez pas le rompre. L'amour, c'est la seule initiation à Paris. Avec l'amour, vous arriverez à comprendre et à excuser la rue Mouffetard.

Émile et Trois-Mai poursuivaient leur entretien si brusquement coupé par l'incident du bal. Ils étaient sortis, portés par la foule, de la salle du *Grand-Vainqueur*. Une fois hors de péril, c'est en vain qu'ils avaient cherché et appelé leurs compagnons. La nuit ne permettait de reconnaître personne. Il leur avait donc fallu prendre un parti et se décider à revenir seuls tous deux ; leurs âmes ployaient sous le bonheur. Trois-Mai avait dit à Émile qu'elle demeurait rue des Prouvaires, à l'angle de la rue Saint-Honoré ; et ils allaient vers la rue des Prouvaires avec cette lenteur rêveuse et charmée qui fait si bien sentir le prix de chaque pas chez les amoureux.

Comme ils se trouvaient en ce moment dans la rue Contrescarpe, la jeune fille murmura :

— Je suis fatiguée ; reposons-nous un peu.

Ils cherchèrent un banc, et ils en avisèrent un tout près du portail d'une haute et grande maison, peu distante de l'hôtel de l'Éminence grise.

Tous deux s'assirent côte à côte.

L'ombre les enveloppait comme une trame d'araignée ; et dans l'angle que le banc de pierre formait contre le mur, l'œil d'une chouette seul eût pu les découvrir.

Il n'y avait pas deux minutes qu'ils étaient là lorsqu'un léger coup de marteau résonna sur la porte de la maison.

Un guichet s'ouvrit.

— Qui est là? demanda une voix de l'intérieur.

— Ami, répondit un homme couvert d'un chapeau rond rabattu sur le visage.

— Que voulez-vous?

— *Théos et Vérité.*

Si bas que furent prononcés ces deux mots, ils arrivèrent néanmoins à l'oreille d'Émile.

Il comprit que c'était un signal.

L'homme au chapeau rond rentra, et la porte se referma sur lui.

Émile ne prêta pas d'autre importance à cet incident : on vivait dans un temps inquiet et mystérieux ; Paris sentait vaguement s'agiter ses entrailles.

Le silence se rétablit.

Trois-Mai avait incliné sa tête sur l'épaule du jeune homme ; elle se sentait souffrante sans oser l'avouer. La terreur qu'elle avait éprouvée à la salle de danse et la marche qu'elle venait de subir, tout cela, joint au trouble inséparable de la révélation d'un premier amour, s'était réuni pour accabler cette pauvre petite âme.

Elle tremblait de fièvre.

Son sourire se décolorait de plus en plus; ses lèvres blanchissaient.

Tout à coup un second coup de marteau retentit à la porte.

Pour la seconde fois, le guichet s'ouvrit, et la même voix demanda:

— Qui va là?

— *Théos et Vérité.*

Émile aperçut deux individus, l'un en redingote, l'autre en habit vert. Ils avaient répondu ensemble et ils se tenaient par le bras.

Celui qui avait l'habit vert étant le plus rapproché, ce fut naturellement sur lui qu'Émile porta son attention.

Il vit un homme d'une taille au-dessous de la médiocre, vêtu avec une sorte de recherche, les cheveux poudrés et ramassés dans une bourse, un peu guindé, un peu empesé, grêle de formes, et dont la démarche présentait un bizarre mélange d'assurance et de précaution tout à la fois.

Avant d'entrer, cet individu fit jouer son regard autour de lui.

Ses deux yeux inquisiteurs rencontrèrent deux yeux étonnés.

Il hésita.

Puis, quittant le bras de son compagnon, il avança vers le banc.

— Qu'est-ce que vous faites là? dit-il d'une voix aigre et brusque, empreinte d'un désagréable accent provincial.

Émile et Trois-Mai ne répondirent pas.

Seulement Émile regarda cette figure, qui était presque sur la sienne.

C'était une face effilée et pâle, aux pommettes saillantes, aux muscles frémissants; c'était un front étroit, une prunelle qui papillonnait, une bouche aux lèvres contractées; dans l'ensemble, c'était quelque chose de vivant et de mort, dont on ne se rendait pas bien compte.

Émile détourna la tête.

L'homme à l'habit vert allait répéter sa question lorsqu'il fut rejoint par son compagnon qui s'impatientait.

— Allons, Maximilien, vous voyez bien que ce sont deux enfants ; vos inquiétudes sont ridicules, venez...

Il l'entraîna.

Et, pour la seconde fois, la lourde porte qui s'était entre-bâillée se referma avec un bruit pesant.

Trois-Mai, qui avait eu quelque frayeur, voulut se lever et continuer sa route.

— Marchons ! dit-elle d'une voix altérée.

Mais à peine eurent-ils fait une dizaine de pas, qu'Émile la sentit chanceler et comme défaillir.

Il lui prit les deux mains. Tout à l'heure brûlantes, elles étaient à présent plus glacées que du marbre.

Il jeta les yeux sur elle : ses yeux tournaient au blanc et sa tête se renversait, cherchant un appui. Elle murmura :

— Cet homme m'a fait peur. Je... je me trouve mal...

Son corps s'affaissa, soutenu par Émile, et se coucha sur le pavé.

Il poussa un cri.

Que faire ? Où chercher du secours ? Et comment

la quitter, d'ailleurs? Cette tête qui repose dans ses mains, peut-il lui donner une pierre pour chevet? Appeler? la rue est déserte. Les bourgeois redoutent les piéges des voleurs et n'ouvrent pas facilement leur porte. Ils ont le sommeil dur. L'égoïsme et la crainte leur mettent du coton dans les oreilles.

Émile se désolait.

— Trois-Mai! entendez-moi... Trois-Mai! revenez à vous... un peu de force...

Trois-Mai était évanouie.

En ce moment onze heures sonnèrent à une horloge voisine; onze coups bien lents, bien graves, bien en harmonie avec le temps pur et calme qu'il faisait; onze voix qui chantèrent dans le firmament.

Émile regardait autour de lui avec les yeux du ésespoir.

Soudain, à l'extrémité la plus rapprochée de la rue Contrescarpe, il entendit un bruit léger de pas; et sur le gris d'une muraille il vit se dessiner une forme noire qui s'avançait avec promptitude.

— A moi! à moi! s'écria-t-il en se soulevant sur un genou.

La forme noire approchait. C'était une femme...

Elle se pencha sur le groupe gisant à terre et prononça quelques paroles de compassion. Ses habits indiquaient qu'elle appartenait à la classe du peuple.

— Pauvre petite! dit-elle en examinant le visage de Trois-Mai; elle est sans connaissance.

— Ah! sauvez-la, sauvez-la, je vous en prie!

— Attendez... ce n'est rien...

La femme chercha vivement dans sa poche et en tira un mouchoir, dans lequel était enveloppée une cassolette.

Cette cassolette, elle la fit respirer à Trois-Mai.

Bientôt un mouvement sensible agita les traits de la jeune fille.

— Voyez! elle revient à elle; son cœur recommence à battre; voyez...

Mais Émile ne regardait pas, il écoutait.

Il écoutait cette voix qui le frappait étrangement et qu'il lui semblait avoir déjà entendue. Il écoutait... Et il cherchait aussi à distinguer la figure de cette femme, — de cette femme qui cachait des sels et des flacons sous un costume presque indigent.

17

Elle demeurait inclinée sur Trois-Mai.

A la fin, elle se releva.

Et, en se relevant, sa tête apparut.

Une exclamation s'arrêta dans la gorge étranglée d'Émile. Il ouvrit la bouche. Un frisson imprima une secousse immédiate à tout son être, et il resta effaré et tremblant.

Il voulut dire : Merci ! et il ne le put pas.

Pendant ce temps, la femme s'éloigna sans même l'avoir regardé.

Elle atteignit la maison mystérieuse, souleva le marteau et échangea le mot de passe. La porte s'ouvrit pour elle, comme elle s'était ouverte pour les trois précédents personnages.

Alors la lumière de l'intérieur, frappant soudain sur son visage, l'éclaira de profil aux yeux ardents d'Émile. Et cette fois il ne douta plus. Il venait de reconnaître madame la marquise de Perverie !…

La marquise de Perverie, seule, la nuit, à onze heures, sous un déguisement ! La marquise, à pied, courant dans un quartier perdu, repaire de chiffonniers ! elle, une grande dame ! elle, si fière, si riche, si belle et si admirée !

— Émile... Émile...

C'était Trois-Mai qui essayait de se soulever.

Mais Émile avait tout oublié pour ne plus songer qu'à la marquise.

Debout, immobile, il se demandait ce qu'elle allait faire dans cette maison. Aucune lumière ne se montrait au dehors ; tout semblait silencieux au dedans.

Un instant il crut avoir rêvé. Ses deux mains se portèrent à son front, et il secoua plusieurs fois sa tête avec frénésie. Le marteau, le guichet et le signal lui semblèrent un triple jeu de son imagination.

Il tâcha également de chasser le souvenir des paroles de l'homme à l'habit vert.

L'image de la marquise fut repoussée avec emportement.

— Allons, donc ! s'écria-t-il, je suis fou !

Mais alors qu'il prononçait ces paroles, son regard s'abattit sur un objet blanc qui touchait ses pieds.

Il le ramassa.

C'était le mouchoir oublié par la femme de tout à l'heure. Un mouchoir de fine dentelle, petit, brodé, et qui exhalait ce parfum particulier aux gens du monde.

Il chercha précipitamment à l'un des bouts, et il y trouva les armes de la marquise de Perverie.

— Oh! dit-il à voix basse.

Et s'étant assuré qu'il n'était vu de personne, il serra ce mouchoir dans sa poitrine.

Trois-Mai avait tout à fait repris sentiment; elle ressaisit le bras d'Émile, et tous deux se remirent en route.

Avant de quitter la rue Contrescarpe, il retourna la tête une dernière fois.

— Qu'est-ce que vous avez? lui demanda Trois-Mai, et que regardez-vous ainsi? On dirait que vous vous voudriez revenir sur vos pas.

Elle ne croyait pas deviner si juste. Émile eût donné plusieurs ans de sa vie pour être seul en ce moment, afin d'attendre la marquise et de pénétrer le mystère de la maison aux rendez-vous.

Il ne répondit pas à la question de Trois-Mai; mais une idée subite éclaira son cerveau. Il hâta le pas.

Autant leur marche avait été lente, autant elle se fit rapide maintenant.

Bientôt ils arrivèrent au bas de la rue de la Harpe, sans avoir rompu le silence.

— Comme nous allons vite ! dit Trois-Mai qui s'arrêta pour respirer et pour sourire.

Émile ne souriait pas.

— Marchons ! répondit-il ; marchons, car il se fait tard.

— Une minute seulement !

— L'inquiétude de Christine doit être grande ; venez !

— Vous ne me disiez pas cela tout à l'heure, reprit doucement la jeune fille.

— De grâce, venez ! venez !

Ils gagnèrent les quais.

L'impatience d'Émile se dévoilait manifestement ; les minutes lui semblaient des heures, et, lorsqu'il passa dessus, le Pont-Neuf lui parut avoir une lieue de long.

Il était évident qu'il avait un projet.

De son côté, Trois-Mai devenait plus triste à mesure qu'elle approchait de la rue des Prouvaires. Lorsqu'elle n'en fut plus éloignée que de quelques pas, elle dit à Émile :

— Quand nous reverrons-nous ?

— Demain, après-demain, le plus tôt possible.

— Christine est bonne, elle vous recevra. Si vous saviez comme nous vivons seules toutes deux ! Ce sera une distraction pour elle; pour moi ce sera un bonheur.

— Chère Trois-Mai !

— C'est singulier, vous n'avez plus l'air de m'écouter avec la même attention; vos yeux ne se fixent plus sur les miens et vous ne me parlez plus comme au bal. D'où vient cela, mon ami ? Qui donc fait votre préoccupation et votre tristesse ?

— Rien, dit vivement Émile; rien, je vous assure.

— Je ne sais pourquoi il me vient à cette heure de fâcheux pressentiments, soupira la jeune fille en hochant la tête.

Ils étaient dans la rue des Prouvaires.

Trois-Mai s'arrêta devant une porte d'allée, et dit :

— C'est ici.

A ce moment il passa comme un remords dans le cœur d'Émile; il quittait tant de grâce, tant de douceur et tant d'amour !

Quand il sentit dans sa main celle de Trois-Mai, il eut un mouvement pour la retenir...

Tout à coup la marquise de Perverie lui revint à la pensée.

Il tressaillit comme un homme qui se réveille.

— Adieu ! lui dit la jeune fille en mettant un sourire dans sa voix.

Elle disparut au fond de l'allée obscure.

Émile eut franchi en un quart d'heure la distance de la rue des Prouvaires au faubourg du Roule. Il ne marchait pas, il courait ; il ne courait pas, il volait. La figure de la marquise s'attachait à ses pas : il la voyait auprès de lui, agenouillée sous des vêtements noirs, et il se rappelait qu'elle lui avait parlé et qu'il avait respiré son haleine.

Minuit sonnait quand il rentra à l'hôtel de la Perverie.

La sueur découlait de son front ; il n'en pouvait plus.

De son cœur à sa gorge ce n'était qu'un vaste battement.

Chez le portier, il se laissa tomber sur la première chaise.

— Y a-t-il longtemps que M. Turpin est rentré ? demanda-t-il dès qu'il put prononcer quelques mots.

— Une demi-heure à peu près.

— Et... madame la marquise ?

— Madame la marquise? répéta le portier d'un air d'étonnement.

— Oui.

— Madame la marquise n'est pas sortie de la soirée.

— En êtes-vous bien sûr?

— Parbleu!

— Elle n'a été ni à l'Opéra ni à la retraite de Saint-Philippe?

— Non.

— C'est étrange! se dit tout bas le jeune homme.

— Mais pourquoi me faites-vous ces questions?

— C'est qu'il m'avait semblé rencontrer tout à l'heure madame la marquise.

Le portier prit Émile par le bras, l'entraîna hors de la chambre et le conduisit sans mot dire au milieu de la cour.

Là, il lui montra du doigt les fenêtres toutes éclairées de l'appartement de madame de Perverie.

— Voyez-vous?

— Oui, je vois, murmura Émile.

— Eh bien? ajouta le portier.

— Je me suis trompé.

— Probablement.

Émile monta chez lui, en remuant dans sa tête un monde de réflexions.

Sur l'escalier, il se croisa avec la femme de chambre, mais il n'osa pas l'interroger.

— Après tout, qu'ai-je besoin d'autre preuve que ceci? murmura-t-il en pressant sur sa poitrine le mouchoir trouvé dans la rue Contrescarpe.

IX

Les écrivains du dix-huitième siècle ne se sont préoccupés du peuple que beaucoup trop tard. Ils ne l'ont vu que lors de ses premiers désordres, ils ne l'ont entendu que lors de ses premiers grondements.

En revanche, ils nous ont donné un dix-huitième siècle de leur façon, un dix-huitième siècle exclusif, qu'ils ont enfermé dans un palais, dans un boudoir ou dans une charmille.

C'est une procession interminable de marquis, de chevaliers, de vicomtes, de commandeurs, de petits-maîtres et de petites-maîtresses. Voici Eliante et Zulmé qui se rendent à la promenade, vêtues d'une amazone couleur de pensée, avec une canne entre les doigts.

Voici l'abbé pirouettant, le mousquetaire jurant et le financier ruminant. Voici Cléon, Damis, Saint-Fal, gens de qualité, courtisans, amoureux, joueurs, couverts de dentelles, de poudre, de diamants, de rouge et de ridicules.

Ils remplissent toutes les histoires et tous les romans. Il n'y a place que pour eux dans les gazettes et dans les satires.

Mais où sont donc Eustache, Baptiste, André, Pierre, Nicolas, Mathieu et les autres? Où sont Louise, Marie et Jeannette? Où est le peuple, enfin?

Qu'a-t-on fait du dix-huitième siècle des mansardes, des greniers, des cabarets, des échoppes remplies de toiles d'araignée et de plaintes? Qu'a-t-on fait du dix-huitième siècle des pauvres diables, des ouvriers, des filles mendiantes? du dix-huitième siècle en mains rouges, qui avait des taches de travail à ses vêtements, silencieux, résigné, mais qui s'épandait si largement sur le pavé de Paris les grands jours de fête? Où est le dix-huitième siècle du peuple?

Il disparaît dans l'orbe lumineux de la cour. Les poëtes chantent Eglé et composent des tragédies qui se passent dans des temples. Les romanciers font des romans qui se passent chez les Turcs, et dont les héros s'appellent Acajou, Aloès ou Colibri. En cela, ces écrivains, nés du peuple eux-mêmes, fils de paysans ou de boutiquiers pour la plupart, méritent un blâme sévère. La vanité les a perdus. Ils ont préféré se mettre les derniers à la queue du roi que les premiers à la tête du peuple. L'antichambre l'a emporté sur la rue; ils ont été élégants, aveugles et futiles à plaisir.

Ouvrez, consultez les annales : presque tout le dix-huitième siècle se passe entre la cour et les philosophes. Du peuple, il en est à peine question.

Personne ne s'en occupe. On ne sait ce qu'il fait, ni ce qu'il dit, ni ce qu'il pense.

Lui-même, d'ailleurs, semble s'oublier, s'annihiler complétement. Il n'a plus cet esprit querelleur du temps de la Fronde; il n'a plus cette humeur insolente et basse du temps de la régence. Il n'écume plus à la surface des événements politiques. Jusqu'aux trois quarts du siècle, il faut chercher le peuple dans les coins obscurs des pamphlets ou dans les *Sottisiers,* recueil de chansons grossières, mais caractéristiques. Il faut le chercher jusqu'au moment où on le rencontre derrière le cercueil de Louis XV, qu'il escorte en riant et en chancelant, une bouteille à la main. Alors seulement on voit le peuple, et on le voit bien, car cette fois il barre le chemin et force les regards. On plonge jusqu'au cœur de sa vie passée et de sa vie présente. Il surgit tout d'un coup et tout d'une pièce avec ses vices, avec sa haine, avec sa colère tardive, avec sa vengeance qui boite, avec sa joie sacrilége et grosse des douleurs futures.

Qu'on ne s'étonne donc pas si, à partir de ce moment, le peuple fait de larges irruptions dans cette histoire. Nos mains habituées aux rampes dorées des hôtels vont s'appuyer plus souvent sur le bois humide ou sur la corde des escaliers obscurs. La vie va se montrer sous ses aspects dénudés ; et l'heure est venue où le fard tombera des joues, comme le plâtre des plafonds.

Suivez-nous donc, pour commencer, chez l'homme que nous avons laissé au *Grand-Vainqueur,* brisant les quinquets et renversant les tables, chez François Soleil.

Nous assisterons à un drame intime, à un drame populaire.

François Soleil occupait avec sa femme un deuxième étage de la rue des Prouvaires, une des rues les plus animées et les plus populeuses du quartier Saint-Honoré, mais aussi une des plus sombres, une rue qui sent le chiffon, la lessive, la cuisine éternelle, tout ce qui constitue les rouages grossiers de la vie. C'est une des rues de Paris dont les maisons sont le plus misérablement habitées par en haut; on le reconnaît à la quantité de marchands d'habits qui y passent et repassent, thermomètre certain de la pauvreté.

En effet, le marchand d'habits, avec sa chanson criarde et incessante, est plus cruel que le mont-de-piété, qui ne dit mot et qui attend; le marchand d'habits est impitoyable, il s'arrête, il interroge de l'œil les mansardes, il les interpelle à haute voix; il vous tourmente, il vous rappelle votre indigence à chaque instant du jour; si vous êtes endormi, il vous réveille; si vous n'êtes pas chez vous, il repassera dans une heure, dans deux heures, dans trois heures, lui ou un autre : « Marchand d'habits ! Vieux habits à vendre ! » Et ainsi de suite jusqu'au soir. Il n'aura pas de repos que vous ne lui ayez vendu votre vieil habit ou votre vieille robe. Au bout de la journée, le marchand d'habits rentre chez lui, chargé de toute la misère des greniers de Paris: dentelles de noces vendues en pleurant, humbles vestes recousues aux coudes, langes des enfants morts, et même quelquefois langes des enfants vivants. A son tour, il les monte et les enfouit aussi lui dans son grenier. Le lendemain il recommence.

L'appartement des époux Soleil se composait de trois ou quatre petites pièces meublées commodément, mais avec simplicité, d'un aspect un peu froid et qui s'harmoniait avec les temps de pluie.

Il faut avoir vingt ans, rêver l'avenir rose, être amoureux avec délire ou ambitieux avec rage, pour vivre heureux dans ces chambres glaciales, qui seraient des prisons si elles avaient des barreaux. Les murs, dont on entend s'égrener la poussière derrière les tapisseries parcheminées et flasques, semblent vous gronder de vos éclats de rire et vous en vouloir de vos pensées d'espérance. Mettez-vous aujourd'hui des rideaux blancs à votre fenêtre, ils seront gris demain, après-demain ils seront jaunes. Le plancher et le plafond adorent les reflets tristes de la chandelle, cette maigre chandelle des pauvres gens qui appelle les fantômes du désespoir, fatigue les yeux, et fait sortir de tous les trous une légion d'insectes timides et d'araignées rêveuses.

C'était là-dedans que François Soleil avait logé sa jeune femme, par la raison que la rue des Prouvaires n'était ni trop près ni trop loin de l'hôtel de M. de Noyal-Treffléan. C'était là-dedans que Christine, enterrée vivante, voyait s'écouler lentement ses jours depuis huit ans bientôt.

L'histoire du mariage de François Soleil avec cette pauvre créature est une chose touchante. Un soir de dimanche, comme il sortait de l'hôtel de M. de Noyal-Treffléan, le cœur gros des actions de la semaine, il entra dans une rue presque déserte où cinq ou six petites filles dansaient une ronde en chantant. Il s'arrêta à les regarder, rêveur, à quelques pas d'elles. C'était en été, l'air était tranquille et doux; tout dans cette petite rue, aux magasins fermés, respirait un bon parfum. Les jeunes filles s'en donnaient à cœur joie dans leurs belles robes blanches volantes. François, adossé contre une maison d'en face, suivait depuis quelque temps leur cercle d'un air envieux, — lorsqu'une d'entre elles, la plus grande, une enfant de quinze ans, se détacha tout à coup de ses compagnes, vint à lui, et le saluant de son plus angélique sourire :

— Voulez-vous danser avec nous, monsieur ? lui dit-elle.

Il ne répondit rien, tant il se sentait ému, mais il se laissa prendre la main et entraîner dans ce groupe charmant...

Ce fut pour lui une heure divine ; il lui en vint aux yeux des larmes d'attendrissement et de bonheur.

Celle qui l'avait invité si naïvement était la fille d'un artisan usé par le travail et ne vivant guère qu'au jour le jour. François Soleil alla le voir le lendemain. Dès qu'elle l'aperçut, Christine se prit à rougir et se prit à trembler.

— Que voulez-vous ? demanda le père.

— Être votre gendre.

— Rendrez-vous ma fille heureuse ?

François Soleil se tut un instant ; puis il répondit :

— Je l'aimerai.

— Pouvez-vous lui donner par ci par là quelque chiffon, un bonnet nouveau, quelques fanfreluches à la mode ?

— Tout ce qu'elle voudra.

— Prenez-la donc, si elle y consent.

Ainsi fut conclue cette union dont le ciel détourna les yeux, et qui ne devait amener que de funestes fruits.

Quelques mois après, le père de Christine mourut. Il mourut de travail, ce qui est parfois une maladie. Sur le lit de sangle où il couchait depuis sa jeunesse, mais où il ne dormait plus depuis sa vieillesse, les derniers conseils qu'il donna au mari de sa fille furent ceux-ci :

— Ne brutalisez pas trop Christine... Passez-lui quelque chose de temps en temps... Elle vous aime, c'est le principal... Vous, restez un honnête homme, mais ne soyez pas toujours distrait et sombre comme on vous voit ; que la joie de votre cœur monte plus souvent à votre front et à vos lèvres... Adieu, adieu... Donnez mon nom à votre premier-né.

Ce dernier vœu ne fut pas plus réalisé que les

autres. Depuis huit ans, huit siècles ! Christine n'avait pas rencontré un jour de bonheur ou simplement de gaieté. Dieu lui avait refusé un enfant ; et sa jeunesse s'en allait, feuille par feuille, sourire par sourire, rongée par l'ennui, comme une fleur rongée par un ver. Cependant Christine était née pour le plaisir et pour la vie en dehors, elle avait l'allégresse sur la bouche, la santé sur les joues. Il semblait qu'elle ne fût venue au monde que pour y briller et pas pour autre chose. Toute jeunette, quand elle mettait une robe, ce n'était pas pour s'habiller, c'était pour s'en parer. Et son plaisir à elle coûtait réellement si peu de chose ! C'était moins que rien, le grand air, une promenade avec quelques rubans neufs sur la tête, la grand'messe de Pâques, enfin le bruit, la vivacité, la compagnie, tout ce qui est l'existence des femmes. Christine eut tout cela, jusqu'au jour de son mariage.

Dès qu'elle fut mariée, adieu le plaisir et les beaux rêves ! Il fallut que ses yeux si limpides et si brillants s'habituassent au vide et au noir ; elle ne vécut alors positivement ni pour elle ni pour les autres, elle vécut pour la vie, ce qui est le pire destin. Ce n'était pas qu'elle eût de la répugnance pour son mari. Au contraire. Elle n'aimait et n'avait jamais aimé que lui. Mais elle sentait qu'entre eux deux il y avait quelque chose de funeste. Cet amour comportait du malaise. François ne rentrait au logis que fatigué de ses luttes avec l'impossible, et trouvant une créature naïve qui l'interrogeait involontairement de son regard doux et curieux, malgré lui sa conscience se révoltait au contact de cette innocence qui semblait deviner ses anxiétés et en avoir compassion.

Ainsi l'on conçoit que ce fut avec ivresse que Christine s'attacha à Trois-Mai, amie inattendue et consolatrice envoyée par le ciel.

Elle ramassa cette affection, comme une négresse un bijou perdu. Trois-Mai devint sa poupée, pour la toilette de laquelle elle eût mendié de la dentelle et du satin ; elle lui avait donné tout ce qu'elle avait de plus beau, et il avait bien fallu que celle-ci acceptât, car Christine était violente dans ses bons mouvements, comme François Soleil dans ses mauvais.

La vie de ces deux femmes se passait dans une rêverie agissante et parlée ; elles voyageaient continuellement dans le cœur l'une de l'autre, et y faisaient chaque jour les plus ravissantes découvertes.

Leurs amusements uniques étaient la chanson et la danse. — Christine avait absolument voulu apprendre à danser à Trois-Mai, — la chanson à voix basse, la danse au pied furtif, lorsque le verrou est tiré sur la porte. Je ne sais pas si je vous fais bien comprendre ces deux figures, ange et oiseau, ces deux sœurs de souffrance et de candeur...

Pour donner une joie à Trois-Mai, pour voir un sourire dans ses yeux, Christine eût accompli des prodiges, réalisé des choses fabuleuses, comme par exemple d'avoir une volonté et de l'opposer à celle de son mari.

C'était ce qu'elle avait fait la veille en allant au bal du *Grand-Vainqueur*. Seule, elle ne l'eût certainement pas osé. Mais en songeant au plaisir et aux étonnements que ne manquerait pas d'éprouver Trois-Mai, elle n'avait pu résister au désir de lui procurer ce qu'elle croyait être la plus somptueuse des sensations humaines.

Nous savons comment se termina cette fête si

joyeusement commencée, et les faits qui s'ensuivirent.

Il n'était pas venu de pensées de jalousie à Christine en voyant la sollicitude de François Soleil pour Trois-Mai. Néanmoins cette sollicitude s'était manifestée au *Grand-Vainqueur* d'une si étrange façon et avec un tel emportement, qu'elle ne put se défendre le lendemain de chercher le mot de cette énigme.

Elles étaient assises toutes deux auprès d'une fenêtre qu'elles avaient ouverte, pour voir par-dessus les maisons voisines un coin du ciel brodé de nuages blancs et gris.

Elles se regardaient, ne sachant par quel bout entamer le gâteau de leur confidence.

— T'es-tu un peu amusée, hier soir? demanda Christine.

— Oh! je vous assure! répondit la jeune fille après une courte hésitation consacrée à savourer le délicieux souvenir de la veille.

— Trois-Mai, je te l'ai déjà dit, je veux que tu me tutoies.

— C'est vrai, je l'avais oublié.

— Que te disait le jeune homme avec qui tu as dansé ?

Trois-Mai rougit.

— Ai-je été indiscrète? demanda Christine.

— Non, tu ne saurais l'être avec moi que tu aimes et protéges comme ferait une sœur aînée.

— Mais alors, si tu veux bien me regarder comme ta sœur, tu me permets, n'est-ce pas, de te donner de bons conseils ?

— Oh oui !

— Eh bien ! il ne faut pas écouter les jeunes gens, jamais; il faut rire de leurs fleurettes, vois-tu, car c'est tout l'un ou tout l'autre : si on n'en rit pas, on en pleure.

— Cependant, Christine, quand on veut être un jour mariée comme toi, il faut bien écouter une fois celui qui doit vous prendre pour sa femme.

— Si on veut être heureuse, il faut rester fille.

— Vraiment ! n'es-tu pas contente d'être madame Soleil ?

— Certainement, je ne puis pas dire que je sois malheureuse, dit Christine avec un sourire frère d'une larme ; mais malgré tout, il y a une différence entre la vie que je mène aujourd'hui et le temps où je dansais devant la maison de mon père.

— M. Soleil est peut-être vif quelquefois?...

— Tu as pu t'en apercevoir déjà, mais il n'y a pas que sa vivacité qui m'afflige; figure-toi que sa vie est un mystère impénétrable pour moi; souvent une bonne action que je lui ai vu faire la veille se transforme le lendemain en une combinaison inconcevable.

— N'est-il pas, comme tu me l'as dit, aux gages d'un grand seigneur très-riche?

— C'est ce qu'il prétend.

— Pourquoi ce doute?

— Il est tant de choses que je ne comprends pas dans la conduite de mon mari! Et dire, qu'en ce moment si j'osais, je pourrais... Tiens, Trois-Mai, tu es jeune, mais, à mon tour, je vais te demander un conseil.

— A moi? dit la jeune fille.

— Oui, écoute. Tu vois ce petit coffre, là, au coin?

Christine désignait un meuble en bois de chêne, riche de ferrures, sinon de formes.

— C'est là que François cache un livre, une sorte

de journal sur lequel il écrit tous les jours ce qu'il fait pour M. le duc de Noyal-Treffléan.

— Mon Dieu! dit la jeune fille avec un enthousiasme d'enfant, que j'aimerais à m'appeler ainsi!

— L'ambitieuse!

— Mademoiselle de Noyal-Treffléan! ça sonne comme un carillon de Noël... Mais continue donc.

— Ce coffre n'a jamais été ouvert par moi. Mon mari en garde la clef, comme un avare celle de son trésor. Eh bien! si je le voulais, je pourrais y fouiller à mon aise.

— Il a oublié de le fermer?

— Non, mais il a laissé tomber ceci.

En même temps Christine montra une petite clef polie par l'usage.

— Mais es-tu bien sûre que ce soit justement la clef de ce coffre? interrogea Trois-Mai.

Christine fit un signe de tête affirmatif.

— Comment le sais-tu?

— Tout à l'heure, j'ai essayé de l'introduire dans la serrure, et...

— Et?

— La clef est entrée.

18

— Curieuse! dit Trois-Mai en riant.

— Puis, la clef a tourné, continua Christine en baissant la tête.

— Ah! la clef a tourné?

— Oui, une fois d'abord... et une autre fois ensuite. Le couvercle a cédé. Alors...

— Alors, tu as levé le couvercle?

— Non, répondit Christine.

— Non?

— J'ai entendu du bruit, la peur m'a prise, et je n'ai eu que le temps de le laisser retomber.

— Ah! s'écria Trois-Mai, tu vois bien que tu avais levé le couvercle.

— Oh! si peu, si peu!...

— Enfin, voyons la suite.

— Quand je n'ai plus rien entendu, je me suis rassurée, j'ai rougi de mon indiscrétion, et j'étais bien résolue à ne plus jouer désormais le rôle de la septième femme de Barbe-Bleue.....

— Lorsque?

— Je me suis aperçue qu'un papier passait...

— Aïe! aïe!

— Dans ma précipitation à refermer le coffre je

n'y avais pas pris garde. Juge du danger que j'aurais couru si je ne m'en étais aperçue à temps !

— Enfin, ce papier ?

— Ce papier... c'était un cahier.

— Bon ; mais ce cahier ?

Christine hésita un moment ; puis, toute confuse :

— Le voilà, dit-elle.

Trois-Mai ne put s'empêcher de partir d'un éclat de rire qui alla briser ses notes argentines contre les murs renfrognés.

Christine la regardait avec étonnement.

— Que faire ? dit-elle.

— Dame ! il faut lire.

— Tu crois ?

— Assurément.

— Je n'ose... fit la jeune femme.

— Pourquoi cela ?

— Si mon mari venait à l'apprendre et à se fâcher ?

— Alors, ne lis pas.

Christine leva sur Trois-Mai un éloquent regard.

— Trois-Mai, dit-elle, tu as tort de t'amuser de mon embarras ; je souffre, bien vrai !... Si jamais tu es mariée, écoute ce que je dis, tu te souviendras de mes inquiétudes et peut-être alors ne riras-tu pas autant.

Ce peu de mots avaient été prononcés d'un accent triste et simple, qui alla au cœur de Trois-Mai. Elle demeura les yeux vagues, et comme réfléchissant.

Tout à coup elle saisit le manuscrit qui était dans les mains de Christine.

— Lisons, dit-elle; car à ta place, oui, je le sens, j'aurais fait ce que tu as fait.

Christine poussa un cri de joie.

— Lisons! répéta-t-elle.

Les deux jeunes femmes se rapprochèrent et placèrent le manuscrit sur leurs genoux. Trois-Mai le tenait d'une main, tandis que de l'autre elle entourait les épaules de son amie.

Elles commencèrent.

Christine lisait à voix haute, en se guidant du doigt.

Trois-Mai suivait du regard.

Voici quelques fragments de cet écrit. Certains d'entre eux ont la valeur d'un document historique et ont occupé jadis les libellistes.

C'est la crème et la quintessence du panier des extravagances du dix-huitième siècle.

En tête de la première page on voyait :

DU MOIS DE JUILLET AU MOIS D'OCTOBRE.

Nous transcrivons au hasard :

« 4 juillet. — Après de vaines tentatives, je suis enfin parvenu à susciter une rencontre entre M. le duc et la célèbre personne connue sous le nom de chevalière ou chevalier d'Éon. La chevalière avait une robe à la circassienne, relevée par des nœuds de perle ; elle portait à la main un bouquet de fleurs qu'elle a jeté nonchalamment au moment du combat. M. le duc en a été quitte pour un coup d'épée à l'épaule gauche.

» 7 juillet. — Fait conduire M. le duc, dans une voiture escortée et fermée, chez les trappistes du couvent de la Meilleraye. M. le duc y est resté trois jours, et en est parti le quatrième, emmenant avec lui deux frères qu'il était parvenu à détourner de la voie pieuse.

» 20 juillet. — Pendu M. le duc pour la première fois.

» 1ᵉʳ août. — Procuré à M. le duc, pendant la nuit, des visions enchanteresses en manière de songe. Le ciel de son lit s'est ouvert par un mécanisme ingénieux, et a laissé voir à ses regards un autre ciel bleu, rose et étincelant, peuplé de personnages animés, rempli de chants d'oiseaux et parfumé des odeurs les plus divines. Une nymphe s'est détachée, en effeuillant des roses jusqu'à ce que le lit s'en trouvât couvert. Alors, par des teintes et des gradations presque insensibles, les nuages ont pâli, les étoiles ont fermé l'œil, et nymphes, fleurs, oiseaux, tout a disparu.

» Premier lundi d'août. — Visite à madame Pleuret, rue des Deux-Écus. L'industrie de cette femme est originale et nouvelle. C'est la directrice des Ressembleuses. Elle cherche partout les filles qui ressemblent aux plus belles femmes de la cour et de la ville. Elle les habille comme elles, leur fait affecter le même son de voix, adopter les mêmes tournures de phrases, les mêmes mots favoris. L'illusion est complète autant que possible. Rien n'égale en ce genre l'habileté de madame Pleuret, qui est riche et qui fait son métier en grand; c'est une artiste véritable.

Elle a ainsi vendu en effigie les beautés les plus considérables du royaume, la reine, la duchesse de Polignac et plusieurs autres. Tous les Ixions, amoureux de nuages peints, abondent chez elle. Madame Pleuret est en relation suivie avec les femmes de chambre et les laquais de grandes maisons; par conséquent elle se charge de fournir à toutes les commandes et cela dans le plus bref délai.

» Demandé pour M. le duc la princesse de L***.

» Pris note par madame Pleuret de cette fourniture, et renvoyé à quinze jours.

» 19 août. — Pendu M. le duc pour la deuxième fois.

» 3 septembre. — M. le duc s'est réveillé ce matin sur l'arête du toit de la Sainte-Chapelle, où je l'avais fait lier solidement. Il a d'abord manifesté quelque surprise en se voyant ainsi, puis il a crié; mais comme le temps était fort beau et que cinq heures venaient à peine de sonner, il a fini par prendre tranquillement son parti et par se rendormir. Une heure après, sa respiration était mesurée et douce comme celle d'un enfant.

» 6 septembre. — Donné à M. le duc une fête mythologique, d'après les plus célèbres écrivains de l'antiquité. Au point du jour, M. le duc s'est trouvé sur un rivage inconnu; une robe de laine blanche ceignait son corps; ses pieds posaient sur des sandales.

» Avant qu'il ait eu le temps de se rendre compte de sa situation, une barque conduite par un vieillard à la barbe neigeuse, s'est dirigée vers lui.

» — Qui es tu? lui a demandé M. le duc.

» — Je suis le fils de la Nuit et de l'Érèbe, je suis Caron.

» La barque dans laquelle est entré M. le duc a lentement sillonné les eaux, pendant que plusieurs ombres, nageant vers elle, s'épuisaient en efforts désespérés pour se cramponner à ses bords. Le nocher s'est montré impitoyable et les a repoussées maintes fois de l'aviron...

» Ensuite on a traversé le Tartare, qui était représenté dans toute son horreur : ténèbres souterraines, bruit de chaînes, grands brasiers vomissants, sanglots et figures tordues, corps calcinés, rochers couverts de cendre rouge, abîme de couleuvres, roues tournantes, marais infects, basphèmes et gémissements sans fin.

» Un démon guidait M. le duc dans ce labyrinthe effroyable, et le trio des Furies agitait ses torches pétillantes en le précédant.

» M. le duc, qui était demeuré froid jusqu'alors, a paru goûter quelque agrément en se trouvant tout à coup dans les Champs-Élyséens.

» Un vent mélodieux comme le soupir d'une flûte circulait sous les bosquets en fleur d'un jardin à perte de vue. Il y avait des groupes d'hommes qui étaient assis sur le gazon : ils portaient la tunique aux manches courtes et étaient couronnés, les uns de violettes, les autres de narcisses mêlés au lierre.

» M. le duc s'est approché d'eux en les interrogeant. C'étaient Laërte, Platon le grand, Ménandre, Arétin, Philibert Delorme et le léger Hamilton ; leur conversation l'a surpris et intéressé au dernier point ; et il ne serait pas du tout impossible que M. le duc eût pu se croire, du moins pendant quelque minutes, retranché pour tout de bon du nombre des vivants.

» Un banquet, auquel les sept sages de la Grèce sont venus le prier gracieusement, a continué l'illusion, en imprimant toutefois une direction plus humaine à ses plaisirs.

» Les vins dorés de l'Archipel ont abondamment coulé dans les coupes d'argent, d'onyx et d'or; les parfums asiatiques ont brûlé sur des trépieds, et des joueurs d'instruments cachés dans le feuillage ont enivré les convives de riantes harmonies. Hamilton et Laërte sont tombés sous la table.

» La fête s'est terminée par un ballet général, auquel est venue s'adjoindre la société de madame de Lauraguais (qui avait prêté son parc à cette mascarade), ainsi que la plupart des sujets de l'Opéra, déguisés tous, hommes et femmes, en égypans et en bacchantes.

» 8 septembre. — Pendu M. le duc pour la troisième fois. »

Christine et Trois-Mai s'étaient arrêtées après ce passage; leurs yeux se levèrent et se rencontrèrent pour échanger une expression d'étonnement.

En effet, ce journal devait leur paraître bizarre : quelles folies! quels plaisirs! çà et là, il est vrai, une couleur douteuse ou une gouttelette de sang. Mais pouvaient-elles croire à la réalité de ces récits, tout au plus comparables à ceux de M. Galland ?

— Allons ! c'est un roman que fait ton mari, dit Trois-Mai.

— Tu crois ?

Christine était pensive.

— Comment veux-tu qu'il en soit autrement? Ce réveil sur un toit, cette barque à Caron, et ce refrain d'un pendu !

— Je t'ai dit, Trois-Mai, que mon mari était l'agent de M. le duc de Noyal-Treffléan. Cet écrit nous indique la nature de ses rapports avec ce grand seigneur.

— Mais, Christine, songe donc à tout ce qu'il y a d'extraordinaire dans ce que nous venons de lire.

— J'avoue que cela dépasse mon intelligence.

— Voyons plus loin, dit Trois-Mai.

— Tu as raison.

Elles reprirent leur lecture après avoir tourné plusieurs feuillets.

« 10 septembre. — Avoir jeté M. le duc dans la Seine et l'avoir servi comme un poisson au souper de M. Grimod de la Reynière, où il n'a repris ses sens qu'au moment d'être mangé par les convives. »

— Quel duc original ! dit Trois-Mai.

Christine continua :

« 11 septembre. — Visite au docteur Champdoiseau... »

— Le docteur Champdoiseau! s'écria la jeune fille.

— Tu le connais ?

— C'était mon protecteur à l'hospice, mon ami. Oh! voyons! voyons!

« Les révélations du docteur m'ont appris un important secret, au sujet de cette jeune fille que M. le duc avait fait jeter hier soir dans Paris, seule, sans pain, sans argent, et que j'ai fait conduire chez ma femme... »

Christine se tut et se tourna vers Trois-Mai.

— C'est de moi qu'il s'agit, dit celle-ci en frémissant malgré elle.

La main de Christine saisit celle de l'enfant.

— C'est de nous, dit-elle; ce qui te regarde me regarde, et ce qui te frappe me frappe aussi.

Mais une pâleur subite avait remplacé sur les joues de Trois-Mai les vives couleurs qu'y avait versées sa gaieté d'auparavant.

— Moi, j'étais sous la puissance de ce duc! pensait-elle épouvantée.

— Comment se fait-il ?

— Vois donc encore, je t'en supplie.

« Le parti que je peux tirer de cette découverte, lut Christine, est immense et équivaut à une fortune. Je dois cacher avec soin le secret de la naissance de Trois-Mai jusqu'au jour où... »

Elle s'interrompit pour porter la main à son cœur qui défaillait.

— Lis donc, murmura la jeune fille avec anxiété.

Mais le livre tremblait tellement entre les doigts de Christine qu'à son tour Trois-Mai fut obligée de le prendre. Un intérêt puissant lui serrait l'âme; elle ne respirait plus. Encore une ligne, et elle allait savoir quel lien existait entre elle et ce grand seigneur qui semblait s'être délecté de ses misères. Encore une ligne, et elle allait savoir si elle devait être fière ou honteuse de son origine, si elle devait relever la tête ou l'incliner davantage.

Elle cherchait cette ligne, lorsque tout à coup la porte de la chambre s'ouvrit et François Soleil apparut sur le seuil. Il s'arrêta immobile. A la vue de ces deux femmes serrées l'une contre l'autre, frissonnantes et dévorant d'un œil effaré les pages de son infâme manuscrit, il comprit tout. Sa face blanchit, ses nerfs tressaillirent.

D'un bond il s'élança vers l'endroit où Christine et Trois-Mai étaient assises.

— Malheureuses! cria-t-il.

Et sautant de ses deux mains sur le cahier révélateur, il le ressaisit avec rage et l'enfouit dans sa poitrine.

Les deux jeunes femmes se rejetèrent sur leurs chaises, pâles et agitées d'une inexprimable terreur.

— Sortez! dit-il à Trois-Mai après un instant de silence effrayant pour tous les trois.

Puis, comme la pauvre fille ne remuait pas plus que si elle eût été de pierre, il la prit par la main et la conduisit jusqu'à la chambre voisine, dont il ferma la porte au verrou.

Il revint devant sa femme.

Ce qu'il éprouvait alors, nul langage humain ne saurait l'exprimer; c'était de la honte, de la confusion, de la crainte et du désespoir. Aux yeux de Christine il sentait qu'il n'était plus qu'un monstre maintenant, que tout amour lui était désormais fermé, tout respect impossible. Le hasard lui avait arraché son masque, et la laideur de son âme apparaissait entière. Ses dents se choquaient. Il avait froid. On aurait dit la colère décontenancée d'un serpent dont un coup de pioche vient d'exposer au grand jour le ténébreux retrait.

Enfin il balbutia :

— Avez-vous... tout... lu?

— Non, répondit faiblement Christine, qui n'osait le regarder en face.

— Avez-vous lu ce qui concerne Trois-Mai? demanda-t-il encore.

— J'allais tout apprendre lorsque vous êtes entré.

Il respira.

— Ainsi vous ne savez rien sur elle, sur sa naissance?

— Rien.

François Soleil fit deux ou trois fois le tour de la chambre. Au dernier tour il s'arrêta : sa femme fondait en larmes.

Il prit une chaise et s'assit dans un coin, sans mot dire, comme pour laisser à cette douleur le temps de se passer. Ainsi font les hommes.

Quand il crut le moment venu :

— Christine, dit-il doucement, Christine!

Pas un souffle, pas un geste.

Il se leva et chercha à lui prendre la main. A ce contact inattendu elle palpita, une horreur involontaire s'empara d'elle, et sa tête se redressa. François Soleil recula par un mouvement machinal et honteux. Il venait de lire sa condamnation dans un regard de sa femme.

Aussitôt la brutalité rentra chez lui, en même temps que la nette perception de son infamie. Le sang lui arriva aux yeux, et il donna un grand coup de poing sur la table.

— Pardieu! je vous trouve bien imprudente et bien hardie de vous mêler de mes affaires. Qui vous a donné ce droit de fouiller ainsi dans mes actions et de chercher à pénétrer ma conduite? Pourquoi profiter de mon absence? Ai-je jamais refusé de répondre à vos questions, et ne pouviez-vous me demander ce que vous teniez tant à savoir? Mais non, non! il vous fallait la ruse et la désobéissance. Vous savez tout, à présent. Eh bien! en êtes-vous plus avancée?

A mesure qu'il parlait, son débit devenait précipité ; il se familiarisait avec son courroux.

— Vous vous trouviez trop heureuse comme cela, n'est-il pas vrai? La tranquillité vous pesait, sans doute. Il est des femmes qui préfèrent le malheur au repos. A présent, vous n'avez plus rien à désirer, vous êtes satisfaite ; vous avez de quoi pleurer, c'est une occupation. Ah ! vous voilà bien toutes, machines à sensibilité, toujours en quête d'un motif de douleur ! Il faut que votre cœur mange incessamment, qu'il ait, comme votre corps, sa pâture quotidienne ; et lorsque vous avez passé un jour sans lui donner un soupçon, ou une inquiétude, ou un projet à dévorer, vous vous croyez mortes ou perdues !

Il la regarda.

— Mais parlez donc au moins ! dites donc quelque chose ! cherchez donc à vous défendre ou à vous excuser !

Au lieu de lui répondre, Christine, dont les yeux avaient séché à ces paroles, se leva d'un pas ferme.

— Où allez-vous? dit-il en se mettant devant elle.

— Je m'en vais.

— Christine !

— Je ne peux plus vivre ici; je veux partir avec Trois-Mai.

— Christine!

— Vous m'avez trompée indignement, et je me déshonorerais en restant un instant de plus.

François Soleil était hagard; il passa deux fois la main sur son front, comme pour rappeler une idée, une phrase, un mot.

— Écoutez-moi... murmura-t-il.

Sa femme, ayant levé les yeux sur lui, en eut pitié. Elle l'écouta.

— Vous me haïssez donc bien? demanda-t-il presque en tremblant.

— Je ne vous aime plus.

Il chancela comme s'il eût reçu un coup de couteau, et il étouffa un gémissement.

— En vous épousant, continua Christine, j'avais cru épouser un honnête homme; vous avez abusé mon père, vous m'avez abusée; il ne doit plus y avoir rien de commun entre nous.

— Un... honnête homme! répéta François Soleil qui se redressa à ce mot; et qui vous dit que je pouvais être un honnête homme? Qu'en savez-vous?

Croyez-vous que c'est toujours par plaisir qu'on se fait lâche ou coquin? Qui vous dit que je n'ai pas essayé d'être un honnête homme et que la fatalité ne s'est pas mise en travers de mes bonnes intentions? Non, je ne pouvais pas être un honnête homme, je ne pouvais pas! je ne pouvais pas! entendez-vous?

Christine hocha la tête incrédulement.

— Ah! vous ne me croyez pas! Il vous paraît que l'honnêteté est une chose naturelle, parce que vous l'avez trouvée en vous, au matin de votre vie, et que personne ne l'a empêchée de croître. Cela ne vous a rien coûté et vous croyez que cela ne coûte rien aux autres. Allez, mon vice est plus à plaindre que votre vertu n'est à louer. Vous n'avez pas eu d'efforts à faire, vous, pour être aimante et bonne; nul n'a jamais empêché votre sourire; à peine venue au monde, quelqu'un vous a prise sur ses genoux en vous faisant sauter; vous appartenez à cette nature de filles du peuple issues de pères laborieux et de mères respectables. Pourquoi donc n'auriez-vous pas été honnête? Et moi, pourquoi l'aurais-je été? Je suis né au plus bas de l'échelle humaine, dans la boue, par hasard; j'ai été accueilli comme un fardeau, délaissé comme un rebut. Au moins, vous, Christine, vous avez eu autrefois quelques journées de bonheur, lorsque vous étiez petite. Mais moi, je n'ai eu ni enfance, ni jeunesse. Ma mère était méprisable, et j'avais beau faire, je ne pouvais pas l'aimer ; d'un regard elle me faisait rentrer toute ma tendresse au ventre. Un soir que j'étais affamé de tendresse, j'essayai de l'embrasser pendant qu'elle dormait ; elle se réveilla, et, s'armant d'un balai, elle me mit tout le corps en sang. Voilà ce que c'était que ma mère. Allez donc chercher de la graine d'honnête homme parmi ceux que l'on élève ainsi ! La pensée ne m'est venue que par la souffrance. Au moins, vous, il vous revient quelquefois sur la figure, ne fût-ce que lorsque vous dormez, il vous revient d'anciens sourires ; je vous en ai vu. Mais moi, mes sourcils sont restés froncés depuis ma naissance ; le cri perpétuel a déformé ma bouche et fendu mes lèvres ; mes joues ont pâli sous les soufflets et sous les pleurs. Et puis, quelle éducation m'a-t-on donnée ? quels principes ai-je reçus ? quels exemples m'a-t-on dit de suivre ? Je n'ai jamais rencontré que des gens grossiers, des imbéciles et des criminels. Si le ciel voulait faire de moi un honnête homme, il fallait qu'il s'y prit autrement, car il en est des hommes comme des fruits qui pourrissent à côté des mauvais. J'ai eu tous les bons instincts, et tous les bons instincts ont été tués en moi, un à un jusqu'au dernier. Personne n'a voulu plus fermement que moi l'honnêteté, soyez-en certaine, Christine, et personne plus que moi n'en a été incessamment détourné comme par un bras de fer. J'ai du courage pourtant, un courage atroce. Mais entendez donc incessamment le chant des bourses d'or secouées à vos oreilles ! Essayez donc de dormir sur un grabat gonflé de tentations ! J'ai cédé, mais au dernier moment, mais après avoir défendu le terrain pied à pied, acculé contre la mort !

Cette fois, Christine l'écoutait attentivement, mais elle ne le comprenait pas, ou elle ne voulait pas le comprendre. Si, devant elle, quelque chose pouvait plaider pour lui, c'était son accent plutôt que ses paroles, c'était son visage plaintif, c'était son geste amer. Elle ne bougeait pas.

— Allons, Christine, reviens à la raison, essaya-t-il de dire ; il ne faut pas t'affecter comme cela. Demain tu n'y penseras plus. Les meilleurs ménages ont leurs mauvais jours.

Et il fit un effort pour sourire gaiement.

— J'ai eu le tort de te parler trop haut ; une autre fois je me contiendrai mieux ; ce n'est que le premier mouvement. J'espère que tu ne m'en garderas pas rancune. Tiens, rends-moi la clef, afin que je serre ce cahier qui a été la cause de notre querelle.

Christine fouilla dans sa poche et tendit la clef. Il la prit. Son regard tâcha de surprendre le sien, mais vainement. Il alla droit au coffre, devant lequel il fut obligé de s'agenouiller. Pendant cette opération, Christine s'écria soudainement en cachant sa figure :

— Oh ! c'est un métier abominable !

— Je le sais bien, dit-il sans se retourner, mais je n'ai pas pu en trouver d'autre.

— Vous n'avez donc pas d'âme ?

— Plût au ciel que je pusse dire non !

Le coffre était fermé ; il se releva.

— Eh bien ! si vous voulez me le prouver, reprit-elle, laissez-moi partir avec Trois-Mai.

— Encore !

— C'est la seule grâce que je vous demande.

— Où irez-vous ?

— Je l'ignore, mais qu'importe !... François, je vous en prie....

— Eh bien ! non, s'écria-t-il impétueusement, vous ne partirez pas, je ne le veux pas. Vous êtes mon bien et ma chose. Pourquoi vous ai-je prise, après tout ? ce n'est pas pour votre plaisir, c'est pour le mien. Vous ne partirez pas.

— O mon Dieu ! murmura Christine.

— Vous m'êtes nécessaire ; j'ai besoin de vous voir, de vous parler. Tant pis si cela vous déplaît. Vous savez bien que je n'ai que vous au monde. Je me suis habitué à votre visage, à votre voix si douce, à votre manière de parler, de sourire, de marcher, à tout ce qui est vous enfin. J'aime jusqu'à vos pleurs et à vos plaintes. Moitié de ma chair, vous devez souffrir ce que je souffre, saigner là où je saigne, tomber là où je tombe. Appelez-moi démon, je le veux bien ; mais si démon que je sois, j'ai besoin chaque jour de ma part de paradis : il me la faut, dussé-je la prendre de force, car il est trop clair que je ne l'aurai pas dans l'autre monde.

— Oh ! taisez-vous, taisez-vous....

— Il me faut votre bonté et votre douceur après une journée de honte. Au bout de mon désespoir, il me faut votre radieuse insouciance et votre tranquillité d'âme. Vous ne pouvez pas partir et vous ne partirez pas.

— De grâce !

— Non ; les démons ne laissent pas ainsi s'envoler les anges d'entre leurs mains.

— Vous me tuerez donc ? demanda Christine.

— Je vous emprisonnerai pour mieux vous adorer à mon aise ! répondit François Soleil.

— Ah ! je suis damnée ! s'écria la pauvre femme en se laissant tomber sur une chaise.

— Non. Mais vous tâcherez de vous habituer à moi, tel que je suis et tel que vous me connaissez maintenant. Si c'est un sacrifice, eh bien ! vous en serez bénie, récompensée plus tard. Ne soyez pas désolante et inflexible, Christine. Peut-être auprès de vous deviendrai-je meilleur, peut-être Dieu permettra-t-il....

— Ne parlez pas de Dieu.

— C'est vrai ; Dieu n'a rien à faire ici, j'en parlais seulement pour te faire plaisir ; mon Dieu, c'est toi, rien que toi. Ne t'en va pas, je t'en conjure.

Après un moment de silence :

— Christine, quel mal t'ai-je fait? Quelle peine sérieuse t'ai-je causée? mon cœur a-t-il été pour toi celui d'un malhonnête homme? Hélas! hélas! aux jours les plus horribles de ma destinée, j'ai su trouver pour toi des sourires de bonheur et d'amour. Que t'importent ce livre et les absurdités qu'il renferme? Dis-moi, suis-je quelquefois rentré ici avec du sang sur les vêtements ou sur les mains? Tu sais bien que non... Ah! si j'ai été, par hasard, pâle et brusque, et frémissant, si ma voix ne t'a pas répondu, si mon œil est resté attaché à la terre sans sourciller, si de mon bras j'ai écarté ta caresse naïve, pardonne-moi, Christine, pardonne-moi! Mais ne t'en va pas; oh! reste! reste!

— Non, dit Christine, non.

— Reste! continua-t-il en joignant les mains, tu seras heureuse désormais, je ne serai plus ni brutal ni jaloux, tu sortiras quand tu voudras, à toute heure; tes moindres désirs seront exaucés. Que veux-tu? Que te faut-il? Parle, est-ce de l'argent, beaucoup d'argent? J'en ai! tiens....

Il s'élança vers un secrétaire, mais sur un mouvement de dégoût de la jeune femme, il s'arrêta.

— Eh bien, non, non, dit-il; c'est vrai, je n'ai plus la tête à moi, je deviens fou. Christine! aie pitié!

Il tomba sur ses deux genoux.

— Reste! je ne te dirai plus rien, je ne t'approcherai plus, je me tiendrai toujours à distance, comme à présent. Je ne serai plus ton mari, je serai ton laquais. Tu seras libre de me haïr et de me détester, mais, au moins, que je te voie, que je t'entende!

— Non!

C'était décisif. Elle fit en même temps un pas vers la chambre où Soleil avait enfermé Trois-Mai. Lui, en un clin d'œil il fut debout. Sa figure changea ou plutôt redevint ce qu'elle était un quart d'heure auparavant. Le feu de ses joues brûla ses larmes, et il n'en parut plus rien.

D'un tour de bras il ramena sa femme au milieu de l'appartement.

Une idée lui était venue, à lui, l'homme aux idées.

— Tu n'aimes donc pas Trois-Mai? dit-il.

— Quoi! s'écria Christine sans comprendre.

— Tu ne l'aimes donc pas ? réponds.

— Hélas ! c'est ma seule tendresse, c'est mon unique amitié. Trois-Mai, c'est ma sœur, c'est presque ma fille ; moi, ne pas l'aimer !

Il la regardait fixement.

— Ah ! s'écria-t-elle tout à coup comme frappée par un éclair ; je comprends : vous pouvez la perdre et vous la perdrez ! vous la perdrez, n'est-ce pas ?

Il resta muet.

— Oh ! oui, je le devine à votre regard cruel, oui, vous êtes capable de tout, même de vous venger de moi sur elle. O lâcheté ! sur une enfant ! Mais répondrez-vous à votre tour ? La perdrez-vous, dites ?...

Elle attendait anxieuse, égarée, toute tremblante.

— Cela dépend de vous, dit-il froidement.

— De moi ?

— De vous, répéta-t-il.

— Je resterai ! dit Christine...

FIN DE M. LE DUC S'AMUSE [1]

---

[1]. Voir pour la suite de cette histoire l'ouvrage intitulé *François Soleil*.

CATALOGUE
DE
MICHEL LÉVY
FRÈRES
LIBRAIRES ÉDITEURS
ET DE
LA LIBRAIRIE NOUVELLE

PREMIÈRE PARTIE

Nouveaux ouvrages en vente. — Ouvrages divers, format in-8°.
Bibliothèque contemporaine, format gr. in-18. — Bibliothèque nouvelle.
OEuvres complètes de Balzac. — Collection Michel Lévy, form. gr. in-18.
Collection format in-32. — Collection à 50 centimes.
Ouvrages illustrés. — Musée littéraire contemporain, in-4°.
Brochures diverses. — Ouvrages divers.

Tous les ouvrages portés sur ce Catalogue sont expédiés *franco* (contre mandats ou timbres-poste), sans augmentation de prix, excepté les volumes à **1 fr.** de la Collection Michel Lévy, auxquels il faut ajouter **25 cent.** par volume

---

RUE VIVIENNE, 2 BIS
ET BOULEVARD DES ITALIENS, 15
AU COIN DE LA RUE DE GRAMMONT
PARIS
FÉVRIER — 1866

NOUVEAUX OUVRAGES EN VENTE

Format in-8

M. GUIZOT — f. c.
MÉDITATIONS SUR LA RELIGION CHRÉTIENNE. 1 vol. .... 6 »
MÉMOIRES POUR SERVIR A L'HISTOIRE DE MON TEMPS. T. VII. 1 vol. .. 7 50

A. DE LAMARTINE
VIE DE CÉSAR. 1 vol. .... 5 »

VICTOR LE CLERC ET ERNEST RENAN
HISTOIRE LITTÉRAIRE DE LA FRANCE AU XIVᵉ SIÈCLE. 2 vol. ..... 16 »

ALEXIS DE TOCQUEVILLE
ÉTUDES ÉCONOMIQUES, POLITIQUES ET LITTÉRAIRES (t. 9 des OEuv. complètes). 1 vol. .... 6 »

LE PRINCE L. CZARTORYSKI
ALEXANDRE 1ᵉʳ ET LE PRINCE CZARTORYSKI. Correspondance particulière et conversations publiées avec une introduction. 1 vol. 7 50

MICHEL NICOLAS
ÉTUDES SUR LES ÉVANGILES APOCRYPHES. 1 vol. 7 50

J.-J. ROUSSEAU
J.-J. ROUSSEAU, ses amis et ses ennemis. Corresp. publ. par M. *Streckeisen-Moultou*, avec introd. de M. *Levallois* et une appréciat. crit. de M. *Sainte-Beuve*. 2 vol ... 15 »

A. KUENEN
Traduction A. Pierson
HISTOIRE CRITIQUE DES LIVRES DE L'ANCIEN TESTAMENT, avec une préface d'*Ernest Renan*. 1ʳᵉ partie.— Livres historiques. 1 vol. 7 50

J. SALVADOR
JÉSUS-CHRIST ET SA DOCTRINE. Histoire de la Naissance de l'Eglise et de ses Progrès pendant le premier siècle. 2 vol .... 15 »

LÉONCE DE LAVERGNE
LES ASSEMBLÉES PROVINCIALES SOUS LOUIS XVI. 1 vol. 7 50

AD. FRANCK
RÉFORMATEURS ET PUBLICISTES DE L'EUROPE. Moyen-âge et renaissance. 1 vol. 7 50

LORD MACAULAY
Traduction Guillaume Guizot
ESSAIS SUR L'HISTOIRE D'ANGLETERRE. 1 vol. .... 6 »

L. DE VIEL-CASTEL
HISTOIRE DE LA RESTAURATION. tome VIII. 1 vol. .... 6 »

DUVERGIER DE HAURANNE
HISTOIRE DU GOUVERNEMENT PARLEMENTAIRE EN FRANCE (1814-8 Tome VII. 1 vol. 7 50

Format gr. in-18 à 3 fr. le vol.

GEORGE SAND vol.
MONSIEUR SYLVESTRE. 1 vol. 1

THÉOPHILE GAUTIER
LA BELLE JENNY. 1
LA PEAU DE TIGRE. 1

JULES NORIAC
MADEMOISELLE POUCET. 1
L'AUTEUR DES HORIZONS PROCHAINS
CAMILLE. 1

HENRI RIVIÈRE
LE CACIQUE. 1

ARSÈNE HOUSSAYE
LES AVENTURES GALANTES DE MARGOT . 1

CHARLES MONSELET
M. LE DUC S'AMUSE. 1
FRANÇOIS SOLEIL. 1

MÉRY
LA VÉNUS D'ARLES. 1

ÉDOUARD OURLIAC
THÉATRE DU SEIGNEUR CROQUIGNOLE. . 1

JEAN REBOUL (de Nîmes)
LETTRES avec introduction de M. *Poujoulat*. 1

H. BLAZE DE BURY
MEYERBEER ET SON TEMPS. 1

PROSPER MÉRIMÉE
de l'Académie française
LES COSAQUES D'AUTREFOIS. 1

CUVILLIER-FLEURY
ÉTUDES ET PORTRAITS. 1

A. DE PONTMARTIN
NOUVEAUX SAMEDIS. (2ᵉ série). 1

EDGAR POE
Traduction de Ch. Baudelaire
HISTOIRES GROTESQUES ET SÉRIEUSES. . 1

C.-A. SAINTE-BEUVE
de l'Académie française
NOUVEAUX LUNDIS. Tome 5. 1

HENRI HEINE
DRAMES ET FANTAISIES. 1

ALEXANDRE DUMAS
THÉATRE COMPLET. Tome XIV et dernier. 1

Format gr. in-18 à 2 fr. le vol.

THACKERAY
Traduction Amédée Pichot vol.
MORGIANA. 1

ALEXANDRE DUMAS
LA SAN-FELICE. 9
SOUVENIRS D'UNE FAVORITE. 4

EUGÈNE DE MIRECOURT
CONFESSIONS DE NINON DE LENCLOS. . 3

AURÉLIEN SCHOLL
LES AMOURS DE THÉATRE. 2ᵉ *édition*. 1

OUVRAGES DIVERS
Format in-8

J.-J. AMPÈRE — f. c.
CÉSAR, Scènes historiques. 1 vol. . . 7 50
L'HISTOIRE ROMAINE A ROME, avec des plans topographiques de Rome à diverses époques. 2ᵉ édit. 4 vol. 30 »
L'EMPIRE ROMAIN A ROME (S. presse) 2 vol. . . . . 15 »
MÉLANGES LITTÉRAIRES (S. presse) 2 v. 12 »
PROMENADE EN AMÉRIQUE. — États-Unis — Cuba — Mexique. 3ᵉ édition. 2 vol. . . . . 12 »
VOYAGE EN ÉGYPTE ET EN NUBIE (Sous presse). 1 vol. . . . 7 50

***
MAD. LA DUCH. D'ORLÉANS. 6ᵉ éd. 1 v. 6 »

***
ALESIA. Étude sur la septième campagne de César en Gaule. Avec 2 cartes (Alise et Alaise). 1 vol. 6 »

***
LES TRAITÉS DE 1815. 1 vol. . . . 3 »

***
L'ANGLETERRE, études sur le Self-Government. 1 vol. . . . . . . 5 »

J. AUTRAN
LE CYCLOPE, d'après Euripide. 1 vol. 3 »
LE POÈME DES BEAUX JOURS. 1 vol. . 5 »

J. BARTHÉLEMY SAINT-HILAIRE
LETTRES SUR L'ÉGYPTE. 1 vol. . . 7 50

L. BABAUD-LARIBIÈRE
ÉTUDES HISTORIQUES ET ADMINISTRATIVES. 2 vol. . . . . 12 »

L. BAUDENS
Memb. du conseil de santé des armées
LA GUERRE DE CRIMÉE — Les campements, les abris, les ambulances, les hôpitaux, etc. 1 vol. . . . 6 »

IS. BÉDARRIDE
LES JUIFS EN FRANCE, EN ITALIE ET EN ESPAGNE. 2ᵉ édition, revue et corrigée. 1 vol. 7 50

LA PRINCᵉˢˢᵉ DE BELGIOJOSO
ASIE-MINEURE ET SYRIE. Souvenirs de Voyage. 1 vol. 7 50
HIST. DE LA MAISON DE SAVOIE. 1 v. 7 50

J.-B. BIOT *de l'Acad. des Sc. et de l'Ac. fr.*
ÉTUDES SUR L'ASTRONOMIE INDIENNE ET SUR L'ASTRONOMIE CHINOISE. 1 v. 7 50
MÉLANGES SCIENTIFIQUES ET LITTÉRAIRES. 3 vol. 22 50

CORNELIUS DE BOOM
UNE SOLUT. POLIT. ET SOCIALE. 1 vol. 6 »

FRANÇOIS DE BOURGOING
HISTOIRE DIPLOMATIQUE DE L'EUROPE PENDANT LA RÉVOL. FRANÇAISE. 4 v. 7 50

LE PRINCE A. DE BROGLIE
QUESTIONS DE RELIGION ET D'HISTOIRE. 2 vol. . . . . . . 15 »

CAMOIN DE VENCE
MAGISTRATURE FRANÇAISE, son action et son influence sur l'état de la société aux diverses époques. 1 vol. 6 »

AUGUSTE CARLIER
DE L'ESCLAVAGE dans ses rapports avec l'Union américaine. 1 vol. . 6 »
HISTOIRE DU PEUPLE AMÉRICAIN. — États-Unis — et de ses rapports avec les Indiens. 2 vol. . . . 12 »

T. COLANI
JÉSUS-CHRIST ET LES CROYANCES MESSIANIQUES DE SON TEMPS. 2ᵉ édit. revue et augmentée. 1 vol. . . 4 »

J. COHEN
LES DÉICIDES. Examen de la Vie de Jésus et des développements de l'Eglise chrétienne dans leurs rapports avec le judaïsme. 2ᵉ édit. revue, corrigée et considérablement augmentée. 1 vol. . . . . 6 »

A. DE COSTER
LÉGENDES FLAMANDES. 1 vol. . . . 6 »

J.-J. COULMANN
RÉMINISCENCES. 2 vol. 10

VICTOR COUSIN *de l'Acad. française*
PHILOSOPHIE DE KANT. 1 vol. . . 5 »
PHILOSOPHIE ÉCOSSAISE. 1 vol. . . 5 »

J. CRETINEAU-JOLY
LE PAPE CLÉMENT XIV, seconde et dernière lettre au Père Theiner. 1 vol. 3 »

A. BEN-BARUCH CRÉHANGE
LES PSAUMES, traduct. nouv. 1 vol. 10 »

LE PRINCE L. CZARTORYSKI
ALEXANDRE 1ᵉʳ ET LE PRINCE CZARTORYSKI. Correspondance particulière et conversations, publiées avec une Introduction. 1 vol. . . 7 50

LE GÉNÉRAL E. DAUMAS
LE GRAND DÉSERT : Itinéraire d'une Caravane du Sahara au pays des Nègres (royaume de Haoussa), suivi d'un Vocabulaire d'histoire naturelle et du code de l'esclavage chez les musulmans, avec une carte coloriée. *Nouv. édition.* 1 vol. . 6 »

MARIA DERAISME
LE THÉATRE CHEZ SOI. 1 vol. . . . 6 »

CH. DESMAZE
LE PARLEMENT DE PARIS. 1 vol. . . 5 »

CAMILLE DOUCET
COMÉDIES EN VERS. 2 vol. . . . . 12 »

MAXIME DU CAMP
LES CONVICTIONS. 1 vol. . . . . 5 »

A. DU CASSE
DU SOIR AU MATIN. Scènes de la vie militaire. 1 vol. . . . . 5 »

Mᵐᵉ DU DEFFAND
CORRESPONDANCE COMPLÈTE AVEC LA DUCHESSE DE CHOISEUL, L'ABBÉ BARTHÉLEMY ET M. CRAUFURT. Nouvelle édition, revue et augmentée, précédée d'une introduction par *M. de Sainte-Aulaire.* 3 vol. 22 50

DUMONT DE BOSTAQUET
MÉMOIRES INÉDITS, publiés par *Ch. Read et Fr. Waddington.* 1 v. 7 50

CHARLES DUVEYRIER
L'AVENIR ET LES BONAPARTE. 1 vol. . 6 »

DUVERGIER DE HAURANNE
HISTOIRE DU GOUVERNEMENT PARLEMENTAIRE EN FRANCE (1814-1848). 7 vol. 52-50

LIBRAIRIES DE MICHEL LÉVY FRÈRES.

LE BARON ERNOUF (f. c.)
HIST. DE LA DERNIÈRE CAPITULATION DE PARIS. Evénem. de 1815. 1 vol. 6 »

LE PRINCE EUGÈNE
MÉMOIRES ET CORRESPONDANCE POLITIQUE ET MILITAIRE, publiés par *A. Du Casse*. 10 vol. . . . 60 »

J. FERRARI
HISTOIRE DE LA RAISON D'ÉTAT. 1 v. 7 50

GUSTAVE FLAUBERT
SALAMMBO. 4e *édition*. 1 vol. . . . 6 »

A. DE FLAUX
SONNETS. 1 vol. . . . . 5 »

LE COMTE DE FORBIN
CHARLES BARIMORE. *N. édition*. 1 vol. 3 »

AD. FRANCK *de l'Institut*
ÉTUDES ORIENTALES. 1 vol. 7 50
RÉFORMATEURS ET PUBLICISTES DE L'EUROPE. Moyen-âge et Renaiss. 1 vol. 7 50

G. GANESCO
DIPLOMATIE ET NATIONALITÉ. 1 vol. . 2 »

Cte AG. DE GASPARIN *anc. député.*
L'AMÉRIQUE DEVANT L'EUROPE. 1 vol. 6 »
UN GRAND PEUPLE QUI SE RELÈVE, LES ÉTATS-UNIS EN 1861. 1 vol. . 5 »

G.-G. GERVINUS
Trad. J.-F. Minssen et L. Syouk
INSURRECTION ET RÉGÉNÉRATION DE LA GRÈCE. 2 vol. . . . . 16 »

ÉMILE DE GIRARDIN
QUESTIONS DE MON TEMPS. 12 vol. . 72 »

ÉDOUARD GOURDON
HISTOIRE DU CONGRÈS DE PARIS. 1 vol. 5 »

ERNEST GRANDIDIER
VOYAGE DANS L'AMÉRIQUE DU SUD. 1 v. 5 »

F. GUIZOT
LA CHINE ET LE JAPON, par *Laurence Oliphant*. Trad. nouv. 2 v. 12 »
L'ÉGLISE ET LA SOCIÉTÉ CHRÉTIENNES EN 1861. 4e *édition*. 1 vol. . . . 5 »
HISTOIRE DE LA FONDATION DE LA RÉPUBLIQUE DES PROVINCES-UNIES, par *J. Lothrop Motley*, trad. nouvelle, précédée d'une grande introduction (l'*Espagne et les Pays-Bas aux* XVIe *et* XIXe *siècles*). 4 vol. . 24 »
HISTOIRE PARLEMENTAIRE DE FRANCE. Recueil complet des discours de M. Guizot dans les Chambres, de 1819 à 1848, accompagnés de résumés historiques et précédés d'une introduction ; formant le complément des *Mémoires pour servir à l'histoire de mon temps*. 5 vol. 37 50
MÉDITATIONS SUR L'ESSENCE DE LA RELIGION CHRÉTIENNE. 1 vol. . . 6 »
MÉDITATIONS SUR L'ÉTAT ACTUEL DE LA RELIGION CHRÉTIENNE. 1 vol. . 6 »
MÉMOIRES pour servir à l'histoire de mon temps. 2e *édition*. 7 vol. . 52 50
LE PRINCE ALBERT, son caractère et ses discours, traduit par ***, et précédé d'une préface. 1 vol. . . 6 »
WILLIAM PITT ET SON TEMPS, par *lord Stanhope*, traduction précédée d'une introduction. 4 vol. . . . . 24 »

ROBERT HOUDIN
TRICHERIES DES GRECS DÉVOILÉES. 1 v. 5 »

ARSÈNE HOUSSAYE
MADEMOISELLE CLÉOPATRE. 7e *éd*. 1 v. 6 »

VICTOR HUGO (f. c.)
LA LÉGENDE DES SIÈCLES. 2 vol. . . 15 »

VICTOR JACQUEMONT
CORRESPONDANCE INÉDITE AVEC SA FAMILLE, SES AMIS ET LES PROFESSEURS DU MUSÉUM D'HISTOIRE NATURELLE, PENDANT SES VOYAGES A SAINT-DOMINGUE ET DANS L'INDE, 1825-1832, précédée d'une notice biographique par *Victor Jacquemont neveu*, et d'une introduction de *Prosper Mérimée*. 2 vol. . 12 »

PAUL JANET
PHILOSOPHIE DU BONHEUR. 2e *édition*. 1 vol. 7 50

JULES JANIN
LES GAITÉS CHAMPÊTRES. 2 vol. . 12 »
LA RELIGIEUSE DE TOULOUSE. 2 vol. 12 »

ALPHONSE JOBEZ
LA FEMME ET L'ENFANT. 1 vol. . . 5 »

***
ÉTUDES SUR LA MARINE : L'escadre de la Méditerranée. — La Question chinoise. — La Marine à vapeur dans les guerres continentales. 1 vol. 7 50

A. KUENEN — *Trad. A. Pierson*
HISTOIRE CRITIQUE DES LIVRES DE L'ANCIEN TESTAMENT, avec une préface par *Ernest Renan*. 1re part. LIVRES HISTORIQUES. 1 vol. . . 7 50

LAMARTINE
GENEVIÈVE. Hist. d'une Servante. 1 vol. 5 »
NOUVELLES CONFIDENCES. 1 vol. . 5 »
TOUSSAINT LOUVERTURE. 1 vol. . . 5 »
VIE D'ALEXANDRE-LE-GRAND. — 2 vol. 10 »
VIE DE CÉSAR. 1 vol. . . . . . . 5 »

CHARLES LAMBERT
L'IMMORTALITÉ SELON LE CHRIST. 1 v. 7 50
LE SYSTÈME DU MONDE MORAL. 1 vol. 7 50

DE LAROCHEFOUCAULD (duc de Doudeauville)
MÉMOIRES. 15 vol. 112 50

JULES DE LASTEYRIE
HISTOIRE DE LA LIBERTÉ POLITIQUE EN FRANCE. 1re *Partie*. 1 vol. . 7 50

DE LATENA
ÉTUDE DE L'HOMME. 3e *édit*. 1 vol. 7 50

LÉONCE DE LAVERGNE
LES ASSEMBLÉES PROVINCIALES SOUS LOUIS XVI. 1 vol. 7 50

JULES LE BERQUIER
LA COMMUNE DE PARIS. 1 vol. . . 3 »

VICTOR LE CLERC ET **ERNEST RENAN**
HISTOIRE LITTÉRAIRE DE LA FRANCE AU XIVe SIÈCLE. 2 vol. . . . . . 16 »

CHARLES LENORMANT
BEAUX-ARTS ET VOYAGES, précédés d'une lettre de *M. Guizot*. 2 vol. 15 »

L. DE LOMÉNIE
BEAUMARCHAIS ET SON TEMPS. Études sur la Société en France au XVIIIe siècle, d'après des documents inédits. 2e *édition*. 2 vol. . . . . 15 »

LORD MACAULAY
Traduction G. Guizot
ESSAIS HIST. ET BIOGRAPHIQUES. 2 v. 12 »
—POLIT. ET PHILOSOPHIQUES. 1 vol. 6 »
—LITTÉRAIRES. 1 vol. . . . . . 6 »
—SUR L'HIST. D'ANGLETERRE. 1 vol. 6 »

JOSEPH DE MAISTRE

CORRESPONDANCE DIPLOMATIQUE (1811-1817), publiée par *A. Blanc.* 2 vol. 15 »
MÉMOIRES POLITIQUES ET CORRESPONDANCE DIPLOMATIQUE, avec explications, etc., par *Albert Blanc.* 1 v. 6 »

LE COMTE DE MARCELLUS

CHATEAUBRIAND ET SON TEMPS. 1 vol. 7 50
LES GRECS ANCIENS ET LES GRECS MODERNES. Études littér. 1 vol. 7 50
SOUVENIRS DIPLOMATIQUES. Correspondance intime de M. de Chateaubriand. *Nouv. édition.* 1 vol. 5 »
VINGT JOURS EN SICILE. 1 vol. 5 »

J. MARTIN PASCHOUD

LIBERTÉ, VÉRITÉ, CHARITÉ. 1/2 vol. 2 »

LE DOCTEUR FÉLIX MAYNARD

SOUVENIRS D'UN ZOUAVE DEVANT SÉBASTOPOL. 2 vol. »

J.-H. MERLE D'AUBIGNÉ

HISTOIRE DE LA RÉFORMATION EN EUROPE AU TEMPS DE CALVIN. 3 vol. 22 50

MÉRY

NAPOLÉON EN ITALIE, poëme. 1 vol. 5 »

LE COMTE MIOT DE MÉLITO

Ancien ambassadeur, ministre, conseiller d'État et membre de l'Institut
SES MÉMOIRES, publiés par sa famille (1788-1815). 3 vol. 18 »

Mme A. MOLINOS-LAFITTE

SOLITUDES. 2e *édition.* 1 vol. 5 »

LE COMTE DE MONTALIVET

LE ROI LOUIS-PHILIPPE (liste civile). *Nouv. édit., entièrement revue et consid. augm. de notes, pièces, etc., avec portrait et fac-similé du roi, le plan du château de Neuilly.* 1 v. 6 »

MORTIMER-TERNAUX

HISTOIRE DE LA TERREUR. (1792-1794), d'après des documents authentiques et inédits. Tome I à IV. 4 vol. 24 »

LE BARON DE NERVO

LES BUDGETS DE LA FRANCE ET DE L'ANGLETERRE. 1 vol. 7 50
LES FINANCES FRANÇAISES SOUS L'ANCIENNE MONARCHIE, LA RÉPUBLIQUE, LE CONSULAT ET L'EMPIRE. 2 vol. 15 »
LES FINANCES FRANÇAISES SOUS LA RESTAURATION. 7 50

MICHEL NICOLAS

DES DOCTRINES RELIGIEUSES DES JUIFS pendant les deux siècles antérieurs à l'Ere chrétienne. 1 vol. 7 50
ESSAIS DE PHILOSOPHIE ET D'HISTOIRE RELIGIEUSE. 1 vol. 7 50
ÉTUDES CRITIQUES SUR LA BIBLE. Ancien Testament. 1 vol. 7 50
ÉTUDES CRITIQUES SUR LA BIBLE. Nouveau Testament. 1 vol. 7 50
ÉTUDES SUR LES ÉVANGILES APOCRYPHES. 1 vol. 7 50

CHARLES NISARD

LES GLADIATEURS DE LA RÉPUBLIQUE DES LETTRES. 1 vol. 15 »

CASIMIR PERIER

LES FINANCES DE L'EMPIRE. 1/2 vol. 1 »
LES FINANCES ET LA POLITIQUE. 1 vol. 5 »
LE TRAITÉ AVEC L'ANGLETERRE. 2e édit. rev. et augm. 1/2 vol. 1 50

GEORGES PERROT

SOUVENIRS D'UN VOYAGE EN ASIE-MINEURE. 1 vol. 7 50

A. PEYRAT

HISTOIRE ÉLÉMENTAIRE ET CRITIQUE DE JÉSUS, 3e *édition.* 1 vol. 7 50

A. PHILIPPE

ROYER-COLLARD. Sa vie publique, sa vie privée, sa famille. 1 vol. 5 »

L'ABBÉ PIERRE

CONSTANTINOPLE, JÉRUSALEM ET ROME, *avec un plan de Jérusalem et une carte des côtes orientales de la Méditerranée.* 2 vol. 15 »

LE COMTE DE PONTÉCOULANT

SOUVENIRS HISTORIQUES ET PARLEMENTAIRES, extraits de ses papiers et de sa corresp. (1764-1848). 4 vol. 24 »

PRÉVOST-PARADOL

ÉLISABETH ET HENRI IV (1595-1598). 2e *édition.* 1 vol. 6 »
ESSAIS DE POLITIQUE ET DE LITTÉRATURE. 2e *édition.* 1 vol. 7 50
NOUVEAUX ESSAIS DE POLITIQUE ET DE LITTÉRATURE. 1 vol. 7 50
ESSAIS DE POLITIQUE ET DE LITTÉRATURE. 3e série. 1 vol. 7 50

EDGAR QUINET

HISTOIRE DE LA CAMPAGNE DE 1815. 1 vol. *avec une carte.* 7 50
MERLIN L'ENCHANTEUR. 2 vol. 15 »

Mme RÉCAMIER

SOUVENIRS ET CORRESPONDANCE tirés de ses papiers. 3e *édition.* 2 vol. 15 »
COPPET ET WEIMAR — MADAME DE STAEL ET LA GRANDE-DUCHESSE LOUISE. Récits et Correspondances, par l'auteur des *Souvenirs de Madame Récamier.* 1 vol. 7 50

CH. DE RÉMUSAT *de l'Acad. française*

POLITIQUE LIBÉRALE, ou Fragments pour servir à la défense de la révolution française. 1 vol. 7 50

ERNEST RENAN

LES APOTRES. 1 vol. 7 50
AVERROÈS ET L'AVERROISME, essai historique. 2e *édition.* 1 vol. 7 50
LE CANTIQUE DES CANTIQUES, traduit de l'hébreu, avec une étude sur le plan, l'âge et le caractère du poëme. 2e *édition.* 1 vol. 6 »
LA CHAIRE D'HÉBREU AU COLLÉGE DE FRANCE. 3e *édit.* Brochure. 1 »
DE L'ORIGINE DU LANGAGE. 4e *édition.* 1 vol. 6 »
DE LA PART DES PEUPLES SÉMITIQUES DANS L'HISTOIRE DE LA CIVILISATION. 5e *édit.* Brochure. 1 »
ESSAIS DE MORALE ET DE CRITIQUE. 2e *édition.* 1 vol. 7 50
ÉTUDES D'HISTOIRE RELIGIEUSE. 6e *édition.* 1 vol. 7 50
HISTOIRE GÉNÉRALE DES LANGUES SÉMITIQUES. 4e *édition revue et augmentée.* 1 vol. 12 »
HISTOIRE LITTÉRAIRE DE LA FRANCE AU XIVe SIÈCLE. 2 vol. 16 »
LE LIVRE DE JOB, traduit de l'hébreu, avec une étude sur l'âge et le caractère du poëme. 3e *édition.* 1 vol. 7 50

ERNEST RENAN (Suite)
VIE DE JÉSUS. 12e *édition*. 1 vol. . . 7 50

D. JOSÉ GUELL Y RENTÉ
CONSIDÉRATIONS POLITIQUES ET LITTÉ-
RAIRES. 1 vol. . . . . 5 »
PENSÉES CHRÉTIENNES, POLITIQUES
ET PHILOSOPHIQUES. 1 vol. . . . 5 »

LOUIS REYBAUD de *l'Institut*
ÉCONOMISTES MODERNES. 1 vol. . . 7 50
ÉTUDES SUR LE RÉGIME DES MANU-
FACTURES. — La soie. 1 vol. . . 7 50
LE COTON. Son régime, ses problè-
mes, son influence en Europe. 1 vol. 7 50
LA LAINE. 3e série des *Études sur le
régime des manufactures*. 1 vol. 7 50

LE COMTE R. R.
LA JUSTICE ET LA MONARCHIE POPU-
LAIRE. 1re *partie* : La Guerre
d'Orient. 1 vol. . . . . 3 »

H. RODRIGUES
LES TROIS FILLES DE LA BIBLE.
1re aux Israélites. Brochure. . . 1 »
2e aux Israélites. — 3e aux Chré-
tiens — 4e aux Protestants. 1 vol. 5 »
5e aux Philosophes. 1 vol. . . . 2 »
6e aux Mahométans — 7e spéciale
aux Catholiques. 1 vol. . . . . 3 »

J.-J. ROUSSEAU
ŒUVRES ET CORRESPONDANCE INÉ-
DITES, publiées par *M. Streckei-
sen-Moultou*. 1 vol. 7 50
J.-J. ROUSSEAU, SES AMIS ET SES EN-
NEMIS. Corresp. publ. par *M. Strec-
keisen-Moultou*, avec introd. de
M. J. Levallois et une appréciat.
crit. de *M. Sainte-Beuve*. 2 vol. 15 »

LE MARÉCHAL DE SAINT-ARNAUD
LETTRES. avec pièces justificatives.
2e *édit.*; une notice de *M. Sainte-
Beuve*. 2 vol. ornés du portrait
et d'un autographe. . . . . . . 12 »

SAINTE-BEUVE de *l'Acad. française*
POÉSIES COMPLÈTES — JOSEPH DE-
LORME — LES CONSOLATIONS — PEN-
SÉES D'AOÛT. *N. édition*. 2 vol. 10 »

SAINT-MARC GIRARDIN de *l'Acad. fr.*
SOUVENIRS ET RÉFLEXIONS POLITI-
QUES D'UN JOURNALISTE. 1 vol. . . 7 50
LA FONTAINE ET LES FABULISTES. 2 vol. 15 »

SAINT-RENÉ TAILLANDIER
ÉTUDES SUR LA RÉVOLUTION EN ALLE-
MAGNE. 2 vol. . . . . 15 »
MAURICE DE SAXE. Étude historique
d'après des documents inédits. 1 vol. 7 50

J. SALVADOR
HISTOIRE DES INSTITUTIONS DE MOÏSE
ET DU PEUPLE HÉBREU. 3e *édition*,
revue et augmentée. 2 vol. . . 15 »
JÉSUS-CHRIST ET SA DOCTRINE. Histoire de la naissance de l'Église et
de ses progrès pendant le premier
siècle. *Nouv. édit. augment.* 2 v. 15 »
PARIS, ROME, JÉRUSALEM. Question
religieuse au XIXe siècle. 2 vol. . 15 »

MAURICE SAND
RAOUL DE LA CHASTRE. 1 vol. . . . »

SANTIAGO ARCOS
LA PLATA. Étude historique. 1 vol. 10 »

EDMOND SCHERER
MÉLANGES D'HISTOIRE RELIGIEUSE. 1 v. 7 50

DE SÉNANCOUR
RÊVERIES. 3e *édition*. 1 vol. . . 5 »

JAMES SPENCE
L'UNION AMÉRICAINE. 1 vol. . . . 6 »

A. DE TOCQUEVILLE
ŒUVRES COMPLÈTES
L'ANCIEN RÉGIME ET LA RÉVOLUTION.
4e *édition*. 1 vol. 7 50
DE LA DÉMOCRATIE EN AMÉRIQUE.
Nouvelle édition. 3 vol. . . . . 18 »
ÉTUDES ÉCONOMIQUES, POLITIQUES ET
LITTÉRAIRES. 1 vol. . . . . . . 6 »
MÉLANGES. Fragments historiques et
Notes. 1 vol. . . . . 6 »
ŒUVRES ET CORRESPONDANCE INÉDITES.
Introd. de *M. G. de Beaumont* 2 v. 15 »
NOUVELLE CORRESPONDANCE, entière-
ment inédite. 1 vol. . . . . . . 6 »

E. DE VALBEZEN
LES ANGLAIS ET L'INDE, avec notes, etc.
3e *édition*. 1 vol. 7 50

OSCAR DE VALLÉE
ANTOINE LEMAISTRE ET SES CONTEM-
PORAINS. 2e *édition*. 1 vol. . . 7 50
LE DUC D'ORLÉANS ET LE CHANCE-
LIER D'AGUESSEAU. 1 vol. . . . 7 50

LE DUC DE VALMY
LE PASSÉ ET L'AVENIR DE L'ARCHI-
TECTURE. 1 vol. . . . . 5 »

PAUL VARIN
EXPÉDITION DE CHINE. 1 vol. . . . 5 »

LE DOCTEUR L. VÉRON
QUATRE ANS DE RÈGNE. OÙ EN
SOMMES-NOUS? 1 vol. . . . . 5 »

LOUIS DE VIEL-CASTEL
HISTOIRE DE LA RESTAURATION. 8 vol. 48 »

ALFRED DE VIGNY de *l'Acad. franç.*
ŒUVRES COMPLÈTES (nouvelle édition)
CINQ-MARS. Avec autographes de Ri-
chelieu et de Cinq-Mars. 1 vol. . 5 »
LES DESTINÉES. Poëmes philos. 1 vol. 6 »
POÉSIES COMPLÈTES. 1 vol. . . . 5 »
SERVITUDE ET GRANDEUR MILITAIRES.
1 vol. . . . . 5 »
STELLO. 1 vol. . . . . 5 »
THÉÂTRE COMPLET. 1 vol. . . . 5 »

VILLEMAIN de *l'Académie française*
LA TRIBUNE MODERNE :
1re PARTIE. — M. DE CHATEAU-
BRIAND, sa vie, ses écrits, son influence litt. polit. sur son temps. 1 v. 7 50
2e PARTIE (*Sous presse*). 1 vol. 7 50

L. VITET de *l'Académie française*
L'ACADÉMIE ROYALE DE PEINTURE ET
DE SCULPTURE. Étude hist. 1 vol. 6 »
LE LOUVRE. Étude historique, *revue
et augmentée* (*Sous pr.*). 1 vol. 6 »

CORNELIS DE WITT
L'ANGLETERRE POLITIQUE ET RELI-
GIEUSE (1815-1860). 2 vol. . . 12 »
HISTOIRE CONSTITUTIONNELLE DE L'AN-
GLETERRE (1760-1860) par *Thomas
Erskine May*, traduite et précédée
d'une introduction. 2 vol. . . . 12 »

LE RÉV. CHRISTOPHER WORDSWORT
DE L'ÉGLISE ET DE L'INSTRUCTION PU-
BLIQUE EN FRANCE. 1 vol. . . . 5 »

BIBLIOTHÈQUE CONTEMPORAINE
ET COLLECTION DE LA LIBRAIRIE NOUVELLE
Format grand in-18 à 3 francs le volume

EDMOND ABOUT — vol.
LETTRES D'UN BON JEUNE HOMME A SA COUSINE. 2ᵉ édition. 1
DERNIÈRES LETTRES D'UN BON JEUNE HOMME A SA COUSINE 1

AMÉDÉE ACHARD
LA CHASSE ROYALE. 2
LES CHATEAUX EN ESPAGNE. . . . 1
LES PETITS-FILS DE LOVELACE . . . 1
LES RÊVEURS DE PARIS. 1

ALARCON
THÉATRE, traduit par *Alph. Royer*. . 1

***
LES ZOUAVES ET LES CHASSEURS A PIED. 1

***
VARIA.-Morale.-Politique.-Littérature. 5

***
UN MARI EN VACANCES. 1

ALFRED ASSOLLANT
D'HEURE EN HEURE 1
GABRIELLE DE CHÉNEVERT. 1

ALBERT AUBERT
LES ILLUSIONS DE JEUNESSE DE M. BOUDIN. 1

XAVIER AUBRYET
LES JUGEMENTS NOUVEAUX 1

L'AUTEUR de Mme la duch. d'Orléans
VIE DE JEANNE D'ARC. 2ᵉ édition . 1

L'AUTEUR des Études sur la marine
GUERRE D'AMÉRIQUE. Campagne du Potomac. 1

L'AUTEUR du Vaste Monde
ÉLÉONORE POWLE. 2

J. AUTRAN
ÉPÎTRES RUSTIQUES 1
LABOUREURS ET SOLDATS. 2ᵉ édition. 1
LES POÈMES DE LA MER. *Nouv. édition*. 1

LE Cᵗᵉ CÉSAR BALBO Trad. J. Amigues
HISTOIRE D'ITALIE. 2ᵉ édition. . . 2

CH. BARBARA
HISTOIRES ÉMOUVANTES 1

J. BARBEY D'AUREVILLY
LE CHEVALIER DES TOUCHES . . . 1
LES PROPHÈTES DU PASSÉ 1

ALEX. BARBIER
LETTRES FAMILIÈRES SUR LA LITTÉRATURE. 1

ODYSSE BAROT
ÉMILE DE GIRARDIN, sa vie, ses idées, son œuvre, son influence. 1

J. BARTHÉLEMY SAINT-HILAIRE. vol.
LETTRES SUR L'ÉGYPTE. 2ᵉ édition. 1

CH. BATAILLE — E. RASETTI
ANTOINE QUÉRARD. Drames de Village. 2

L. BAUDENS
LA GUERRE DE CRIMÉE. Les Campements, les Abris, les Ambulances, les Hôpitaux, etc. 2ᵉ édition . . 1

GUSTAVE DE BEAUMONT
L'IRLANDE SOCIALE, POLIT. ET RELIGIEUSE 7ᵉ édit., rev. et corrigée. 2

ROGER DE BEAUVOIR
DUELS ET DUELLISTES 1
LES MEILLEURS FRUITS DE MON PANIER. 1

LA PRINCESSE DE BELGIOJOSO
ASIE-MINEURE ET SYRIE. — Souvenirs de voyage. *Nouvelle édition* . . . 1
SCÈNES DE LA VIE TURQUE. . . . 1
NOUV. SCÈNES DE LA VIE TURQUE. (*S.p.*) 1

GEORGES BELL
VOYAGE EN CHINE 1

LE Mis DE BELLOY *traducteur*
THÉATRE COMPLET DE TÉRENCE (*Trad.*) 1

HECTOR BERLIOZ
A TRAVERS CHANTS. 1
LES GROTESQUES DE LA MUSIQUE. . 1
LES SOIRÉES DE L'ORCHESTRE. 2ᵉ édit. 1

CH. DE BERNARD
L'ÉCUEIL. 1
LE NŒUD GORDIEN. 1
NOUVELLES ET MÉLANGES. 1
LA PEAU DU LION ET LA CHASSE AUX AMANTS 1
POÉSIES ET THÉATRE. 1

PIERRE BERNARD
LA BOURSE ET LA VIE. 1

EUGÈNE BERTHOUD
UN BAISER MORTEL. 2ᵉ édition. . . 1
SECRETS DE FEMME. 2ᵉ édition . . 1

CAROLINE BERTON
LE BONHEUR IMPOSSIBLE 1

CAMILLE BIAS
DIRE ET FAIRE 1

H. BLAZE DE BURY
LES AMIES DE GŒTHE (*Sous presse*). . 1
LE CHEVALIER DE CHASOT. Mémoires du temps de Frédéric-le-Grand . 1
ÉCRIVAINS ET POÈTES DE L'ALLEMAGNE. 1
ÉPISODE DE L'HISTOIRE DU HANOVRE. Les Kœnigsmark 1
MEYERBEER ET SON TEMPS. . . . 1
MUSICIENS CONTEMPORAINS . . . 1
INTERMÈDES ET POÈMES. 1
SOUVENIRS ET RÉCITS DES CAMPAGNES D'AUTRICHE. 1

***
	vol.
HOMMES DU JOUR. 2ᵉ édition	1
LES SALONS DE VIENNE ET DE BERLIN	1
LES BONSHOMMES DE CIRE	1

JULES BONNET
AONIO PALEARIO. Étude sur la réforme en Italie.... 1

J.-B. BORÉDON
GABRIEL ET FIAMETTA.... 1

LOUIS BOUILHET
POÉSIES. Festons et Astragales.... 1

FÉLIX BOVET
VOYAGE EN TERRE-SAINTE. 4ᵉ édition.... 1

A. BRIZEUX
ŒUVRES COMPLÈTES. Édition définitive, précédée d'une étude sur BRIZEUX par St-René Taillandier.... 2

LE PRINCE A. DE BROGLIE
ÉTUDES MORALES ET LITTÉRAIRES... 1
QUESTIONS DE RELIGION ET D'HISTOIRE. 2ᵉ édition.... 2

PAUL CAILLARD
LES CHASSES EN FRANCE ET EN ANGLETERRE. Histoires de sport.... 1

AUGUSTE CALLET
L'ENFER. 2ᵉ édition.... 1

A. CALMONT
WILLIAM PITT, Étude parlementaire et financière.... 1

LOUIS DE CARNÉ
UN DRAME SOUS LA TERREUR.... 1

CLÉMENT CARAGUEL
LES SOIRÉES DE TAVERNY.... 1

ÉMILE CARREY
RÉCITS DE LA KABYLIE.... 1

JULES DE CÉNAR (DE CARNÉ)
PÊCHEURS ET PÉCHERESSES.... 1

MICHEL CERVANTES
THÉÂTRE traduit par *Alph. Royer*.. 1

CÉLESTE DE CHABRILLAN
MISS PEWEL.... 1
LA SAPHO.... 1
LES VOLEURS D'OR.... 1

CHAMPFLEURY
CONTES VIEUX ET NOUVEAUX.... 1
LES DEMOISELLES TOURANGEAU.... 1
LES EXCENTRIQUES. 2ᵉ édition.... 1
LA MASCARADE DE LA VIE PARISIENNE. 1

A. CHARGUÉRAUD
LES BATARDS CÉLÈBRES.... 1

VICTOR CHERBULIEZ
UN CHEVAL DE PHIDIAS.... 1
LE PRINCE VITALE.... 1

H. DE CLAIRET
LES AMOURS D'UN GARDE CHAMPÊTRE... 1

CHARLES CLÉMENT
	vol.
ÉTUDES SUR LES BEAUX-ARTS EN FRANCE.	1

Mᵐᵉ LOUISE COLET
LUI. 5ᵉ *édition*.... 1

ATHANASE COQUEREL FILS
LES FORÇATS POUR LA FOI.... 1

EUGÈNE CORDIER
LE LIVRE D'ULRICH.... 1

H. CORNE
SOUVENIRS D'UN PROSCRIT.... 1

CHARLES DE COURCY
LES HISTOIRES DU CAFÉ DE PARIS.... 1

ÉDOUARD COURNAULT
CONSIDÉRATIONS POLITIQUES.... 1

VICTOR COUSIN
PHILOSOPHIE DE KANT. 4ᵉ *édition*.. 1
PHILOSOPHIE ÉCOSSAISE. 4ᵉ *édition*.. 1
PHILOSOPHIE SENSUALISTE. 4ᵉ *édition*. 1

CUVILLIER-FLEURY
ÉTUDES ET PORTRAITS.... 1
ÉTUDES HISTORIQUES ET LITTÉRAIRES. 2
NOUV. ÉTUDES HIST. ET LITTÉRAIRES. 1
DERN. ÉTUDES HISTOR. ET LITTÉRAIRES. 2
HISTORIENS, POÈTES ET ROMANCIERS. 2
PORTRAITS POLITIQUES ET RÉVOLUTIONNAIRES. 2ᵉ *édition*. 2
VOYAGES ET VOYAGEURS. *Nouv. édit.*. 1

LA COMTESSE DASH
LE ROMAN D'UNE HÉRITIÈRE.... 1
LES VACANCES D'UNE PARISIENNE.... 1

ALPHONSE DAUDET
LE ROMAN DU CHAPERON ROUGE.... 1

ERNEST DAUDET
LES DUPERIES DE L'AMOUR.... 1

LE GÉNÉRAL DAUMAS
LES CHEVAUX DU SAHARA ET LES MŒURS DU DÉSERT. 4ᵉ *édition*, revue et augmentée, avec des Commentaires par *l'émir Abd-el-Kader*. 1

L. DAVESIÈS DE PONTÈS
ÉTUDES SUR L'ORIENT. 2ᵉ *édition*. 1
ÉTUDES SUR L'HISTOIRE DE PARIS ANCIEN ET MODERNE.... 1
NOTES SUR LA GRÈCE.... 1

DÉCEMBRE-ALONNIER
TYPOGRAPHES ET GENS DE LETTRES.. 1

E.-J. DELECLUZE
SOUVENIRS DE SOIXANTE ANNÉES.... 1

LA COMTESSE DELLA ROCCA
CORRESPONDANCE INÉDITE DE LA DUCH. DE BOURGOGNE ET DE LA REINE D'ESPAGNE; publiée avec Introduction.. 1
CORRESPONDANCE ENFANTINE. Modèles de lettres pour jeunes filles.... 1

PAUL DELTUF
CONTES ROMANESQUES.... 1
FIDÈS.... 1
RÉCITS DRAMATIQUES.... 1

BIBLIOTHÈQUE CONTEMPORAINE. — 3 FR. LE VOLUME.

A. DESBARROLLES
	vol.
VOYAGE D'UN ARTISTE EN SUISSE A 3 FR. 50 C. PAR JOUR. 3e édition.	1

ÉMILE DESCHANEL
CAUSERIES DE QUINZAINE.	1
CHRISTOPHE COLOMB ET VASCO DE GAMA. 2e édition.	1

DESSERTEAUX traducteur
ROLAND FURIEUX, de l'Arioste.	1

PASCAL DORÉ
LE ROMAN DE DEUX JEUNES FILLES.	1

MAXIME DU CAMP
EXPÉDITION DE SICILE. Souvenirs.	1

J.-A. DUCONDUT
ESSAI DE RHYTHMIQUE FRANÇAISE.	1

E. DUFOUR
LES GRIMPEURS DES ALPES (Peaks, Passes and Glaciers). Trad. de l'anglais.	1

ALEXANDRE DUMAS
LES GARIBALDIENS.	1
THÉATRE COMPLET.	14

ALEXANDRE DUMAS FILS
CONTES ET NOUVELLES.	1
ANTONINE.	1
LA DAME AUX CAMÉLIAS.	1
LA VIE A VINGT ANS.	1

HENRI DUPIN
CINQ COUPS DE SONNETTE.	1

CHARLES EDMOND
SOUVENIRS D'UN DÉPAYSÉ.	1

Mme ELLIOTT
MÉMOIRES SUR LA RÉVOLUTION FRANÇAISE, trad. par M. le Cte de Baillon, avec étude de M. Sainte-Beuve et un portr. gravé sur acier. 2e édition.	1

ACHILLE EYRAUD
VOYAGE A VÉNUS.	1

A.-L.-A. FÉE
SOUVENIRS DE LA GUERRE D'ESPAGNE.	1
L'ESPAGNE A 50 ANS D'INTERVALLE.	1

FÉTIS
LA MUSIQUE DANS LE PASSÉ, DANS LE PRÉSENT ET DANS L'AVENIR (S. pr.).	2

FEUILLET DE CONCHES
LÉOPOLD ROBERT, sa vie, ses œuvres et sa correspondance. Nouv. édition.	1

OCT. FEUILLET de l'Acad. française
BELLAH. 5e édition.	1
HISTOIRE DE SIBYLLE. 8e édition.	1
LA PETITE COMTESSE. Le Parc, Onesta.	1
LE ROMAN D'UN JEUNE HOMME PAUVRE.	1
SCÈNES ET COMÉDIES. Nouv. édition.	1
SCÈNES ET PROVERBES. Nouv. édit.	1

PAUL FÉVAL
QUATRE FEMMES ET UN HOMME. 3e édit.	1

ERNEST FEYDEAU
ALGER. Étude. 2e édition.	1
UN DÉBUT A L'OPÉRA. 3e édition.	1
MONSIEUR DE SAINT-BERTRAND. 3e édit.	1
LE MARI DE LA DANSEUSE. 3e édition.	1
LE ROMAN D'UNE JEUNE MARIÉE.	1
LE SECRET DU BONHEUR. 2e édition.	2

LOUIS FIGUIER
	vol.
LES EAUX DE PARIS. 2e édition.	1

GUSTAVE FLAUBERT
MADAME BOVARY. Nouv. édit. revue.	1
SALAMMBO. 5e édition.	1

TOBY FLOCK
CONFESSIONS D'AMOUR.	1

EUGÈNE FORCADE
ÉTUDES HISTORIQUES.	1
HIST. DES CAUSES DE LA GUERRE D'ORIENT.	1

MARC FOURNIER
LE MONDE ET LA COMÉDIE (Sous presse).	1

VICTOR FRANCONI
LE CAVALIER, Cours d'équitation pratique. 2e édit. revue et augm.	1
L'ÉCUYER. Cours d'équitation pratique.	1

ARNOULD FRÉMY
LES MŒURS DE NOTRE TEMPS.	1

EUGÈNE FROMENTIN
UNE ANNÉE DANS LE SAHEL. 2e édition.	1
UN ÉTÉ DANS LE SAHARA. 2e édition.	1

LÉOPOLD DE GAILLARD
QUESTIONS ITALIENNES.	1

N. GALLOIS
LES ARMÉES FRANÇAISES EN ITALIE.	1

GALOPPE D'ONQUAIRE
LE SPECTACLE AU COIN DU FEU.	1

LE Cte AGÉNOR DE GASPARIN
LE BONHEUR. 3e édition.	1
LA FAMILLE, ses devoirs, ses joies et ses douleurs. 4e édition.	2
UN GRAND PEUPLE QUI SE RELÈVE. Les Etats-Unis en 1861. 2e édition.	1

***
LES HORIZONS CÉLESTES. 7e édition.	1
LES HORIZONS PROCHAINS. 6e édition.	1
LES PROUESSES DE LA BANDE DU JURA, 2e éd.	1
BANDE DU JURA. — Premier voyage, 2e éd.	1
— Chez les Allemands — Chez nous.	1
— A Florence.	1
CAMILLE.	1
LES TRISTESSES HUMAINES. 4e édition.	1
VESPER. 4e édition.	1
JOURNAL D'UN VOYAGE AU LEVANT. 2e édition.	3

THÉOPHILE GAUTIER
LA BELLE JENNY.	1
CONSTANTINOPLE.	1
LES GROTESQUES.	1
LOIN DE PARIS.	1
LA PEAU DE TIGRE.	1
QUAND ON VOYAGE.	1

JULES GÉRARD le Tueur de lions
VOYAGES ET CHASSES DANS L'HIMALAYA.	1

Mme ÉMILE DE GIRARDIN
M. LE MARQUIS DE PONTANGES.	1
NOUVELLES.	1

AIMÉ GIRON
LES AMOURS ÉTRANGES.	1
TROIS JEUNES FILLES.	1

ÉDOUARD GOURDON

	vol.
NAUFRAGE AU PORT.	1

LÉON GOZLAN

	vol.
BALZAC CHEZ LUI. 2ᵉ édition	1
BALZAC EN PANTOUFLES. 3ᵉ édition	1
CHATEAUX DE FRANCE.	2
HISTOIRE DE CENT TRENTE FEMMES.	1
HISTOIRE D'UN DIAMANT. 2ᵉ édition.	1
LE MÉDECIN DU PECQ.	1

CARLO GOZZI

THÉATRE FIABESQUE, trad. par *A. Royer.*	1

Mme MANOEL DE GRANDFORT

L'AMOUR AUX CHAMPS.	1
RYNO. 3ᵉ édition.	1

GRANIER DE CASSAGNAC

DANAÉ.	1

GRÉGOROVIUS *Trad. de F. Sabatier*

LES TOMBEAUX DES PAPES ROMAINS, avec introduction de *J.-J. Ampère.*	1

F. DE GROISEILLIEZ

LES COSAQUES DE LA BOURSE.	1
HIST. DE LA CHUTE DE LOUIS-PHILIPPE.	1

AD. GUÉROULT

ÉTUDES DE POLITIQUE ET DE PHILOSOPHIE RELIGIEUSE.	1

AMÉDÉE GUILLEMIN

LES MONDES. CAUSERIES ASTRONOMIQUES. 3ᵉ édition.	1

M. GUIZOT

TROIS GÉNÉRATIONS —1789-1814-1848. 3ᵉ édition.	1

LE Cᵗᵉ GUY DE CHARNACÉ

ÉTUDES D'ÉCONOMIE RURALE.	1

F. HALÉVY

SOUVENIRS ET PORTRAITS.	1
DERNIERS SOUVENIRS ET PORTRAITS.	1

IDA HAHN-HAHN *Trad. Am. Pichot*

LA COMTESSE FAUSTINE.	1

B. HAURÉAU

SINGULARITÉS HISTOR. ET LITTÉRAIRES.	1

LE Cᵗᵉ D'HAUSSONVILLE

HIST. DE LA POLIT. EXTÉRIEURE DU GOUVERN. FRANÇAIS (1830-1848). *Nouv. éd.*	2
HISTOIRE DE LA RÉUNION DE LA LORRAINE A LA FRANCE. 2ᵉ édition.	4

***

MARGUERITE DE VALOIS. (*Sous presse*).	1
ROBERT EMMET. 2ᵉ édition.	1
SOUVENIRS D'UNE DEMOIS. D'HONNEUR DE LA DUCH. DE BOURGOGNE. 2ᵉ édit.	1

HENRI HEINE œuvres complètes

DE LA FRANCE. *Nouvelle édition.*	1
DE L'ALLEMAGNE. *Nouvelle édition.*	2
LUTÈCE. 5ᵉ édition	1
POÈMES ET LÉGENDES. *Nouv. édition.*	1
REISEBILDER, tableaux de voyage. *Nouv. édit.* avec une étude sur Henri Heine, par *Th. Gautier,* avec portrait.	2
DRAMES ET FANTAISIES.	1
DE TOUT UN PEU.	1

CAMILLE HENRY

	vol.
LE ROMAN D'UNE FEMME LAIDE. 2ᵉ *édit.*	1
LE ROMAN D'UNE JOLIE FEMME. (*sous pr.*).	1
UNE NOUVELLE MADELEINE.	1

HOFFMANN. *Trad. Champfleury*

CONTES POSTHUMES.	1

ROBERT HOUDIN

CONFIDENCES D'UN PRESTIDIGITATEUR.	2

ARSÈNE HOUSSAYE

AVENTURES GALANTES DE MARGOT.	1
BLANCHE ET MARGUERITE.	1
MADEMOISELLE MARIANI, histoire parisienne (1858). 4ᵉ *édition*	1

CHARLES HUGO

LE COCHON DE SAINT ANTOINE.	1
UNE FAMILLE TRAGIQUE.	1

UN INCONNU

MONSIEUR X... ET MADAME ***.	1

WASHINGTON IRVING. *Trad. Th. Lefebvre*

AU BORD DE LA TAMISE. Contes, Récits et Légendes. 2ᵉ *édition*	1

ALFRED JACOBS

L'OCÉANIE NOUVELLE.	1

PAUL JANET

LA FAMILLE. LEÇONS DE PHILOSOPHIE MORALE. 6ᵉ *édition*	1

JULES JANIN

BARNAVE. *Nouvelle édition*	1
LES CONTES DU CHALET. 2ᵉ édition.	1
CONTES FANTAST. ET CONTES LITTÉR.	1
HIST. DE LA LITTÉRATURE DRAMATIQUE.	6

AUGUSTE JOLTROIS

LES COUPS DE PIED DE L'ANE. 2ᵉ *édit.*	1

LOUIS JOURDAN

LES FEMMES DEVANT L'ÉCHAFAUD. 2ᵉ *éd.*	1

ARMAND JUSSELAIN

UN DÉPORTÉ A CAYENNE	1

MIECISLAS KAMIENSKI *tué à Magenta*

SOUVENIRS	1

KARL-DES-MONTS

LES LÉGENDES DES PYRÉNÉES. 4ᵉ *édit.*	1

ALPHONSE KARR

AGATHE ET CÉCILE.	1
SOIRÉES DE SAINTE-ADRESSE.	1
DE LOIN ET DE PRÈS. 2ᵉ édition.	1
EN FUMANT. 3ᵉ édition.	1
LETTRES ÉCRITES DE MON JARDIN.	1
LE ROI DES ILES CANARIES. (*Sous presse*).	1
SUR LA PLAGE. 2ᵉ édition.	1

LA BRUYÈRE

LES CARACTÈRES. *Nouvelle édition,* commentée par *A. Destailleur.*	2

LAMARTINE

LES CONFIDENCES. *Nouvelle édition.*	1
GENEVIÈVE. Hist. d'une Servante. 2ᵉ *éd.*	1
NOUVELLES CONFIDENCES. 2ᵉ édition.	1
TOUSSAINT LOUVERTURE. 3ᵉ édition.	1

BIBLIOTHÈQUE CONTEMPORAINE. — 3 FR. LE VOLUME.

LE PRINCE DE LA MOSKOWA
Souvenirs et récits. 1

LANFREY
Les lettres d'Éverard. 1

VICTOR DE LAPRADE *de l'Acad. franç.*
Poëmes évangéliques. 3e *édition.* . 1
Psyché. Odes et Poëmes. *Nouv. édit.* 1
Les Symphonies. Idylles héroïques. . 1

CHARLES DE LA ROUNAT
Le testament du docteur Ophidius (*S. p.*) 1

FERDINAND DE LASTEYRIE
Les travaux de Paris. Examen crit. 1

DE LATENA
Étude de l'homme. 4e *édition aug.* 2

ÉMILE DE LATHEULADE
De la dignité humaine. 1

ANTOINE DE LATOUR
Études littér. sur l'Espagne contemp. 1
Études sur l'Espagne. 2
La baie de Cadix. 1
Tolède et les bords du Tage. . . . 1
L'Espagne religieuse et littéraire. 1
Les Saynètes de Ramon de la Cruz. 1

CHARLES DE LA VARENNE
Victor-Emmanuel II et le Piémont. . 1

CH. LAVOLLÉE
La Chine contemporaine. 1

JULES LECOMTE
Voyages çà et là. 1

A. LEFEVRE-PONTALIS
Les lois et les mœurs électorales en France et en Angleterre. . . 1

ERNEST LEGOUVÉ *de l'Acad. franç.*
Lectures à l'Académie. 1

JOHN LEMOINNE
Études critiques et biographiques. 1
Nouv. études crit. et biographiques. 1

FRANÇOIS LENORMANT
La Grèce et les îles Ioniennes. . . 1

JULES LEVALLOIS
La piété au XIXe siècle. 1

G. LEVAVASSEUR
Études d'après nature. 1

CH. LIADIÈRES
Œuvres dramatiques et légendes. 1
Souv. histor. et parlementaires. . 1

FRANZ LISZT
Des Bohémiens et de leur musique. 1

LE ROI LOUIS-PHILIPPE
Mon journal. Événements de 1815. . 2

LE VICOMTE DE LUDRE
Dix années de la cour de Georges II. 1

CHARLES MAGNIN
Histoire des marionnettes en Europe, depuis l'antiquité. 2e *édition.* 1

FÉLICIEN MALLEFILLE
Le Collier. Contes et Nouvelles. . 1

HECTOR MALOT
Les amours de Jacques. 1
Les Victimes d'Amour. Les Amants. 2e *édition.* 1
Les Victimes d'Amour. Les Époux. 1
La vie moderne en Angleterre. . . 1

AUGUSTE MAQUET
Les vertes feuilles. 1

MARC-BAYEUX
La première étape. 1

LE COMTE DE MARCELLUS
Chants populaires de la Grèce moderne, réunis, classés et traduits. 1

X. MARMIER
En chemin de fer. 1

CH. DE MAZADE
L'Italie et les Italiens. 1
L'Italie moderne. 1
La Pologne contemporaine. 1

E. DU MÉRAC
Placide de Javerny. 1

MERCIER
Tableau de Paris. *Nouv. édition.* 1

PROSPER MÉRIMÉE *de l'Acad. franç.*
Les Cosaques d'autrefois. 2e *édition* 1
Les deux héritages. 1
Épisode de l'histoire de Russie . 1
Études sur l'histoire romaine. . 1
Mélanges historiques et littéraires.
Nouvelles. Carmen — Arsène Guillot — L'abbé Aubain, etc. 4e *édition.* 1

MÉRY
Les amours des bords du Rhin. . . 1
Un crime inconnu. 1
Les journées de Titus. 1
Monsieur Auguste. 2e *édition.* . . 1
Les mystères d'un château. . . . 1
Les nuits anglaises. 1
Les nuits italiennes. 1
Les nuits d'Orient. 1
Les nuits parisiennes. 1
Les nuits espagnoles. 1
Poésies intimes. 1
Théâtre de salon. 2e *édition.* . . 1
Nouveau théâtre de salon. 1
Trafalgar. 1
Les uns et les autres. 1
Ursule. 2e *édition.* 1
La Vénus d'Arles. 1
La vie fantastique. 1

PAUL MEURICE
Scènes du foyer. La famille Aubry. 1

ÉDOUARD MEYER
Contes de la mer Baltique. . . . 1

FRANCISQUE MICHEL
Du passé et de l'avenir des haras. 1

MIE D'AGHONNE
BONJOUR ET BONSOIR. 1

C^{sse} DE MIRABEAU—Vte DE GRENVILLE
HISTOIRE DE DEUX HÉRITIÈRES. . 1

L'ABBÉ TH. MITRAUD
DE LA NATURE DES SOCIÉTÉS HUMAINES. 1

CÉLESTE MOGADOR
MÉMOIRES COMPLETS 4

PAUL DE MOLÈNES
L'AMANT ET L'ENFANT. 1
AVENTURES DU TEMPS PASSÉ. . . . 1
LE BONHEUR DES MAIGE 1
CARACTÈRES ET RÉCITS DU TEMPS. . 1
LES COMMENTAIRES D'UN SOLDAT. . 1
LA FOLIE DE L'ÉPÉE. 1
HISTOIRES SENTIMENTALES ET MILITAIRES. 1

CHARLES MONSELET
LES ANNÉES DE GAITÉ. 1
L'ARGENT MAUDIT. 2e *édition*. . . 1
LES FEMMES QUI FONT DES SCÈNES. . 1
LA FIN DE L'ORGIE 1
LA FRANC-MAÇONNERIE DES FEMMES. 1
FRANÇOIS SOLEIL 1
LES GALANTERIES DU XVIIIe SIÈCLE. 1
M. LE DUC S'AMUSE. 1
LES ORIGINAUX DU SIÈCLE DERNIER. 1

LE Cte DE MONTALIVET anc. ministre
RIEN. — Dix-huit années du gouvernement parlementaire. 2e *édition*. . 1

FRÉDÉRIC MORIN
LES HOMMES ET LES LIVRES CONTEMPOR. 1
LES IDÉES DU TEMPS PRÉSENT. . . 1

HENRY MURGER
LES BUVEURS D'EAU 1
SCÈNES DE CAMPAGNE 1
SCÈNES DE LA VIE DE JEUNESSE. . 1
NUITS D'HIVER, Poésies compl. 2e *éd*. 1

A. DE MUSSET, DE BALZAC, G. SAND
PARIS ET LES PARISIENS. 1

PAUL DE MUSSET
UN MAÎTRE INCONNU. 1

NADAR
LA ROBE DE DÉJANIRE. 2e *édition*. . 1

LA COMTESSE NATHALIE
LA VILLA GALIETTA. 1

CHARLES NISARD
MÉMOIRES ET CORRESPONDANCES HISTORIQUES ET LITTÉRAIRES, INÉDITS. 1

D. NISARD de l'Acad. française
ÉTUDES DE CRITIQUE LITTÉRAIRE. . 1
ÉTUDES D'HISTOIRE ET DE LITTÉRATURE. 1
NOUVELLES ÉTUDES. 1
ÉTUDES SUR LA RENAISSANCE. 2e *édit*. 1
SOUVENIRS DE VOYAGE. 2e *édition*. 1

CHARLES NODIER *traducteur*
LE VICAIRE DE WAKEFIELD . . . 1

LE VICOMTE DE NOÉ
BACHI-BOZOUCKS ET CHASSEURS D'AFR. 1

JULES NORIAC
JOURNAL D'UN FLANEUR 1
MADEMOISELLE POUCET. 2e *édition*. 1
LE CAPITAINE SAUVAGE. 1

MAXIME OGET
COMTESSE ET VIERGE FOLLE. . . . 1

ÉDOUARD OURLIAC *Œuvres compl.*
LES CONFESSIONS DE NAZARILLE. . 1
LES CONTES DE LA FAMILLE. . . . 1
CONTES SCEPTIQUES ET PHILOSOPHIQUES. 1
LA MARQUISE DE MONTMIRAIL. . . 1
NOUVELLES. 1
LES PORTRAITS DE FAMILLE. . . . 1
THÉATRE DU SEIGNEUR CROQUIGNOLE. 1

ALPHONSE PAGÈS
BALZAC MORALISTE ou Pensées de Balzac extraites de son œuvre, classées et mises en regard de celles de *La Rochefoucauld, Pascal, La Bruyère et Vauvenargues*. 1

ÉDOUARD PAILLERON
LES PARASITES. 1

THÉOD. PARMENTIER
DESCRIPTION TOPOGRAPHIQUE ET STRATÉGIQUE DU THÉATRE DE LA GUERRE TURCO-RUSSE. *Trad. de l'allemand*, avec une carte topographique. . . 1

TH. PAVIE
RÉCITS DE TERRE ET DE MER. . . . 1
SCÈNES ET RÉCITS DES PAYS D'OUTRE-MER 1

***
LE PÉCHÉ DE MADELEINE. 2e *édition*. 1

SIMÉON PÉCONTAL
LÉGENDES. Ouvr. couronné par l'Acad. 1

PAUL PERRET
LA BAGUE D'ARGENT. 1
LE PRIEURÉ. 1

LÉONCE DE PESQUIDOUX
L'ÉCOLE ANGLAISE. —1672-1851—. 1
VOYAGE ARTISTIQUE EN FRANCE. . 1

A. PEYRAT
ÉTUDES HISTORIQUES ET RELIGIEUSES. 1
HISTOIRE ET RELIGION. 1

LAURENT PICHAT
CARTES SUR TABLE. *Nouvelles*. . . 1
LA SIBYLLE. 1

AMÉDÉE PICHOT
LA BELLE RÉBECCA. 1
SIR CHARLES BELL. 1

GUSTAVE PLANCHE
ÉTUDES LITTÉRAIRES. 1
ÉTUDES SUR L'ÉCOLE FRANÇAISE. . 2
ÉTUDES SUR LES ARTS 1

ÉDOUARD PLOUVIER
LA BELLE AUX CHEVEUX BLEUS. 2e *édit*. 1

EDGAR POE *Trad. Ch. Baudelaire*
EUREKA. 1
HISTOIRES GROTESQUES ET SÉRIEUSES. 1

F. PONSARD *de l'Acad. française*
ÉTUDES ANTIQUES. 1
THÉATRE COMPLET. 3e *édition*. . . 1

P. P.
UNE SŒUR. 1

BIBLIOTHÈQUE CONTEMPORAINE. — 3 FR. LE VOLUME.

A. DE PONTMARTIN
	vol.
CAUSERIES LITTÉRAIRES. *Nouv. édition.*	1
NOUV. CAUSERIES LITTÉRAIRES. 2e *édit.*	1
DERNIÈRES CAUSERIES LITTÉRAIRES. 2e *éd.*	1
CAUSERIES DU SAMEDI. 2e *série des* Causeries Littéraires. *Nouv. édition.*	1
NOUVELLES CAUSERIES DU SAMEDI. 2e *éd.*	1
DERNIÈRES CAUSERIES DU SAMEDI.	1
ENTRE CHIEN ET LOUP. (*Sous presse*)	1
LE FOND DE LA COUPE.	1
LES JEUDIS DE Mme CHARBONNEAU.	1
LES SEMAINES LITTÉRAIRES.	1
NOUVELLES SEMAINES LITTÉRAIRES.	1
DERNIÈRES SEMAINES LITTÉRAIRES.	1
NOUVEAUX SAMEDIS.	2

EUGÈNE POUJADE
LE LIBAN ET LA SYRIE.	1

PRÉVOST-PARADOL
ÉLISABETH ET HENRI IV (1595-1598). 3e *éd.*	1
ESSAIS DE POLITIQUE ET DE LITTÉRATURE. 2e *édition.*	3
QUELQUES PAGES D'HISTOIRE CONTEMPORAINE. Lettres politiques.	3

CHARLES RABOU
LA GRANDE ARMÉE	2

MAX RADIGUET
A TRAVERS LA BRETAGNE.	1
SOUVENIRS DE L'AMÉRIQUE ESPAGNOLE.	1

RAMON DE LA CRUZ
SAYNÈTES, tr. de l'esp. par *A. de Latour.*	1

LOUIS RATISBONNE
L'ENFER DE DANTE, traduction en vers, texte en regard. 3e *édition.*	2
LE PURGATOIRE DE DANTE. *Nouv. éd.*	1
LE PARADIS DE DANTE. *Nouv. édition.*	1
IMPRESSIONS LITTÉRAIRES.	1
MORTS ET VIVANTS.	1

JEAN REBOUL de Nîmes
LETTRES avec introd. de M. Poujoulat.	1

PAUL DE RÉMUSAT
LES SCIENCES NATURELLES. Études sur leur histoire et sur leurs progrès.	1

ERNEST RENAN
ÉTUDES D'HISTOIRE RELIGIEUSE. 7e *édit.*	1

D. JOSÉ GUELL Y RENTÉ
LÉGENDES AMÉRICAINES.	1
LÉGENDES D'UNE AME TRISTE	1
TRADITIONS AMÉRICAINES.	1
LA VIERGE DES LYS — PETITE-FILLE DE ROI	1

RODOLPHE REY
HIST. DE LA RENAISSANCE POL. DE L'ITALIE.	1

LOUIS REYBAUD
LA COMTESSE DE MAULÉON.	1
LES ÉCOLES EN FRANCE ET EN ANGLETERRE.	1
JÉRÔME PATUROT à la recherche de la meilleure des républiques.	2
MARINES ET VOYAGES.	1
MŒURS ET PORTRAITS DU TEMPS.	2
NOUVELLES.	1
ROMANS.	1
SCÈNES DE LA VIE MODERNE.	1
LA VIE A REBOURS.	1
LA VIE DE CORSAIRE.	1
LA VIE DE L'EMPLOYÉ.	1

CHARLES REYNAUD
	vol.
ÉPÎTRES, CONTES ET PASTORALES.	1
ŒUVRES INÉDITES.	1

HENRI RIVIÈRE
LE CACIQUE. Journal d'un marin	1
LA MAIN COUPÉE.	1
LES MÉPRISES DU CŒUR.	1
LA POSSÉDÉE.	1

JEAN ROUSSEAU
LES COUPS D'ÉPÉE DANS L'EAU.	1
PARIS DANSANT. 2e *édition.*	1

EDMOND ROCHE
POÉSIES POSTHUMES. Notice de *V. Sardou,* et eaux-fortes.	1

AMÉDÉE ROLLAND
LES FILS DE TANTALE	1
LA FOIRE AUX MARIAGES. 2e *édition.*	1
LES MARIONNETTES DE L'AMOUR. (*S. pr.*).	1

VICTORINE ROSTAND
UNE BONNE ÉTOILE.	1
AU BORD DE LA SAÔNE.	1

LE DOCTr FÉLIX ROUBAUD
POUGUES, ses eaux minérales, ses environs.	1

ÉMILE RUBEN
CE QUE COUTE UNE RÉPUTATION.	1

LE MARÉCHAL DE SAINT-ARNAUD
LETTRES (1832-1854), 3e *édition*, avec une not. de *M. Sainte-Beuve*	2

SAINTE-BEUVE de l'Acad. franç.
NOUVEAUX LUNDIS.	5

SAINT-GERMAIN LEDUC
UN MARI.	1

SAINT-SIMON
DOCTRINE SAINT-SIMONIENNE.	1

GEORGE SAND
ANDRÉ.	1
ANTONIA.	1
LA CONFESSION D'UNE JEUNE FILLE.	2
CONSTANCE VERRIER.	1
LA DERNIÈRE ALDINI.	1
ELLE ET LUI.	1
LA FAMILLE DE GERMANDRE.	1
FRANÇOIS LE CHAMPI.	1
INDIANA.	1
JACQUES.	1
JEAN DE LA ROCHE.	1
LAURA	1
LETTRES D'UN VOYAGEUR.	1
MADEMOISELLE LA QUINTINIE.	1
LES MAÎTRES MOSAÏSTES.	1
LES MAÎTRES SONNEURS.	1
LA MARE AU DIABLE.	1
LE MARQUIS DE VILLEMER.	1
MAUPRAT.	1
MONSIEUR SYLVESTRE.	1
MONT-REVÈCHE.	1
NOUVELLES	1
LA PETITE FADETTE.	1
TAMARIS.	1
THÉÂTRE COMPLET.	4
THÉÂTRE DE NOHANT.	1
VALENTINE.	1
VALVÈDRE.	1
LA VILLE NOIRE.	1

LIBRAIRIES DE MICHEL LÉVY FRÈRES.

MAURICE SAND
	vol.
CALLIRHOÉ	1
SIX MILLE LIEUES A TOUTE VAPEUR. 2ᵉ *édit.*	1

JULES SANDEAU
UN DÉBUT DANS LA MAGISTRATURE. 2ᵉ *éd.*	1
LA MAISON DE PENARVAN. 8ᵉ *édition.*	1

FRANCISQUE SARCEY
LE MOT ET LA CHOSE.	1

C. DE SAULT
ESSAIS DE CRITIQUE D'ART.	1

EDMOND SCHERER
ÉTUDES CRITIQUES sur la littérature.	1
NOUV. ÉTUDES sur la littérature. 2ᵉ sér.	1
ÉTUDES SUR LA LITTÉRATURE. 3ᵉ série.	1
MÉLANGES D'HIST. RELIGIEUSE. 2ᵉ *édit.*	1

FERNAND SCHICKLER
EN ORIENT. SOUVENIRS DE VOYAGE	1

AURÉLIEN SCHOLL
LES GENS TARÉS.	1

EUGÈNE SCRIBE
HISTORIETTES ET PROVERBES.	1
NOUVELLES.	1
THÉATRE (*ouvrage complet*)	20

ALBÉRIC SECOND
A QUOI TIENT L'AMOUR ?	1

WILLIAM N. SENIOR
LA TURQUIE CONTEMPORAINE.	1

J.-C.-L. DE SISMONDI
LETTRES INÉDITES, suivies de lettres de Bonstetten, de Mᵐᵉˢ de Staël et de Souza, Intr. de *St-René Taillandier.*	1

DE STENDHAL (H. BEYLE)
ŒUVRES COMPLÈTES
LA CHARTREUSE DE PARME. *Nouv. éd.*	1
CHRONIQUES ITALIENNES	1
CORRESPONDANCE INÉDITE Introduction de *P. Mérimée* et Portrait	2
HISTOIRE DE LA PEINTURE EN ITALIE.	1
MÉMOIRES D'UN TOURISTE. *Nouv. édit.*	2
NOUVELLES INÉDITES	1
NOUVELLES ET MÉLANGES. (Sous pr.).	1
PROMENADES DANS ROME. *Nouv. édit.*	2
RACINE ET SHAKSPEARE. *Nouv. édit.*	1
ROMANS ET NOUVELLES.	1
ROME, NAPLES ET FLORENCE. *Nouv. édit.*	1
LE ROUGE ET LE NOIR. *Nouv. édition.*	1
VIE DE ROSSINI. *Nouv. édition*	1
VIES DE HAYDN, DE MOZART ET DE MÉTASTASE. *Nouv. édit. entièr. revue.*	1

DANIEL STERN
ESSAI SUR LA LIBERTÉ. *Nouv. édit.*	1
FLORENCE ET TURIN. Art et politique.	1
NÉLIDA.	1

MATHILDE STEV...
LE OUI ET LE NON DES FEMMES.	1

SAINT-RENÉ TAILLANDIER
ALLEMAGNE ET RUSSIE.	1
LA COMTESSE D'ALBANY.	1
HISTOIRE ET PHILOSOPHIE RELIGIEUSE.	1
LITTÉRATURE ÉTRANGÈRE — ÉCRIVAINS ET POÈTES MODERNES.	1

TÉRENCE
THÉATRE COMPLET. *Trad. A. de Belloy.*	1

EDMOND TEXIER
CONTES ET VOYAGES	1
CRITIQUES ET RÉCITS LITTÉRAIRES	1

***
MÉMOIRES DE BILBOQUET	3

EDMOND THIAUDIÈRE
	vol.
UN PRÊTRE EN FAMILLE.	1

A. THIERS
HISTOIRE DE LAW	1

CH. THIERRY-MIEG
SIX SEMAINES EN AFRIQUE. Souv. de voyage, avec carte et 9 dessins.	1

ÉMILE THOMAS
HISTOIRE DES ATELIERS NATIONAUX.	1

TIRSO DE MOLINA
THÉATRE. Traduit par *Alph. Royer.*	1

MARIO UCHARD
LA COMTESSE DIANE. 2ᵉ *édition.*	1
UNE DERNIÈRE PASSION.	1
LE MARIAGE DE GERTRUDE. 4ᵉ *édition.*	1
RAYMON. 4ᵉ *édition.*	1

LOUIS ULBACH
L'HOMME AUX CINQ LOUIS D'OR.	1

AUGUSTE VACQUERIE
PROFILS ET GRIMACES.	1

E. DE VALBEZEN (LE MAJOR FRIDOLIN)
LA MALLE DE L'INDE. 2ᵉ *édition.*	1
RÉCITS D'HIER ET D'AUJOURD'HUI.	1

OSCAR DE VALLÉE
LES MANIEURS D'ARGENT. 4ᵉ *édition.*	1

MAX VALREY
CES PAUVRES FEMMES !	1
LES VICTIMES DU MARIAGE. 2ᵉ *édition.*	1

THÉODORE VERNES
NAPLES ET LES NAPOLITAINS. 2ᵉ *édit.*	1

ALFRED DE VIGNY
ŒUVRES COMPLÈTES
CINQ-MARS, avec 2 autographes. 14ᵉ *éd.*	1
STELLO. 9ᵉ *édition.*	1
SERVITUDE ET GRANDEUR MILITAIRES. 9ᵉ *édition.*	1
THÉATRE COMPLET. 8ᵉ *édition*	1
POÉSIES COMPLÈTES. 8ᵉ *édition.*	1

SAMUEL VINCENT
DU PROTESTANTISME EN FRANCE. N. *éd.* Introd. de *Prévost-Paradol.*	1
MÉDITATIONS RELIGIEUSES. Not. de *Fontanès.* Int. d'*A. Coquerel fils.*	1

LEON VINGTAIN
DE LA LIBERTÉ DE LA PRESSE	1
VIE PUBLIQUE DE ROYER-COLLARD avec une préface de M. *A. de Broglie.*	1

L. VITET *de l'Académie française*
ESSAIS HISTORIQUES ET LITTÉRAIRES.	1
LA LIGUE. — SCÈNES HISTORIQUES. Précéd. des ÉTATS D'ORLÉANS. *Nouv. édit.*	2
HISTOIRE DE DIEPPE. *Nouvelle édit.*	1
ÉTUDES SUR L'HISTOIRE DE L'ART.	4

RICHARD WAGNER
QUATRE POÈMES D'OPÉRAS ALLEMANDS.	1

J.-J. WEISS
ESSAIS SUR L'HISTOIRE DE LA LITTÉRATURE FRANÇAISE	1

FRANCIS WEY
CHRISTIAN	1

CORNÉLIS DE WITT
LA SOCIÉTÉ FRANÇAISE ET LA SOCIÉTÉ ANGLAISE AU XVIIIᵉ SIÈCLE	1

E. YEMENIZ *consul de Grèce*
LA GRÈCE MODERNE	1

BIBLIOTHÈQUE NOUVELLE.
Format grand in-18 à 2 francs le volume

EDMOND ABOUT — vol.
LE CAS DE M. GUÉRIN. 4ᵉ *édition* ... 1
LE NEZ D'UN NOTAIRE. 5ᵉ *édition*. . 1

AMÉDÉE ACHARD
BELLE-ROSE 1
NELLY 1
LA TRAITE DES BLONDES 1

PIOTRE ARTAMOV
HISTOIRE D'UN BOUTON. 4ᵉ *édition*. . 1
LES INSTRUMENTS DE MUSIQUE DU DIABLE. 1
LA MÉNAGERIE LITTÉRAIRE 1

BABAUD-LARIBIÈRE
HISTOIRE DE L'ASSEMBLÉE NATIONALE CONSTITUANTE. 2

H. DE BARTHÉLEMY
LA NOBLESSE EN FRANCE avant et depuis 1789 1

Mme DE BAWR
NOUVELLES 1
RAOUL, ou l'Enéide 1
ROBERTINE 1
LES SOIRÉES DES JEUNES PERSONNES . . 1

ROGER DE BEAUVOIR
COLOMBES ET COULEUVRES 1
LES MYSTÈRES DE L'ILE SAINT-LOUIS . . 1
LES ŒUFS DE PAQUES 1

FRÉDÉRIC BÉCHARD
LES EXISTENCES DÉCLASSÉES. 5ᵉ *édit*. . 1
L'ÉCHAPPÉ DE PARIS. Nouv. série des *Existences déclassées*. 2ᵉ *édition*. . 1

GEORGES BELL
LUCY LA BLONDE 1
LES REVANCHES DE L'AMOUR 1

PIERRE BERNARD
L'A B C DE L'ESPRIT ET DU CŒUR . . . 1

CH. BERTHOUD
FRANÇOIS D'ASSISE. Étude historique. . 1

ALBERT BLANQUET
LE ROI D'ITALIE. Roman historique. . . 1

RAOUL BRAVARD
CES SAVOYARDS ! 1

E. BRISEBARRE ET E. NUS
LES DRAMES DE LA VIE 2

CLÉMENT CARAGUEL
SOUVENIRS ET AVENTURES D'UN VOLONTAIRE GARIBALDIEN 1

COMTESSE DE CHABRILLAN
EST-IL FOU ? 1

EUGÈNE CHAPUS
LES HALTES DE CHASSE. 2ᵉ *édition*. . 1
MANUEL DE L'HOMME ET DE LA FEMME COMME IL FAUT. 5ᵉ *édition*. 1

ÉMILE CHEVALIER
LES PIEDS NOIRS 1

CLOGENSON
BEPPO, de Byron, trad. vers. 1

A. CONSTANT
LE SORCIER DE MEUDON 1

LA COMTESSE DASH
LE LIVRE DES FEMMES. *Nouv. édition*. 1

DÉCEMBRE-ALONNIER
LA BOHÈME LITTÉRAIRE 1

ÉDOUARD DELESSERT — vol.
LE CHEMIN DE ROME 1
SIX SEMAINES DANS L'ILE DE SARDAIGNE. 1

CH. DICKENS *Trad. Amédée Pichot*
LES CONTES D'UN INCONNU 1
HISTORIETTES ET RÉCITS DU FOYER . . . 1

MAXIME DU CAMP
LES CHANTS MODERNES 1
LE CHEVALIER DU CŒUR-SAIGNANT . . . 1
L'HOMME AU BRACELET D'OR. 2ᵉ *édition*. 1
LE NIL (Égypte et Nubie). 3ᵉ *édition*. 1
LE SALON DE 1859 1
LE SALON DE 1861 1

JOACHIM DUFLOT
LES SECRETS DES COULISSES DES THÉATRES DE PARIS. Mœurs, Usages, Anecdotes, avec une préface de J. Noriac 1

ALEXANDRE DUMAS
L'ART ET LES ARTISTES CONTEMPORAINS au salon de 1859 1
UNE AVENTURE D'AMOUR 1
LES DRAMES GALANTS — LA MARQUISE D'ESCOMAN 2
DE PARIS A ASTRAKAN 3
LA SAN-FELICE 9
SOUVENIRS D'UNE FAVORITE 4

ÉMILIE
CHANTS D'UNE ÉTRANGÈRE 1

XAVIER EYMA
LE ROMAN DE FLAVIO 1

ANTOINE GANDON
LES 32 DUELS DE JEAN GIGON. 10ᵉ *édit*. 1
LE GRAND GODARD. 4ᵉ *édition* 1
L'ONCLE PHILIBERT. Histoire d'un peureux. 3ᵉ *édition* 1

JULES GÉRARD *le Tueur de lions*
MES DERNIÈRES CHASSES 1

ÉMILE DE GIRARDIN
BON SENS, BONNE FOI 4
LE DROIT AU TRAVAIL au Luxembourg et à l'Assemblée nationale 2
ÉTUDES POLITIQUES. *Nouvelle édit*. . 1
LE POUR ET LE CONTRE 1
QUESTIONS ADMINIST. ET FINANCIÈRES. 1

EDMOND ET JULES DE GONCOURT
SŒUR PHILOMÈNE 1

ÉDOUARD GOURDON
CHACUN LA SIENNE 1
LOUISE. 12ᵉ *édition* 1
LES FAUCHEURS DE NUIT. 5ᵉ *édition* . 1

LÉON GOZLAN
L'AMOUR DES LÈVRES ET L'AMOUR DU CŒUR 1
ARISTIDE FROISSART 1
LES AVENTURES DU PRINCE DE GALLES . 1
LE PLUS BEAU RÊVE D'UN MILLIONNAIRE. 1

Mme MANOEL DE GRANDFORT
MADAME N'EST PAS CHEZ ELLE 1
OCTAVE — COMMENT ON S'AIME QUAND ON NE S'AIME PLUS 1

ED. GRIMARD
	vol.
L'ÉTERNEL FÉMININ.	1

JULES GUÉROULT
FABLES.	1

CHARLES D'HÉRICAULT
LA FILLE AUX BLUETS. 2ᵉ *édition*.	1
LES PATRICIENS DE PARIS.	1

LA REINE HORTENSE
LA REINE HORTENSE EN ITALIE, EN FRANCE ET EN ANGLETERRE.	1

ARSÈNE HOUSSAYE
LES FILLES D'ÈVE.	1
LA PÉCHERESSE.	1
LE REPENTIR DE MARION.	1

A. JAIME FILS
L'HÉRITAGE DU MAL.	1
LES TALONS NOIRS. 2ᵉ *édition*.	1

LOUIS JOURDAN
LES PEINTRES FRANÇAIS. SALON DE 1859	1

AURÈLE KERVIGAN
HISTOIRE DE RIRE.	1

MARY LAFON
LA BANDE MYSTÉRIEUSE.	1
LA PESTE DE MARSEILLE.	1

Mme LA MARQUISE DE LA GRANGE
LA RÉSINIÈRE D'ARCACHON.	1

G. DE LA LANDELLE
LA GORGONE.	2
UNE HAINE A BORD.	1

STEPHEN DE LA MADELAINE
UN CAS PENDABLE.	1

F. LAMENNAIS
DE LA SOCIÉTÉ PREMIÈRE et de ses lois.	1

LARDIN ET MIE D'AGHONNE
JEANNE DE FLERS.	1

A. LEXANDRE
LE PÈLERINAGE DE MIREILLE.	1

FANNY LOVIOT
LES PIRATES CHINOIS. 3ᵉ *édition*.	1

LOUIS LURINE
VOYAGE DANS LE PASSÉ.	1

AUGUSTE MAQUET
LE BEAU D'ANGENNES	1
LA BELLE GABRIELLE.	3
LE COMTE DE LAVERNIE.	3
DETTES DE CŒUR. 4ᵉ *édition*.	1
L'ENVERS ET L'ENDROIT.	2
LA MAISON DU BAIGNEUR.	2
LA ROSE BLANCHE.	1

MÉRY
LE PARADIS TERRESTRE. 2ᵉ *édition*.	1
MARSEILLE ET LES MARSEILLAIS. 2ᵉ *édit*.	1

ALFRED MICHIELS
CONTES D'UNE NUIT D'HIVER.	1

EUGÈNE DE MIRECOURT
LES CONFESSIONS DE MARION DELORME.	3
— DE NINON DE LENCLOS.	3

L'ABBÉ TH. MITRAUD
LE LIVRE DE LA VERTU.	1

L. MOLAND
LE ROMAN D'UNE FILLE LAIDE.	1

HENRY MONNIER
	vol.
MÉMOIRES DE M. JOSEPH PRUDHOMME.	1

MARC MONNIER
LA CAMORRA. MYSTÈRES DE NAPLES.	1
HISTOIRE DU BRIGANDAGE DANS L'ITALIE MÉRIDIONALE. 2ᵉ *édition*.	1

MORTIMER-TERNAUX
LA CHUTE DE LA ROYAUTÉ.	1
LE PEUPLE AUX TUILERIES.	1

CHARLES NARREY
LE QUATRIÈME LARRON. 2ᵉ *édition*.	1

HENRI NICOLLE
COURSES DANS LES PYRÉNÉES.	1

JULES NORIAC
LA BÊTISE HUMAINE. 16ᵉ *édition*.	1
LE 101ᵉ RÉGIMENT. *Nouv. édition*.	1
LA DAME A LA PLUME NOIRE. 2ᵉ *édition*.	1
LE GRAIN DE SABLE. 9ᵉ *édition*.	1
MÉMOIRES D'UN BAISER. 3ᵉ *édition*.	1
SUR LE RAIL. 2ᵉ *édition*	1

LAURENCE OLIPHANT
VOYAGE PITTORESQUE D'UN ANGLAIS EN RUSSIE ET SUR LE LITTORAL DE LA MER NOIRE ET DE LA MER D'AZOF.	1

ÉDOUARD OURLIAC
SUZANNE. *Nouv. édition*.	1

CHARLES PERRIER
L'ART FRANÇAIS AU SALON DE 1857.	1

LE COMTE A. DE PONTÉCOULANT
HISTOIRES ET ANECDOTES.	1

A. DE PONTMARTIN
LES BRULEURS DE TEMPLES.	1

CHARLES RABOU
LOUISON D'ARQUIEN	1
LES TRIBULATIONS DE MAITRE FABRICIUS.	1
LE CAPITAINE LAMBERT.	1

GIOVANI RUFINI
MÉMOIRES D'UN CONSPIRATEUR ITALIEN.	1

JULES SANDEAU
UN HÉRITAGE.	1

VICTORIEN SARDOU
LA PERLE NOIRE.	1

AURÉLIEN SCHOLL
LES AMOURS DE THÉÂTRE. 2ᵉ *édition*.	1
SCÈNES ET MENSONGES PARISIENS. 2ᵉ *éd*.	1

E.-A. SEILLIÈRE
AU PIED DU DONON.	1

Mme SURVILLE, née DE BALZAC
LE COMPAGNON DU FOYER.	1

THACKERAY Trad. Am. Pichot
MORGIANA.	1

EDMOND TEXIER
LA GRÈCE ET SES INSURRECTIONS. Avec carte. *Nouvelle édition*.	1

EM. DE VARS
LA JOUEUSE. Mœurs de province.	1

Mme VERDIER-ALLUT
LES GÉORGIQUES DU MIDI.	1

A. VERMOREL
LES AMOURS FUNESTES.	1
LES AMOURS VULGAIRES.	1

Dr L. VÉRON
PARIS EN 1860. LES THÉÂTRES DE PARIS DE 1806 à 1860, *avec gravures*.	1

ŒUVRES COMPLÈTES
DE
H. DE BALZAC

NOUVELLE ÉDITION, COMPLÈTE EN 45 VOLUMES
à 1 fr. 25 cent. le volume
(*Chaque volume se vend séparément*)

Les œuvres que BALZAC a désignées sous le titre de :

La Comédie humaine, forment dans cette édition . . . . 40 volumes.
Les Contes drôlatiques . . . . 3 —
Le Théâtre, seule édition complète . . . . 2 —

CLASSIFICATION D'APRÈS LES INDICATIONS DE L'AUTEUR :

COMÉDIE HUMAINE

SCÈNES DE LA VIE PRIVÉE

Tome 1. — LA MAISON DU CHAT QUI PELOTTE. Le Bal de Sceaux. La Bourse. La Vendetta. Madame Firmiani. Une double Famille.
Tome 2. — LA PAIX DU MÉNAGE. La fausse Maîtresse. Etude de femme. Autre Etude de Femme. La grande Bretèche. Albert Savarus.
Tome 3. — MÉMOIRES DE DEUX JEUNES MARIÉES. Une Fille d'Éve.
Tome 4. — LA FEMME DE TRENTE ANS. La femme abandonnée. La Grenadière. Le Message. Gobseck.
Tome 5. — LE CONTRAT DE MARIAGE. Un Début dans la vie.
Tome 6. — MODESTE MIGNON.
Tome 7. — BÉATRIX.
Tome 8. — HONORINE. Le colonel Chabert. La Messe de l'Athée. L'Interdiction. Pierre Grassou.

SCÈNES DE LA VIE DE PROVINCE

Tome 9. — URSULE MIROUET.
Tome 10. — EUGÉNIE GRANDET.
Tome 11. — LES CÉLIBATAIRES — I. Pierrette. Le Curé de Tours.
Tome 12. — LES CÉLIBATAIRES — II. Un Ménage de Garçon.
Tome 13. — LES PARISIENS EN PROVINCE. L'illustre Gaudissart. La Muse du département.
Tome 14. — LES RIVALITÉS. La Vieille Fille. Le Cabinet des Antiques.
Tome 15. — LE LYS DANS LA VALLÉE.
Tome 16. — ILLUSIONS PERDUES — I. Les deux Poëtes. Un grand homme de province à Paris, 1re partie.
Tome 17. — ILLUSIONS PERDUES — II. Un Grand homme de province, 2e partie. Éve et David.

SCÈNES DE LA VIE PARISIENNE

Tome 18. — SPLENDEURS ET MISÈRES DES COURTISANES. Esther heureuse. A combien l'amour revient aux Vieillards. Où mènent les mauvais chemins.
Tome 19. — LA DERNIÈRE INCARNATION DE VAUTRIN. Un Prince de la Bohême. Un Homme d'affaires. Gaudissart II. Les Comédiens sans le savoir.
Tome 20. — HISTOIRE DES TREIZE. Ferragus. La duchesse de Langeais. La Fille aux yeux d'or.
Tome 21. — LE PÈRE GORIOT.
Tome 22. — CÉSAR BIROTTEAU.
Tome 23. — LA MAISON NUCINGEN. Les Secrets de la princesse de Cadignan. Les Employés. Sarrasine. Facino Cane.
Tome 24. — LES PARENTS PAUVRES — La Cousine Bette.
Tome 25. — LES PARENTS PAUVRES — Le Cousin Pons.

SCÈNES DE LA VIE POLITIQUE

Tome 26. — UNE TÉNÉBREUSE AFFAIRE. Un Episode sous la Terreur.
Tome 27. — L'ENVERS DE L'HISTOIRE CONTEMPORAINE. Madame de la Chanterie. L'Initié. Z. Marcas.
Tome 28. — LE DÉPUTÉ D'ARCIS.

SCÈNES DE LA VIE MILITAIRE

Tome 29. — LES CHOUANS. Une Passion dans le Désert.

SCÈNES DE LA VIE DE CAMPAGNE

Tome 30. — LE MÉDECIN DE CAMPAGNE.
Tome 31. — LE CURÉ DE VILLAGE.
Tome 32. — LES PAYSANS.

ÉTUDES PHILOSOPHIQUES

Tome 33. — LA PEAU DE CHAGRIN.
Tome 34. — LA RECHERCHE DE L'ABSOLU. Jésus-Christ en Flandre. Melmoth réconcilié. Le Chef-d'œuvre inconnu.
Tome 35. — L'ENFANT MAUDIT. Gambara. Massimilia Doni.
Tome 36. — LES MARANA. Adieu. Le Réquisitionnaire. El Verdugo. Un Drame au bord de la mer. L'Auberge rouge. L'Elixir de longue vie. Maître Cornélius.
Tome 37. — SUR CATHERINE DE MÉDICIS. Le Martyr calviniste. La Confidence des Ruggieri. Les deux Rêves.
Tome 38. — LOUIS LAMBERT. Les Proscrits. Seraphita.

ÉTUDES ANALYTIQUES

Tome 39. — PHYSIOLOGIE DU MARIAGE.
Tome 40. — PETITES MISÈRES DE LA VIE CONJUGALE.

CONTES DROLATIQUES

Tome 41. — 1er *dixain*.
Tome 42. — 2e *dixain*.
Tome 43. — 3e *dixain*.

THÉATRE

Tome 44. — VAUTRIN, drame en 5 actes. Les Ressources de Quinola, comédie en 5 actes. Paméla Giraud, comédie en 5 actes.

Tome 45. — LA MARATRE, drame intime en 5 actes. Le Faiseur (Mercadet), comédie en 5 actes (entièrement conforme au manuscrit de l'auteur.)

ŒUVRES DE JEUNESSE DE H. DE BALZAC

NOUVELLE ÉDITION COMPLÈTE EN 10 VOLUMES

A 1 fr. 25 cent. le volume (chaque volume se vend séparément)

	vol.		vol.
ARGOW LE PIRATE	1	L'HÉRITIÈRE DE BIRAGUE	1
LE CENTENAIRE	1	L'ISRAËLITE	1
LA DERNIÈRE FÉE	1	JANE LA PALE	1
DOM GIGADAS	1	JEAN-LOUIS	1
L'EXCOMMUNIÉ	1	LE VICAIRE DES ARDENNES	1

OUVRAGES DIVERS

GEORGES BELL — f. c.
LE MIROIR DE CAGLIOSTRO. 1 vol. 1 »

CHARLES BLANC
LES PEINTRES DES FÊTES GALANTES. 1 vol. in-32 . . . . . 1 »

J. BRUNTON
LES 40 PRÉCEPTES DU JEU DE WHIST. 1 vol in-18 . . . . . 1 50

ALFRED BUSQUET
LA NUIT DE NOEL. 1 vol. in-32 . . 1 »

LE COMTE DE CHEVIGNÉ
LES CONTES RÉMOIS illustrés par E. Meissonier. 6e édition. 1 vol. . 5 »

CHARLES EMMANUEL
LES DÉVIATIONS DU PENDULE ET LE MOUVEMENT DE LA TERRE. 1 vol. gr. in-18 . . . . . 1 »

ALEXANDRE GUÉRIN
LES RELIGIEUSES. 1 vol. gr. in-18 . 1 »

LOUIS JOURDAN
LES PRIÈRES DE LUDOVIC. 1 v. in-32. 1 »

LASSABATHIE, Admin. du Conserv.
HISTOIRE DU CONSERVATOIRE IMPÉRIAL DE MUSIQUE ET DE DÉCLAMATION suivie de documents recueillis et mis en ordre. 1 vol. grand in-18 . . 5 »

AUGUSTE LUCHET
LA CÔTE-D'OR A VOL D'OISEAU. 1 vol. grand in-18 . . . . . 2 »
LA SCIENCE DU VIN. 1 vol. gr. in-18. 2 50

P. MORIN — f. c.
COMMENT L'ESPRIT VIENT AUX TABLES. 1 vol. in-18 . . . . . 1 50

A. PEYRAT
UN NOUVEAU DOGME. Histoire de l'Immaculée Conception. 1 vol. in-18. 1 »

LE DOCTEUR RAULAND
LE LIVRE DES ÉPOUX. Guide pour la guérison de l'Impuissance, de la stérilité et de toutes les maladies des organes génitaux. 1 fort vol. gr. in-18 . . . . . 4 »

MARY-ÉLIZA ROGERS
LA VIE DOMESTIQUE EN PALESTINE. 1 vol. gr. in-18 . . . . . 3 50

***
MÉMOIRES D'UN PROTESTANT condamné aux galères de France pour cause de religion, d'après le journal original de Jean Marteilhe de Bergerac. 1 fort vol. gr. in-18 . . . . . 3 50

LE Dr FÉLIX ROUBAUD
Inspecteur des Eaux minérales de Pougues (Nièvre)
LA DANSE DES TABLES. Phénomènes physiologiques démontrés, avec gravure explicative. 2e édition. 1 vol. in-18 . . . . . 1 »
LES EAUX MINÉRALES DE LA FRANCE. Guide du médecin praticien et du malade. 1 fort vol. gr. in-18 broché, 4 fr.; relié . . . . . 5 »

SAVINIEN LAPOINTE
MES CHANSONS. — 1 vol. in-32 . . 1 »

ÉTUDES CONTEMPORAINES
Format in-18

ODILON BARROT — f. c.
DE LA CENTRALISATION ET DE SES EFFETS. 1 vol . . . . . 1 »

LE PRINCE A. DE BROGLIE
UNE RÉFORME ADMINISTRATIVE EN AFRIQUE. 1 vol 1 50

ÉDOUARD DELPRAT
L'ADMINISTRATION DE LA PRESSE. 1 v. 1 »

A. GERMAIN
MARTYROLOGE DE LA PRESSE. 1 vol. . 2 50

LE COMTE D'HAUSSONVILLE — f. c.
LETTRE AU SÉNAT. 1 vol . . . . . 1 »

LÉONCE DE LAVERGNE
LA CONSTITUTION DE 1852 ET LE DÉCRET DU 24 NOVEMBRE. 1 vol. . 1 »

ED. DE SONNIER
LES DROITS POLITIQUES DANS LES ÉLECTIONS. — Manuel de l'Electeur et du Candidat. 1 vol . . . . . 1 »

***
LA LIBERTÉ RELIGIEUSE ET LA LÉGISLATION ACTUELLE. 1 vol. . . . 1 »

COLLECTION MICHEL LÉVY
ET BIBLIOTHÈQUE DE LA LIBRAIRIE NOUVELLE
1 franc le volume grand in-18 de 300 à 400 pages

AMÉDÉE ACHARD
	vol.
LES DERNIÈRES MARQUISES	1
LES FEMMES HONNÊTES	1
PARISIENNES ET PROVINCIALES	1
LA ROBE DE NESSUS	1

ACHIM D'ARNIM
Traduction Th. Gautier fils
CONTES BIZARRES	1

ADOLPHE ADAM
SOUVENIRS D'UN MUSICIEN	1
DERNIERS SOUVENIRS D'UN MUSICIEN	1

W.-H. AINSWORTH
Traduction B.-H. Revoil
LE GENTILHOMME DES GRANDES ROUTES	2

GUSTAVE D'ALAUX
L'EMPEREUR SOULOUQUE ET SON EMPIRE	1

***
MADAME LA DUCHESSE D'ORLÉANS, HÉLÈNE DE MECKLEMBOURG-SCHWERIN	1

***
SOUVENIRS D'UN OFFICIER DU 2e DE ZOUAVES	1

ALFRED ASSOLLANT
HISTOIRE FANTASTIQUE DE PIERROT	1

XAVIER AUBRYET
LA FEMME DE VINGT-CINQ ANS	1

ÉMILE AUGIER *de l'Acad. française*
POÉSIES COMPLÈTES	1

***
LES ZOUAVES ET LES CHASSEURS A PIED	1

J. AUTRAN
MILIANAH. Épisode des guer. d'Afrique	1

THÉODORE DE BANVILLE
ODES FUNAMBULESQUES	1

J. BARBEY D'AUREVILLY
L'AMOUR IMPOSSIBLE	1
L'ENSORCELÉE	1

Mme DE BASSANVILLE
LES SECRETS D'UNE JEUNE FILLE	1

BEAUMARCHAIS
THÉÂTRE, précédé d'une Notice sur sa vie et ses ouvrages, par *Louis de Loménie*	1

ROGER DE BEAUVOIR
AVENTURIÈRES ET COURTISANES	1
LE CABARET DES MORTS	1
LE CHEVALIER DE CHARNY	1
LE CHEVALIER DE SAINT-GEORGES	1
HISTOIRES CAVALIÈRES	1
LA LESCOMBAT	1
MADEMOISELLE DE CHOISY	1

ROGER DE BEAUVOIR (*Suite*)
	vol.
LE MOULIN D'HEILLY	1
LE PAUVRE DIABLE	1
LES SOIRÉES DU LIDO	1
LES TROIS ROHAN	1

Mme ROGER DE BEAUVOIR
CONFIDENCES DE Mlle MARS	1
SOUS LE MASQUE	1

HENRI BÉCHADE
LA CHASSE EN ALGÉRIE	1

Mme BEECHER STOWE
LA CASE DE L'ONCLE TOM. (*Traduction L. Pilatte*)	2
SOUVENIRS HEUREUX. (*Traduction E. Forcade*)	3

GEORGES BELL
SCÈNES DE LA VIE DE CHATEAU	1

A. DE BERNARD
LE PORTRAIT DE LA MARQUISE	1

CHARLES DE BERNARD
LES AILES D'ICARE	1
UN BEAU PÈRE	2
L'ÉCUEIL	1
LE GENTILHOMME CAMPAGNARD	2
GERFAUT	1
UN HOMME SÉRIEUX	1
LE NŒUD GORDIEN	1
LE PARATONNERRE	1
LE PARAVENT	1
LA PEAU DU LION ET LA CHASSE AUX AMANTS	1

ÉLIE BERTHET
LA BASTIDE ROUGE	1
LES CHAUFFEURS	1
LE DERNIER IRLANDAIS	1
LA ROCHE TREMBLANTE	1

CAROLINE BERTON
ROSETTE	1

CH. DE BOIGNE
LES PETITS MÉMOIRES DE L'OPÉRA	1

LOUIS BOUILHET
MÉLÆNIS, conte romain	1

RAOUL BRAVARD
L'HONNEUR DES FEMMES	1
UNE PETITE VILLE	1
LA REVANCHE DE GEORGES DANDIN	1

A. DE BRÉHAT
BRAS D'ACIER	1
SCÈNES DE LA VIE CONTEMPORAINE	1

A. BRIZEUX
LES BRETONS	1

MAX BUCHON
EN PROVINCE	1

E.-L. BULWER
Traduction Amédée Pichot

	vol.
LA FAMILLE CAXTON	2
LE JOUR ET LA NUIT	2

S. CAMBRAY
LE MOULIN	1

ÉMILIE CARLEN
Traduction Marie Souvestre

DEUX JEUNES FEMMES	1

ÉMILE CARREY
L'AMAZONE. HUIT JOURS SOUS L'ÉQUATEUR	1
— LES MÉTIS DE LA SAVANE	1
— LES RÉVOLTÉS DU PARA	1
HISTOIRE ET MŒURS KABYLES	1
SCÈNES DE LA VIE EN ALGÉRIE	1

HIPPOLYTE CASTILLE
HISTOIRES DE MÉNAGE	1

CHAMPFLEURY
LES AMOUREUX DE SAINTE-PÉRINE	1
AVENTURES DE MADEMOISELLE MARIETTE	1
LES BOURGEOIS DE MOLINCHART	1
CHIEN-CAILLOU	1
LES EXCENTRIQUES	1
M. DE BOISDYUVER	1
LES PREMIERS BEAUX JOURS	1
LE RÉALISME	1
LES SENSATIONS DE JOSQUIN	1
SOUFFRANCES DU PROFESSEUR DELTEIL	1
SOUVENIRS DES FUNAMBULES	1
LA SUCCESSION LE CAMUS	1
L'USURIER BLAIZOT	1

PHILARÈTE CHASLES
LE VIEUX MÉDECIN	1

F. DE CHATEAUBRIAND
ATALA—RENÉ—LE DERNIER ABENCERAGE, avec une étude *de M. Sainte-Beuve*.	1
LE GÉNIE DU CHRISTIANISME, avec un avant-propos *de M. Guizot*.	2
LES MARTYRS	2
LES NATCHEZ	2
LE PARADIS PERDU *de Milton* (traduc.)	1

GUSTAVE CLAUDIN
POINT ET VIRGULE	1

Mme LOUISE COLET
QUARANTE-CINQ LETTRES DE BÉRANGER	1

HENRI CONSCIENCE
L'ANNÉE DES MERVEILLES	1
AURÉLIEN	2
BATAVIA	1
LES BOURGEOIS DE DARLINGEN	1
LE CONSCRIT	1
LE COUREUR DES GRÈVES	1
LE DÉMON DE L'ARGENT	1
LE DÉMON DU JEU	1
LES DRAMES FLAMANDS	1
LE FLÉAU DU VILLAGE	1
LE GENTILHOMME PAUVRE	1
LA GUERRE DES PAYSANS	1
HEURES DU SOIR	1
LE JEUNE DOCTEUR	1
LE LION DE FLANDRE	2
LE MAL DU SIÈCLE	1
LE MARCHAND D'ANVERS	1
LA MÈRE JOB	1
L'ORPHELINE	1
SCÈNES DE LA VIE FLAMANDE	2
SOUVENIRS DE JEUNESSE	1
LA TOMBE DE FER	1
LE TRIBUN DE GAND	2
LES VEILLÉES FLAMANDES	1

H. CORNE
	vol.
SOUVENIRS D'UN PROSCRIT POLONAIS	1

P. CORNEILLE
ŒUVRES, précéd. d'une notice sur sa vie et ses ouvrages par *M. Sainte-Beuve*.	2

LA COMTESSE DASH
UN AMOUR COUPABLE	1
LES AMOURS DE LA BELLE AURORE	2
LES BALS MASQUÉS	1
LA BELLE PARISIENNE	1
LA CHAINE D'OR	1
LA CHAMBRE BLEUE	1
LE CHATEAU DE LA ROCHE-SANGLANTE	1
LES CHATEAUX EN AFRIQUE	1
LA DAME DU CHATEAU MURÉ	1
LES DEGRÉS DE L'ÉCHELLE	1
LA DERNIÈRE EXPIATION	2
LA DUCHESSE DE LAUZUN	3
LA DUCHESSE D'ÉPONNES	1
LES FOLIES DU CŒUR	1
LE FRUIT DEFENDU	1
LES GALANTERIES DE LA COUR DE LOUIS XV.	4
— LA RÉGENCE	1
— LA JEUNESSE DE LOUIS XV	1
— LES MAITRESSES DU ROI	1
— LE PARC AUX CERFS	1
LE JEU DE LA REINE	1
LA JOLIE BOHÉMIENNE	1
LES LIONS DE PARIS	1
MADAME LOUISE DE FRANCE	1
MADAME DE LA SABLIÈRE	1
MADEMOISELLE DE LA TOUR DU PIN	1
LA MAIN GAUCHE ET LA MAIN DROITE	1
LA MARQUISE DE PARABÈRE	1
LA MARQUISE SANGLANTE	2
LE NEUF DE PIQUE	1
LA POUDRE ET LA NEIGE	1
UN PROCÈS CRIMINEL	1
UNE RIVALE DE LA POMPADOUR	1
LE SALON DU DIABLE	1
LES SECRETS D'UNE SORCIÈRE	2
LA SORCIÈRE DU ROI	2
LES SUITES D'UNE FAUTE	1
TROIS AMOURS	1

LE GÉNÉRAL DAUMAS
LE GRAND DÉSERT	1

E.-J. DELÉCLUZE
DONA OLYMPIA	1
MADEMOISELLE JUSTINE DE LIRON	1
LA PREMIÈRE COMMUNION	1

ÉDOUARD DELESSERT
VOYAGE AUX VILLES MAUDITES	1

PAUL DELTUF
AVENTURES PARISIENNES	1
LES PETITS MALHEURS D'UNE JEUNE FEMME	1

CHARLES DICKENS *Trad. Am. Pichot*
CONTES DE NOEL	1
LE NEVEU DE MA TANTE	2

OCTAVE DIDIER
UNE FILLE DE ROI	1
MADAME GEORGES	1

MAXIME DU CAMP
MÉMOIRES D'UN SUICIDÉ	1
LE SALON DE 1857	1
LES SIX AVENTURES	1

ALEXANDRE DUMAS
ACTÉ	1
AMAURY	1
ANGE PITOU	2

COLLECTION MICHEL LÉVY. — 1 FR. LE VOLUME.

ALEXANDRE DUMAS (Suite)

Titre	vol.
ASCANIO	2
AVENTURES DE JOHN DAVYS	2
LES BALEINIERS	2
LE BATARD DE MAULÉON	3
BLACK	1
LA BOUILLIE DE LA COMTESSE BERTHE	1
LA BOULE DE NEIGE	1
BRIC-A-BRAC	2
UN CADET DE FAMILLE	3
LE CAPITAINE PAMPHILE	1
LE CAPITAINE PAUL	1
LE CAPITAINE RICHARD	1
CATHERINE BLUM	1
CAUSERIES	2
CÉCILE	1
CHARLES LE TÉMÉRAIRE	2
LE CHASSEUR DE SAUVAGINE	1
LE CHATEAU D'EPPSTEIN	2
LE CHEVALIER D'HARMENTAL	2
LE CHEVALIER DE MAISON-ROUGE	2
LE COLLIER DE LA REINE	3
LA COLOMBE. Maître Adam le Calabrais	1
LE COMTE DE MONTE-CRISTO	6
LA COMTESSE DE CHARNY	6
LA COMTESSE DE SALISBURY	2
LES COMPAGNONS DE JÉHU	3
LES CONFESSIONS DE LA MARQUISE	2
CONSCIENCE L'INNOCENT	2
LA DAME DE MONSOREAU	3
LA DAME DE VOLUPTÉ	2
LES DEUX DIANE	3
LES DEUX REINES	2
DIEU DISPOSE	2
LES DRAMES DE LA MER	1
LA FEMME AU COLLIER DE VELOURS	1
FERNANDE	1
UNE FILLE DU RÉGENT	1
LE FILS DU FORÇAT	1
LES FRÈRES CORSES	1
GABRIEL LAMBERT	1
GAULE ET FRANCE	1
GEORGES	1
UN GIL BLAS EN CALIFORNIE	1
LES GRANDS HOMMES EN ROBE DE CHAMBRE — CÉSAR	2
—HENRI IV — LOUIS XIII ET RICHELIEU	2
LA GUERRE DES FEMMES	2
HISTOIRE D'UN CASSE-NOISETTE	1
L'HOROSCOPE	3
IMPRESSIONS DE VOYAGE — EN SUISSE	4
— EN RUSSIE	4
— UNE ANNÉE A FLORENCE	1
— L'ARABIE HEUREUSE	3
— LES BORDS DU RHIN	2
— LE CAPITAINE ARÉNA	1
— LE CAUCASE	3
— LE CORRICOLO	2
— LE MIDI DE LA FRANCE	2
— DE PARIS A CADIX	2
— QUINZE JOURS AU SINAI	1
— LE SPERONARE	2
— LE VÉLOCE	2
— LA VILLA PALMIÉRI	2
INGÉNUE	2
ISABEL DE BAVIÈRE	2
ITALIENS ET FLAMANDS	2
IVANHOE de W. Scott (Traduction)	2
JANE	1
JEHANNE LA PUCELLE	1

ALEXANDRE DUMAS (Suite)

Titre	vol.
LOUIS XIV ET SON SIÈCLE	4
LOUIS XV ET SA COUR	2
LOUIS XVI ET LA RÉVOLUTION	2
LES LOUVES DE MACHECOUL	3
MADAME DE CHAMBLAY	2
LA MAISON DE GLACE	2
LE MAITRE D'ARMES	1
LES MARIAGES DU PÈRE OLIFUS	1
LES MÉDICIS	1
MES MÉMOIRES	10
MÉMOIRES DE GARIBALDI	2
MÉMOIRES D'UNE AVEUGLE	2
MÉMOIRES D'UN MÉDECIN (BALSAMO)	5
LE MENEUR DE LOUPS	1
LES MILLE ET UN FANTOMES	1
LES MOHICANS DE PARIS	4
LES MORTS VONT VITE	2
NAPOLÉON	1
UNE NUIT A FLORENCE	1
OLYMPE DE CLÈVES	3
LE PAGE DU DUC DE SAVOIE	2
LE PASTEUR D'ASHBOURN	2
PAULINE ET PASCAL BRUNO	1
UN PAYS INCONNU	1
LE PÈRE GIGOGNE	2
LE PÈRE LA RUINE	1
LA PRINCESSE DE MONACO	2
LA PRINCESSE FLORA	1
LES QUARANTE-CINQ	3
LA RÉGENCE	1
LA REINE MARGOT	2
LA ROUTE DE VARENNES	1
LE SALTEADOR	1
SALVATOR	5
SOUVENIRS D'ANTONY	1
LES STUARTS	1
SULTANETTA	1
SYLVANDIRE	1
LE TESTAMENT DE M. CHAUVELIN	1
TROIS MAITRES	1
LES TROIS MOUSQUETAIRES	2
LE TROU DE L'ENFER	1
LA TULIPE NOIRE	1
LE VICOMTE DE BRAGELONNE	6
LA VIE AU DÉSERT	2
UNE VIE D'ARTISTE	1
VINGT ANS APRÈS	3

ALEXANDRE DUMAS FILS

Titre	vol.
ANTONINE	1
AVENTURES DE QUATRE FEMMES	4
LA BOITE D'ARGENT	1
LA DAME AUX CAMÉLIAS	1
LA DAME AUX PERLES	1
DIANE DE LYS	1
LE DOCTEUR SERVANS	1
LE RÉGENT MUSTEL	1
LE ROMAN D'UNE FEMME	1
TROIS HOMMES FORTS	1
SOPHIE PRINTEMPS	1
TRISTAN LEROUX	1
LA VIE A VINGT ANS	1

MISS EDGEWORTH
Traduction Jousselin

Titre	vol.
DEMAIN	1

GABRIEL D'ENTRAGUES

Titre	vol.
HISTOIRES D'AMOUR ET D'ARGENT	1

ERCKMANN-CHATRIAN

Titre	vol.
L'ILLUSTRE DOCTEUR MATHÉUS	1

XAVIER EYMA

	vol.
AVENTURIERS ET CORSAIRES	1
LES FEMMES DU NOUVEAU-MONDE	1
LES PEAUX NOIRES	1
LES PEAUX ROUGES	1
LE ROI DES TROPIQUES	1
LE TRÔNE D'ARGENT	1

GUSTAVE FLAUBERT

	vol.
MADAME BOVARY	2

PAUL FÉVAL

	vol.
ALIZIA PAULI	1
LES AMOURS DE PARIS	2
LE BERCEAU DE PARIS	1
BLANCHEFLEUR	1
LE BOSSU OU LE PETIT PARISIEN	3
LE CAPITAINE SIMON	1
LES COMPAGNONS DU SILENCE	3
LES DERNIÈRES FÉES	1
LES FANFARONS DU ROI	1
LE FILS DU DIABLE	4
LES NUITS DE PARIS	1
LA REINE DES ÉPÉES	1
LE TUEUR DE TIGRES	1

PAUL FOUCHER

	vol.
LA VIE DE PLAISIR	1

ARNOULD FRÉMY

	vol.
LES CONFESSIONS D'UN BOHÉMIEN	2
LES MAITRESSES PARISIENNES	2

GALOPPE D'ONQUAIRE

	vol.
LE DIABLE BOITEUX A PARIS	1
LE DIABLE BOITEUX EN PROVINCE	1
LE DIABLE BOITEUX AU VILLAGE	1
LE DIABLE BOITEUX AU CHATEAU	1

THÉOPHILE GAUTIER

	vol.
CONSTANTINOPLE	1
LES GROTESQUES	1

SOPHIE GAY

	vol.
ANATOLE	1
LE COMTE DE GUICHE	1
LA COMTESSE D'EGMONT	1
LA DUCHESSE DE CHATEAUROUX	1
ELLÉNORE	2
LE FAUX FRÈRE	1
LAURE D'ESTELL	1
LÉONIE DE MONTBREUSE	1
LES MALHEURS D'UN AMANT HEUREUX	1
UN MARIAGE SOUS L'EMPIRE	1
LE MARI CONFIDENT	1
MARIE DE MANCINI	1
MARIE-LOUISE D'ORLÉANS	1
LE MOQUEUR AMOUREUX	1
PHYSIOLOGIE DU RIDICULE	1
SALONS CÉLÈBRES	1
SOUVENIRS D'UNE VIEILLE FEMME	1

JULES GÉRARD

	vol.
LA CHASSE AU LION. Orné de 12 dessins de Gust. Doré	1

GÉRARD DE NERVAL

	vol.
LA BOHÊME GALANTE	1
LES FILLES DU FEU	1
LE MARQUIS DE FAYOLLE	1
SOUVENIRS D'ALLEMAGNE	1

ÉMILE DE GIRARDIN

	vol.
ÉMILE	1

Mme ÉMILE DE GIRARDIN

	vol.
CONTES D'UNE VIEILLE FILLE A SES NEVEUX	
LA CROIX DE BERNY (en société avec Th. Gautier, Méry et Jules Sandeau)	1

Mme ÉMILE DE GIRARDIN (Suite)

	vol.
MARGUERITE	1
M. LE MARQUIS DE PONTANGES	1
NOUVELLES — Le Lorgnon. — La Canne de M. de Balzac — Il ne faut pas jouer avec la douleur	1
POÉSIES COMPLÈTES	1
LE VICOMTE DE LAUNAY. Lettres parisiennes. *Édition complète*	4

GŒTHE
Traduction N. Fournier

	vol.
WERTHER, avec notice, d'*H. Heine*	1
HERMANN ET DOROTHÉE	1

OLIVIER GOLDSMITH
Traduction N. Fournier

	vol.
LE VICAIRE DE WAKEFIELD, avec étude de lord *Macaulay*, trad. *G. Guizot*	1

LÉON GOZLAN

	vol.
LE BARIL DE POUDRE D'OR	1
LA COMÉDIE ET LES COMÉDIENS	1
LA DERNIÈRE SŒUR GRISE	1
LE DRAGON ROUGE	1
ÉMOTIONS DE POLYDORE MARASQUIN	1
LA FAMILLE LAMBERT	1
LA FOLLE DU LOGIS	1
LE NOTAIRE DE CHANTILLY	1
LES NUITS DU PÈRE LACHAISE	1

Mme MANOEL DE GRANDFORT

	vol.
L'AUTRE MONDE	1

LÉON HILAIRE

	vol.
NOUVELLES FANTAISISTES	1

HILDEBRAND
Traduction Léon Wocquier

	vol.
LA CHAMBRE OBSCURE	1
SCÈNES DE LA VIE HOLLANDAISE	1

ARSÈNE HOUSSAYE

	vol.
L'AMOUR COMME IL EST	1
LES FEMMES COMME ELLES SONT	1
LA VERTU DE ROSINE	1

CHARLES HUGO

	vol.
LA BOHÊME DORÉE	2
LA CHAISE DE PAILLE	1

F. VICTOR HUGO
Traducteur

	vol.
LE FAUST ANGLAIS de *Marlowe*	1
SONNETS de *Shakspeare*	1

F. HUGONNET

	vol.
SOUVENIRS D'UN CHEF DE BUREAU ARABE	1

JULES JANIN

	vol.
L'ANE MORT	1
LE CHEMIN DE TRAVERSE	1
UN CŒUR POUR DEUX AMOURS	1
LA CONFESSION	1

CHARLES JOBEY

	vol.
L'AMOUR D'UN NÈGRE	1

PAUL JUILLERAT

	vol.
LES DEUX BALCONS	1

ALPHONSE KARR

	vol.
AGATHE ET CÉCILE	1
LE CHEMIN LE PLUS COURT	1
CLOTILDE	1
CLOVIS GOSSELIN	1
CONTES ET NOUVELLES	1
DEVANT LES TISONS	1
LA FAMILLE ALAIN	1
LES FEMMES	1
ENCORE LES FEMMES	1

COLLECTION MICHEL LÉVY. — 1 FR. LE VOLUME.

ALPHONSE KARR (Suite)
Titre	vol.
FEU BRESSIER	1
LES FLEURS	1
GENEVIÈVE	1
LES GUÊPES	6
HORTENSE	1
MENUS PROPOS	1
MIDI A QUATORZE HEURES	1
LA PÊCHE EN EAU DOUCE ET EN EAU SALÉE	1
LA PÉNÉLOPE NORMANDE	1
UNE POIGNÉE DE VÉRITÉS	1
PROMENADES HORS DE MON JARDIN	1
RAOUL	1
ROSES NOIRES ET ROSES BLEUES	1
LES SOIRÉES DE SAINTE-ADRESSE	1
SOUS LES ORANGERS	1
SOUS LES TILLEULS	1
TROIS CENTS PAGES	1
VOYAGE AUTOUR DE MON JARDIN	1

KAUFFMANN
BRILLAT LE MENUISIER	1

LÉOPOLD KOMPERT
Traduction Daniel Stauben
LES JUIFS DE LA BOHÊME	1
SCÈNES DU GHETTO	1

DE LACRETELLE
LA POSTE AUX CHEVAUX	1

Mme LAFARGE
née Marie Capelle
HEURES DE PRISON	1

G. DE LA LANDELLE
LES PASSAGÈRES	1

CHARLES LAFONT
LES LÉGENDES DE LA CHARITÉ	1

STEPHEN DE LA MADELAINE
LE SECRET D'UNE RENOMMÉE	1

JULES DE LA MADELÈNE
LES AMES EN PEINE	1
LE MARQUIS DES SAFFRAS	1

A. DE LAMARTINE
ANTAR	1
BALZAC ET SES ŒUVRES	1
BENVENUTO CELLINI	1
BOSSUET	1
CHRISTOPHE COLOMB	1
CICÉRON	1
LES CONFIDENCES	1
LE CONSEILLER DU PEUPLE	6
CROMWELL	1
FÉNELON	1
LES FOYERS DU PEUPLE	2
GENEVIÈVE. Histoire d'une servante	1
GRAZIELLA	1
GUILLAUME TELL	1
HÉLOÏSE ET ABÉLARD	1
HOMÈRE ET SOCRATE	1
JACQUARD	1
JEAN-JACQUES ROUSSEAU	1
JEANNE D'ARC	1
Mme DE SÉVIGNÉ	1
NELSON	1
RÉGINA	1
RUSTEM	1
TOUSSAINT LOUVERTURE	1
VIE DU TASSE	1

L'ABBÉ DE LAMENNAIS
Titre	vol.
LE LIVRE DU PEUPLE, avec une étude de M. Ernest Renan	1
PAROLES D'UN CROYANT, avec une étude de M. Sainte-Beuve	1

VICTOR DE LAPRADE
PSYCHÉ	1

CHARLES DE LA ROUNAT
LA COMÉDIE DE L'AMOUR	1

THÉOPHILE LAVALLÉE
HISTOIRE DE PARIS	2

CARLE LEDRUY
LE CAPITAINE D'AVENTURES	1
LE FILS MAUDIT	1
LA NUIT TERRIBLE	1

LÉOUZON LE DUC
L'EMPEREUR ALEXANDRE-II	1

LOUIS LURINE
ICI L'ON AIME	1

FÉLICIEN MALLEFILLE
LE CAPITAINE LAROSE	1
MARCEL	1
MÉMOIRES DE DON JUAN	2
MONSIEUR CORBEAU	1

CH. MARCOTTE DE QUIVIÈRES
DEUX ANS EN AFRIQUE. Avec une introduction du *bibliophile Jacob*	1

MARIVAUX
THÉÂTRE. Précédé d'une notice par *Paul de St-Victor*	1

X. MARMIER
AU BORD DE LA NÉVA	1
LES DRAMES INTIMES	1
UNE GRANDE DAME RUSSE	1
HISTOIRES ALLEMANDES ET SCANDINAVES	4

LE DOCTEUR FÉLIX MAYNARD
UN DRAME DANS LES MERS BORÉALES	1
JOURNAL D'UNE DAME ANGLAISE	1
VOYAGES ET AVENTURES AU CHILI	1

LE CAPITAINE MAYNE-REID
Traduction Allyre Bureau
LES CHASSEURS DE CHEVELURES	1

MÉRY
UN AMOUR DANS L'AVENIR	1
ANDRÉ CHÉNIER	1
LA CHASSE AU CHASTRE	1
LE CHATEAU DES TROIS TOURS	1
LE CHATEAU VERT	1
UNE CONSPIRATION AU LOUVRE	1
LES DAMNÉS DE L'INDE	1
UNE HISTOIRE DE FAMILLE	1
UNE NUIT DU MIDI	1
LES NUITS ANGLAISES	1
LES NUITS D'ORIENT	1
LES NUITS ITALIENNES	1
LES NUITS PARISIENNES	1
SALONS ET SOUTERRAINS DE PARIS	1
LE TRANSPORTÉ	1

PAUL MEURICE
LES TYRANS DE VILLAGE	1

PAUL DE MOLÈNES
AVENTURES DU TEMPS PASSÉ	1
CARACTÈRES ET RÉCITS DU TEMPS	1
CHRONIQUES CONTEMPORAINES	1
HISTOIRES INTIMES	1
HISTOIRES SENTIMENTALES ET MILITAIRES	1
MÉM. D'UN GENTILH. DU SIÈCLE DERNIER	1

MOLIÈRE

	vol.
ŒUVRES COMPLÈTES. — *Nouvelle édition* publiée par *Philarète Chasles*...	5

Mme MOLINOS-LAFITTE

L'ÉDUCATION DU FOYER	1

HENRY MONNIER

MÉMOIRES DE M. JOSEPH PRUDHOMME.	2

CHARLES MONSELET

M. DE CUPIDON	1

LE COMTE DE MONTALIVET
Ancien ministre

RIEN ! 18 années de gouvernement parlementaire. 3e *édition*.	1

LE COMTE DE MOYNIER

BOHÉMIENS ET GRANDS-SEIGNEURS.	1

HÉGÉSIPPE MOREAU

ŒUVRES, avec une notice par *Louis Ratisbonne*.	1

FÉLIX MORNAND

BERNERETTE.	1
LA VIE ARABE.	1

HENRY MURGER

LES BUVEURS D'EAU	1
LE DERNIER RENDEZ-VOUS.	1
MADAME OLYMPE.	1
LE PAYS LATIN	1
PROPOS DE VILLE ET PROPOS DE THÉATRE.	1
LE ROMAN DE TOUTES LES FEMMES.	1
SCÈNES DE CAMPAGNE.	1
SCÈNES DE LA VIE DE BOHÊME.	1
SCÈNES DE LA VIE DE JEUNESSE.	1
LE SABOT ROUGE	1
LES VACANCES DE CAMILLE.	1

A. DE MUSSET, DE BALZAC, G. SAND

LES PARISIENNES A PARIS	1

PAUL DE MUSSET

LA BAVOLETTE.	1
PUYLAURENS.	1

NADAR

LE MIROIR AUX ALOUETTES.	1
QUAND J'ÉTAIS ÉTUDIANT.	1

HENRI NICOLLE

LE TUEUR DE MOUCHES.	1

ÉDOUARD OURLIAC

LES GARNACHES.	1

PAUL PERRET

LES BOURGEOIS DE CAMPAGNE.	1
HISTOIRE D'UNE JOLIE FEMME.	1

LAURENT PICHAT

LA PAÏENNE.	1

AMÉDÉE PICHOT

UN DRAME EN HONGRIE.	1
L'ÉCOLIER DE WALTER SCOTT.	1
LA FEMME DU CONDAMNÉ.	1
LES POÈTES AMOUREUX.	1

EDGAR POE
Traduction Ch. Baudelaire

AVENTURES D'ARTHUR GORDON PYM.	1
HISTOIRES EXTRAORDINAIRES	1
NOUVELLES HISTOIRES EXTRAORDINAIRES.	1

F. PONSARD

	vol.
ÉTUDES ANTIQUES	1

A. DE PONTMARTIN

CONTES D'UN PLANTEUR DE CHOUX.	1
CONTES ET NOUVELLES.	1
LA FIN DU PROCÈS.	1
MÉMOIRES D'UN NOTAIRE.	1
OR ET CLINQUANT.	1
POURQUOI JE RESTE A LA CAMPAGNE.	1

L'ABBÉ PRÉVOST

MANON LESCAUT, précédée d'une Étude par *John Lemoinne*.	1

ANNE RADCLIFFE
Traduction N. Fournier

L'ITALIEN OU LE CONFESSIONNAL DES PÉNITENTS NOIRS.	2
LES MYSTÈRES DU CHATEAU D'UDOLPHE.	2
LES VISIONS DU CHATEAU DES PYRÉNÉES.	1

RAOUSSET-BOULBON

UNE CONVERSION	1

B.-H. REVOIL
Traducteur

LE DOCTEUR AMÉRICAIN.	1
LES HAREMS DU NOUVEAU-MONDE.	1

LOUIS REYBAUD

CE QU'ON PEUT VOIR DANS UNE RUE.	1
CÉSAR FALEMPIN.	1
LA COMTESSE DE MAULÉON.	1
LE COQ DU CLOCHER.	1
LE DERNIER DES COMMIS-VOYAGEURS.	1
ÉDOUARD MONGERON	1
L'INDUSTRIE EN EUROPE.	1
JÉRÔME PATUROT à la recherche de la meilleure des Républiques.	1
JÉRÔME PATUROT à la recherche d'une position sociale.	1
MARIE BRONTIN	1
MATHIAS L'HUMORISTE	1
PIERRE MOUTON.	1
LA VIE A REBOURS.	1
LA VIE DE CORSAIRE.	1

AMÉDÉE ROLLAND

LES MARTYRS DU FOYER.	1

NESTOR ROQUEPLAN

REGAIN : LA VIE PARISIENNE.	1

JULES DE SAINT-FÉLIX

SCÈNES DE LA VIE DE GENTILHOMME.	1
LE GANT DE DIANE.	1
MADEMOISELLE ROSALINDE.	1

GEORGE SAND

ADRIANI	1
LES AMOURS DE L'AGE D'OR.	1
LES BEAUX MESSIEURS DE BOIS-DORÉ.	2
LE CHATEAU DES DÉSERTES.	1
LE COMPAGNON DU TOUR DE FRANCE.	2
LA COMTESSE DE RUDOLSTADT.	2
CONSUELO.	3
LES DAMES VERTES.	1
LA DANIELLA	2
LE DIABLE AUX CHAMPS.	1
LA FILLEULE.	1
FLAVIE.	1

GEORGE SAND (Suite)

	vol.
HISTOIRE DE MA VIE	10
L'HOMME DE NEIGE	3
HORACE	1
ISIDORA	1
JEANNE	1
LÉLIA — Métella — Melchior — Cora	2
LUCREZIA FLORIANI — Lavinia	1
LE MEUNIER D'ANGIBAULT	1
NARCISSE	1
LE PÉCHÉ DE M. ANTOINE	2
LE PICCININO	2
LE SECRÉTAIRE INTIME	1
SIMON	1
TEVERINO — Léone Léoni	1
L'USCOQUE	1

JULES SANDEAU

	vol.
CATHERINE	1
NOUVELLES	1
SACS ET PARCHEMINS	1

EUGÈNE SCRIBE

	vol.
COMÉDIES	3
OPÉRAS	2
OPÉRAS-COMIQUES	5
COMÉDIES-VAUDEVILLES	10

ALBÉRIC SECOND

	vol.
CONTES SANS PRÉTENTION	1

FRÉDÉRIC SOULIÉ

	vol.
AU JOUR LE JOUR	2
LES AVENTURES DE SATURNIN FICHET	2
LE BANANIER — EULALIE PONTOIS	2
LE CHATEAU DES PYRÉNÉES	1
LE COMTE DE FOIX	1
LE COMTE DE TOULOUSE	1
LA COMTESSE DE MONRION	2
CONFESSION GÉNÉRALE	2
LE CONSEILLER D'ÉTAT	1
CONTES POUR LES ENFANTS	1
LES DEUX CADAVRES	1
DIANE ET LOUISE	1
LES DRAMES INCONNUS	5
— LA MAISON N° 3 DE LA RUE DE PROVENCE	1
— AVENTURES D'UN CADET DE FAMILLE	1
— LES AMOURS DE VICTOR BONSENNE	1
— OLIVIER DUHAMEL	1
UN ÉTÉ A MEUDON	1
LES FORGERONS	1
HUIT JOURS AU CHATEAU	1
LA LIONNE	1
LE MAGNÉTISEUR	1
UN MALHEUR COMPLET	1
MARGUERITE	1
LE MAÎTRE D'ÉCOLE	1
LES MÉMOIRES DU DIABLE	3
LE PORT DE CRÉTEIL	1
LES PRÉTENDUS	1
LES QUATRE ÉPOQUES	1
LES QUATRE NAPOLITAINES	2
LES QUATRE SŒURS	1
UN RÊVE D'AMOUR — LA CHAMBRIÈRE	1
SATHANIEL	1
SI JEUNESSE SAVAIT, SI VIEILLESSE POUVAIT	2
LE VICOMTE DE BÉZIERS	1

ÉMILE SOUVESTRE

	vol.
LES ANGES DU FOYER	1
AU BORD DU LAC	1
AU BOUT DU MONDE	1
AU COIN DU FEU	1
CAUSERIES HISTORIQUES ET LITTÉRAIRES	3
CHRONIQUES DE LA MER	1
LES CLAIRIÈRES	1
CONFESSIONS D'UN OUVRIER	1
CONTES ET NOUVELLES	1
DANS LA PRAIRIE	1
LES DERNIERS BRETONS	2
LES DERNIERS PAYSANS	1
DEUX MISÈRES	1
LES DRAMES PARISIENS	1
L'ÉCHELLE DE FEMMES	1
EN FAMILLE	1
EN QUARANTAINE	1
LE FOYER BRETON	2
LA GOUTTE D'EAU	1
HISTOIRES D'AUTREFOIS	1
L'HOMME ET L'ARGENT	1
LOIN DU PAYS	1
LA LUNE DE MIEL	1
LA MAISON ROUGE	1
LE MAT DE COCAGNE	1
LE MÉMORIAL DE FAMILLE	1
LE MENDIANT DE SAINT-ROCH	1
LE MONDE TEL QU'IL SERA	1
LE PASTEUR D'HOMMES	1
LES PÉCHÉS DE JEUNESSE	1
PENDANT LA MOISSON	1
UN PHILOSOPHE SOUS LES TOITS	1
PIERRE ET JEAN	1
RÉCITS ET SOUVENIRS	1
LES RÉPROUVÉS ET LES ÉLUS	2
RICHE ET PAUVRE	1
LE ROI DU MONDE	2
SCÈNES DE LA CHOUANNERIE	1
SCÈNES DE LA VIE INTIME	1
SCÈNES ET RÉCITS DES ALPES	1
LES SOIRÉES DE MEUDON	1
SOUS LA TONNELLE	1
SOUS LES FILETS	1
SOUS LES OMBRAGES	1
SOUVENIRS D'UN BAS-BRETON	2
SOUV. D'UN VIEILLARD. La dernière étape	1
SUR LA PELOUSE	1
THÉATRE DE LA JEUNESSE	1
TROIS FEMMES	1
LA VALISE NOIRE	1

MARIE SOUVESTRE

	vol.
PAUL FERROLL, traduit de l'anglais	1

DANIEL STAUBEN

	vol.
SCÈNES DE LA VIE JUIVE EN ALSACE	1

DE STENDHAL (H. BEYLE)

	vol.
DE L'AMOUR	1
CHRONIQUES ET NOUVELLES	1
LA CHARTREUSE DE PARME	1
CHRONIQUES ITALIENNES	1
MÉMOIRES D'UN TOURISTE	2
PROMENADES DANS ROME	2
LE ROUGE ET LE NOIR	1

STERNE *Trad. N. Fournier* vol.
VOYAGE SENTIMENTAL, avec Notice de *Walter-Scott*... 1

EUGÈNE SUE
LA BONNE AVENTURE........ 2
LE DIABLE MÉDECIN........ 3
— ADÈLE VERNEUIL........ 1
— CLÉMENCE HERVÉ........ 1
— LA GRANDE DAME........ 1
LES FILS DE FAMILLE....... 3
GILBERT ET GILBERTE....... 3
LES SECRETS DE L'OREILLER.... 3
LES SEPT PÉCHÉS CAPITAUX.... 6
— L'ORGUEIL............. 2
— L'ENVIE — LA COLÈRE..... 2
— LA LUXURE — LA PARESSE.. 1
— L'AVARICE — LA GOURMANDISE. 1

Mme DE SURVILLE née DE BALZAC
BALZAC, SA VIE ET SES ŒUVRES.... 1

FRANÇOIS TALON
LES MARIAGES MANQUÉS....... 1

E. TEXIER
AMOUR ET FINANCE........ 1

WILLIAM THACKERAY
Traduction W. Hughes
LES MÉMOIRES D'UN VALET DE PIED.. 1

LOUIS ULBACH
LES SECRETS DU DIABLE....... 1
SUZANNE DUCHEMIN......... 1
LA VOIX DU SANG.......... 1

JULES DE WAILLY FILS vol.
SCÈNES DE LA VIE DE FAMILLE.... 1

OSCAR DE VALLÉE
LES MANIEURS D'ARGENT...... 1

VALOIS DE FORVILLE
LE COMTE DE SAINT-POL....... 1
LE CONSCRIT DE L'AN VIII...... 1
LE MARQUIS DE PAZAVAL...... 1

MAX VALREY
LES FILLES SANS DOT......... 1
MARTHE DE MONTBRUN....... 1

V. VERNEUIL
MES AVENTURES AU SÉNÉGAL... 1

LE DOCTEUR L. VÉRON
CINQ CENT MILLE FRANCS DE RENTE.. 1
MÉMOIRES D'UN BOURGEOIS DE PARIS.. 5

CHARLES VINCENT ET DAVID
LE TUEUR DE BRIGANDS....... 1

FRANCIS WEY
LES ANGLAIS CHEZ EUX....... 1
LONDRES IL Y A CENT ANS..... 1

COLLECTION A 50 CENTIMES
Jolis volumes format grand in-32, sur beau papier

UN ASTROLOGUE vol.
LA COMÈTE ET LE CROISSANT. Présages et prophéties sur la Guerre d'Orient. 1

GUSTAVE CLAUDIN
PALSAMBLEU !........... 1

Mme LOUISE COLET
QUATRE POÈMES couronnés par l'Académie............ 1

ALEXANDRE DUMAS
LA JEUNESSE DE PIERROT. Conte de fée.. 1
MARIE DORVAL.......... 1

HENRY DE LA MADELÈNE
GERMAIN BARBE-BLEUE....... 1

MÉRY
LES AMANTS DU VÉSUVE...... 1

LÉON PAILLET vol.
VOLEURS ET VOLÉS........ 1

J. PETIT-SENN
BLUETTES ET BOUTADES...... 1

NESTOR ROQUEPLAN
LES COULISSES DE L'OPÉRA..... 1

AURÉLIEN SCHOLL
CLAUDE LE BORGNE........ 1

EDMOND TEXIER
UNE HISTOIRE D'HIER........ 1

H. DE VILLEMESSANT
LES CANCANS........... 1

WARNER
SCHAMYL, le Prophète du Caucase... 1

COLLECTION FORMAT IN-32

1 FRANC LE VOLUME

Jolis volumes papier vélin

ÉMILE AUGIER — vol.
LES PARIÉTAIRES. Poésies...... 1

BAISSAC
LES FEMMES DANS LES TEMPS ANCIENS. 1
LES FEMMES DANS LES TEMPS MODERNES. 1

H. DE BALZAC
LES FEMMES.................... 1

THÉODORE DE BANVILLE
LES PAUVRES SALTIMBANQUES..... 1
LA VIE D'UNE COMÉDIENNE....... 1

A. DE BELLOY
PHYSIONOMIES CONTEMPORAINES... 1
PORTRAITS ET SOUVENIRS........ 1

ALFRED BOUGEARD
LES MORALISTES OUBLIÉS........ 1

ÉMILE DESCHANEL
LE BIEN et LE MAL qu'on a dit des enfants..................... 1
HISTOIRE DE LA CONVERSATION... 1
LE MAL QU'ON A DIT DE L'AMOUR. 1

CHARLES DESMAZE
MAURICE QUENTIN DE LA TOUR.... 1

XAVIER EYMA
EXCENTRICITÉS AMÉRICAINES..... 1

OL. GOLDSMITH *Trad. Alph. Esquiros*
VOYAGE D'UN CHINOIS EN ANGLETERRE. 1

LÉON GOZLAN
BALZAC EN PANTOUFLES.......... 1
LES MAITRESSES A PARIS........ 1
UNE SOIRÉE DANS L'AUTRE MONDE. 1

LE COMTE F. DE GRAMMONT
COMMENT ON SE MARIE........... 1
COMMENT ON VIENT et COMMENT ON S'EN VA...................... 1

CHARLES JOLIET
L'ESPRIT DE DIDEROT........... 1

LAURENT JAN
MISANTHROPIE SANS REPENTIR.... 1

E. DE LA BÉDOLLIÈRE
HISTOIRE DE LA MODE EN FRANCE. 1

A. DE LAMARTINE
LES VISIONS................... 1

LARCHER ET JULIEN — vol.
CE QU'ON a dit de la FIDÉLITÉ et de L'INFIDÉLITÉ................. 1

ALBERT DE LASALLE
HISTOIRE DES BOUFFES-PARISIENS. 1

ALFRED DE LÉRIS
MES VIEUX AMIS................ 1
TROIS NOUVELLES ET UN CONTE... 1

ALBERT LHERMITE
UN SCEPTIQUE S'IL VOUS PLAIT.. 1

Mme MANNOURY-LACOUR
ASPHODÈLES.................... 1
SOLITUDES. 2e *édition*....... 1

MÉRY
ANGLAIS ET CHINOIS............ 1
HISTOIRE D'UNE COLLINE........ 1

MICHELET
POLOGNE ET RUSSIE............. 1

HENRY MONNIER
LES BOURGEOIS AUX CHAMPS...... 1
GALERIE D'ORIGINAUX........... 1
LES PETITES GENS.............. 1

CHARLES MONSELET
LA CUISINIÈRE POÉTIQUE........ 1

HENRY MURGER
BALLADES ET FANTAISIES........ 1
PROPOS DE VILLE ET PROPOS DE THÉATRE. 1

EUGÈNE NOEL
RABELAIS...................... 1
LA VIE DES FLEURS ET DES FRUITS. 1

F. PONSARD
HOMÈRE. Poëme................. 1

JULES SANDEAU
LE CHATEAU DE MONTSABREY...... 1
OLIVIER....................... 1

***
PARIS CHEZ MUSARD............. 1

P. J. STAHL
DE L'AMOUR ET DE LA JALOUSIE.. 1
LES BIJOUX PARLANTS........... 1
L'ESPRIT DE VOLTAIRE.......... 1
HIST D'UN PRINCE ET D'UNE PRINCESSE. 1

OUVRAGES ILLUSTRÉS

MISSION DE PHÉNICIE (1860-1861)

Par ERNEST RENAN. Planches exécutées sous la direction de M. THOBOIS, architecte. L'ouvrage se composera de 10 ou 12 livraisons. Chaque livraison, in-folio . . . . Prix : 10 fr.

VOYAGES ET AVENTURES DANS L'AFRIQUE ÉQUATORIALE

Mœurs et coutumes des habitants — Chasses au Gorille, au Crocodile, au Léopard, à l'Éléphant, à l'Hippopotame, etc., par PAUL DU CHAILLU, membre correspondant de la Société géographique de New-York, de la Société d'histoire naturelle de Boston, et de la Société ethnographique américaine, avec illustrations et cartes. Édition française, revue et augmentée. 1 vol. grand in-8°. Prix broché, 15 fr.; demi-reliure chagrin, plats toile, doré sur tranches. . . . . Prix : 20 fr.

VOYAGE DANS LES MERS DU NORD
A BORD DE LA CORVETTE LA REINE-HORTENSE

Par CHARLES EDMOND. 2me édition. 1 vol. grand in-8°, illustré de vignettes, de culs-de-lampe et de têtes de chapitres dessinés par KARL GIRARDET, d'après CH. GIRAUD. Prix broché : 15 fr.; demi-rel. chagrin, plats toile, doré sur tranches. Prix : 20 fr.

ORATOIRE DE LA FAMILLE

Avec indulgences spéciales de S. S. le Pape PIE IX. Magnifique album in-folio, contenant les triptyques de Rubens et diverses compositions religieuses des grands maîtres, gravés par MM. Lagye, Gérard, Marche, Lacharlerie, Catenacci, Cabasson, Hébert et Pannemaker. Emboîtage, toile. . . . . Prix : 15 fr.

L'ASSEMBLÉE NATIONALE COMIQUE

180 dessins inédits de CHAM, texte par A. LIREUX. 1 vol. très-grand in-8°. Prix, broché : 14 fr.; demi-reliure chagrin, plats toile, doré sur tranches. . Prix : 20 fr.

JÉROME PATUROT A LA RECHERCHE DE LA MEILLEURE DES RÉPUBLIQUES

Par LOUIS REYBAUD, illustré par TONY JOHANNOT. 1 vol. très-grand in-8°, contenant 160 vignettes dans le texte et 30 types. Prix, broché : 15 fr.; demi-reliure chagrin, plats toile, doré sur tranches. . . . . Prix : 20 fr.

LE FAUST DE GŒTHE

Traduction revue et complète, précédée d'un Essai sur Gœthe, par HENRI BLAZE ; édition illustrée de 9 vignettes de TONY JOHANNOT et d'un nouveau portrait de Gœthe, gravés sur acier par LANGLOIS, et tirés sur papier de Chine. 1 vol. gr. in-8°. Prix : broché, 8 fr.; demi-reliure chagrin, plats toile, doré sur tranches. Prix : 12 fr.

THÉATRE COMPLET DE VICTOR HUGO

1 vol. gr. in-8°, orné du portrait de Victor Hugo et de 6 grav. sur acier, d'après les dessins de RAFFET, L. BOULANGER, J. DAVID, etc. Prix, broché : 6 fr. 50. Demi-reliure chagrin, plats toile, doré sur tranches. . . . . Prix : 11 fr.

CONTES RÉMOIS

Par le comte DE CHEVIGNÉ. 4e édition, illustrée de 34 dessins de MEISSONIER. 1 joli volume format elzévirien (6e édit.), caractère du XVIe siècle, avec encadrements, édition tirée sur papier vergé par J. Claye. Prix : 5 fr. Quelques exemplaires ont été tirés sur papier de couleur. Prix : 10 fr. In-8° carré. Prix : 7 fr. 50. Il reste quelques exemplaires du même ouvrage, tirés sur grand raisin vélin, 20 fr.; sur papier de Hollande, gravures tirées à part sur papier de Chine. Prix : 60 fr.

CONTES BRABANÇONS

Par CHARLES DE COSTER, illustrés par MM. DE GROUX, DE SCHAMPHELEER, DURWÉE, FÉLICIEN ROPS, VAN CAMP et OTTO VON THOREN, grav. par WILLIAM BROWN. 1 beau vol. in-8°. . . . . Prix : 5 fr.

LE 101me RÉGIMENT

Par JULES NOBIAC. 1 volume grand in-16, illustré de 84 dessins. Prix : 4 fr. 50. Demi-reliure chagrin, plats toile, doré sur tranches . . . . . . Prix : 6 fr. 50.

OUVRAGES ILLUSTRÉS.

CONTES D'UN VIEIL ENFANT
Par FEUILLET DE CONCHES. 2ᵉ édition, imprimée avec le plus grand soin, illustrée de 35 gravures sur bois. 1 vol. grand in-8 jésus, papier de choix, glacé et satiné. Prix : broché, 8 fr. Richement relié, tranche dorée . . . . Prix : 12 fr.

SCÈNES DU JEUNE ÂGE
Par Mᵐᵉ SOPHIE GAY, illustrées de 12 belles gravures exécutées avec le plus grand soin. 1 vol. grand in-8. Prix : 6 fr. Demi-reliure chagrin, plats toile, tranche dorée. . . . . Prix : 10 fr.

LES AVENTURES DU CHEVALIER JAUFRE
Par MARY LAFON, splendidement illustrées de 20 gravures sur bois tirées à part et dessinées par GUSTAVE DORÉ. 1 vol. grand in-8 jésus, papier glacé satiné. Prix : 7 fr. 50. Demi-reliure chagrin, plats toile, tranche dorée . . Prix : 12 fr.

PARIS AU BOIS
Par E. GOURDON, illustré de 16 gravures hors texte, par E. MORIN. 1 magnifique volume gr. in-8. Prix : 10 fr. Demi-reliure chagrin, plats toile, tranche dorée . . Prix : 15 fr.

LA CHASSE AU LION
Par JULES GÉRARD (le Tueur de lions). Ornée de 11 belles gravures et d'un portrait dessinés par GUSTAVE DORÉ. 1 vol. grand in-8 jésus. Prix, broché : 7 fr. 50. Demi-reliure chagrin, plats toile, tranche dorée . . . . Prix : 12 fr.

FIERABRAS
Par MARY LAFON. Imprimé avec le plus grand soin, illustré de 12 gravures sur bois tirées hors texte, dessinées par GUSTAVE DORÉ, et gravées par des artistes anglais. 1 volume grand in-8 jésus, papier de choix, glacé et satiné. Prix, broché : 7 fr. 50 c. Demi-reliure chagrin, plats toile, tranche dorée. . . . . Prix : 12 fr.

LE ROYAUME DES ENFANTS — SCÈNES DE LA VIE DE FAMILLE.
Par Mᵐᵉ MOLINOS-LAFITTE. Illustré de 12 belles gravures par FATH. 1 vol. gr in-8. Prix : 6 fr. Demi-reliure chagrin, plats toile, tranche dorée. . . Prix : 10 fr.

LA DAME DE BOURBON
Par MARY LAFON. 1 volume grand in-16, illustré de 45 dessins. . Prix : 5 fr. Demi-reliure chagrin, plats toile, doré sur tranches. . . . . Prix : 7 fr.

NADAR JURY AU SALON DE 1857
1,000 COMPTES-RENDUS. 150 DESSINS. Prix : 1 fr.

ŒUVRES NOUVELLES DE GAVARNI

34 MAGNIFIQUES ALBUMS IN-FOLIO LITHOGRAPHIÉS ET IMPRIMÉS AVEC LE PLUS GRAND SOIN
par LEMERCIER

Chaque Album. 4 fr. La collection complète, reliée, demi-chagrin, toile rouge, dorée sur tranches. Prix : 160 fr.

LES PARTAGEUSES. 40 lithographies.	16 fr.
LES MARIS ME FONT TOUJOURS RIRE. 30 lithographies.	12
LES LORETTES VIEILLIES. 30 lithographies.	12
LES INVALIDES DU SENTIMENT. 30 lithographies.	12
HISTOIRE DE POLITIQUER. 30 lithographies.	12
LES PARENTS TERRIBLES. 20 lithographies.	8
PIANO. 10 lithographies.	4
LES BOHÈMES. 20 lithographies.	8
ÉTUDES D'ANDROGYNES. 10 lithographies.	4
LES ANGLAIS CHEZ EUX. 20 lithographies.	8
MANIÈRE DE VOIR DES VOYAGEURS. 10 lithographies.	4
LES PROPOS DE THOMAS VIRELOQUE. 20 lithographies.	8
HISTOIRE D'EN DIRE DEUX. 10 lithographies.	4
LES PETITS MORDENT. 10 lithographies.	4
LE MANTEAU D'ARLEQUIN. 10 lithographies.	4
LA FOIRE AUX AMOURS. 10 lithographies.	4
L'ÉCOLE DES PIERROTS. 10 lithographies.	4
CE QUI SE FAIT DANS LES MEILLEURES SOCIÉTÉS. 10 lithographies.	4
MESSIEURS DU FEUILLETON. 9 lithographies.	4

Outre les séries ci-dessus réunies comme reliure, chaque album broché, de 10 lithographies, se vend séparément 4 fr.

LES GRANDES USINES

Par TURGAN. *Les grandes Usines* paraissent en livraisons de 16 pages grand in-8, imprimées avec luxe sur beau papier satiné, ornées de belles gravures et de dessins explicatifs, contenant l'histoire et la description d'une des grandes usines de France, ainsi que l'explication détaillée de l'industrie qu'elle représente.

Le 1er VOLUME comprend : LES GOBELINS (3 livraisons) — LES MOULINS DE SAINT MAUR (1 livraison) — L'IMPRIMERIE IMPÉRIALE (4 livraisons) — L'USINE DES BOUGIES DE CLICHY (1 livraison) — LA PAPETERIE D'ESSONNE (4 livraisons) — SÈVRES (4 livraisons) — L'ORFÈVRERIE CHRISTOFLE (3 livraisons).

Le 2e volume comprend : LES ÉTABLISSEMENTS DEROSNE ET CAIL (4 livraisons) — LA SAVONNERIE ARNAVON (4 livraisons) — LA MONNAIE (5 livraisons) — MANUFACTURE IMPÉRIALE DES TABACS (3 livraisons) — LITERIE TUCKER (1 livraison) — FABRIQUE DE PIANOS DE MM. PLEYEL, WOLF et Cie (2 livr) — FILATURE DE LAINE DE M. DAVIN (1 livr).

Le 3e volume comprend : LA MANUFACTURE DES GLACES DE SAINT-GOBAIN (3 livraisons) — LES OMNIBUS DE PARIS (1 livraison) — L'USINE ÉLECTRO-MÉTALLURGIQUE D'AUTEUIL (1 livraison) — CHARBONNAGE DES BOUCHES-DU-RHONE (1 livraison) — BOULANGERIE CENTRALE de l'assistance publique de la Seine (2 livraisons) — LA POUDRE, filature de coton (3 livraisons) — LES PÉPINIÈRES D'ANDRÉ LEROY, à Angers (1 livraison) — L'USINE A GAZ DE LA COMPAGNIE PARISIENNE (2 livraisons) — L'USINE A GAZ, PORTATIF DE PARIS (1 livr.) — MANUFACTURE DE MM. THIERRY-MIEG ET Cie, A MULHOUSE, impression sur étoffes (1 livraison) — ACIÉRIES JACKSON ET Cie, usines de Saint-Seurin; appareils Bessemer (1 livraison) — CRISTALLERIE DE BACCARAT (3 livraisons).

Le 4e volume comprend : LES ÉTABLISSEMENTS DE MM. DOLLFUS-MIEG ET Cie (4 livraisons) — MANUFACTURE DE TAPIS ET TAPISSERIES D'AUBUSSON (2 livraisons) — FABRIQUE D'OR, DE PLATINE ET D'ARGENT, en feuilles, en poudre et en coquille, maison Favrel et Cie. (1 livraison) — MANUFACTURE DE PAPIERS PEINTS DE MM. DESFOSSÉS ET KARTH (1 livr.) — PARFUMERIE L.-T. PIVER (1 livraison) — ORGUE EXPRESSIF ; MANUFACTURE ALEXANDRE PÈRE ET FILS (1 livraison) — FABRIQUE DE COUTELLERIE DE MM. MERMILLIOD, A CHATELLERAULT (1 livraison) — ÉTABLISSEMENT THERMAL DE VICHY (1 livraison) — HAUTS-FOURNEAUX, FORGES ET ACIÉRIES Petit, Gaudet et Cie, à Vierzon (1 livraison) — MINES ET FONDERIES DE ZINC DE LA VIEILLE-MONTAGNE (2 livraisons) — FAÏENCERIE DE H. SIGNORET, A NEVERS (1 livraison) — TEINTURERIE DE SOIE, GUINON, MARNAS ET BONNET, A LYON (1 livraison) — FABRIQUE DE BOUTONS CÉRAMIQUES DE M. BAPTEROSSES, A BRIARE (1 livraison) — IMPRIMERIE ADMINISTRATIVE DE M. PAUL DUPONT; Paris-Clichy (2 livraisons).

Le 5e volume comprend : FABRIQUE DE SUCRE DE BETTERAVES (2 livraisons) — ÉTABLISSEMENTS MERCIER, à Louviers (2 livraisons) — ÉTABLISSEMENTS CH. FLAVIGNY, à Elbeuf (4 livraisons) — ÉTABLISSEMENTS RAPHAEL RENAULT, à Louviers (3 livraisons) — FABRIQUE D'AMEUBLEMENTS EN BOIS MASSIF DE MM. MAZAROZ-RIBAILLIER ET Cie (1 livr.) — LA TAILLERIE DE DIAMANTS DE M. COSTER, à Amsterdam (2 livraisons) — FABRIQUE DE DENTELLES O. DE VERGNIES ET SŒURS (ancienne maison VANDERKELLEN-BRESSON, à Bruxelles (1 livraison) — BRASSERIE PETERS, à Puteaux (1 livraison) — PLATRIÈRES DE VAUX, près Triel (1 livraison) — FABRIQUE DE RUBANS DE MM. GÉRENTET ET COIGNET, à Saint-Etienne (1 livraison) — FABRIQUE D'ARMES DE L'ÉTAT, à Liége (1 livraison) — MANUFACTURE IMPÉRIALE D'ARMES DE GUERRE DE CHATELLERAULT (1 livraison).

Prix de chaque volume broché : 12 francs. Relié avec tranche dorée : 17 francs.

Prix de chaque livraison : 60 centimes

Les cinq volumes sont en vente.

ALBUMS COMIQUES DE CHAM

Chaque Album, avec une jolie couverture gravée, contient 60 dessins d'Actualités.

Prix de chaque Album : 1 franc

Salmigondis — Macédoine — Salon de 1857 — Nouvelles pochades — Croquis de printemps — Revue du Salon — Olla Podrida — Emotions de chasse — L'Age d'argent — Paris s'amuse — Folies parisiennes — Un peu de tout — Fariboles — Parisiens et Parisiennes — Croquis variés — L'Arithmétique illustrée — Paris l'hiver — Croquis d'automne — Ces bons Parisiens — La Bourse illustrée — Le Bal masqué — Le Calendrier — Encore un Album — Nouveaux habits, nouveaux galons — Le Carnaval à Paris.

CHANSONS POPULAIRES
DES PROVINCES DE FRANCE

Notice par CHAMPFLEURY, avec accompagnement de piano par J.-B. WEKERLIN. Illustrations par MM. BIDA, BRAQUEMOND, CATENACCI, COURBET, FAIVRE, FLAMENG, FRANÇAIS, FATH, HANOTEAU, CH. JACQUE, ED. MORIN, M. SAND, STAAL, VILLEVIEILLE.

1 magnifique volume grand in-4, illustré. Prix : 12 fr.
Demi-reliure chagrin, plats toile, doré sur tranches. Prix : 17 fr.

Les chansons populaires des Provinces de France sont divisées en 30 livraisons, dont chacune forme un tout complet et contient les chansons d'une province, elles se vendent séparément.

Prix de chaque livraison : 50 centimes

1re *liv.*, PICARDIE. La Belle est au jardin d'amour — La Ballade de Jésus-Christ — Le Bouquet de ma mie.

2e *liv.* FLANDRE. La Fête de Sainte-Anne — Le Hareng saur — Le Messager d'amour.

3e *liv.* ALSACE. Le Jardin — Le Diablotin — La Chanson du hanneton.

4e *liv.* LANGUEDOC. Romance de Clotilde — Joli Dragon — Dans un jardin couvert de fleurs.

5e *liv.* NORMANDIE. En revenant des noces — Le Moulin — Ronde du pays de Caux.

6e *liv.* BOURGOGNE. J'avais un' ros' nouvelle — Eho! Eho! Eho! — Voici venu le mois des fleurs.

7e *liv.* BERRY. La voilà ; la jolie coupe — J'ai demandé-z-à la vieille — Petit soldat de guerre.

8e *liv.* GUYENNE et GASCOGNE. Michaut veillait — La Fille du président — Dès le matin.

9e *liv.* AUVERGNE. Bourrées de Chapdes-Beaufort — Quand Marion s'en va-t-à l'ou — Bourrée d'Ambert.

10e *liv.* SAINTONGE, ANGOUMOIS et PAYS D'AUNIS. La Femme du roulier — La petite Rosette — La Maîtress' du roi céans.

11e *liv.* FRANCHE-COMTÉ. Au bois rossignolet — Les trois princesses — Paysan, donn'-moi ta fille.

12e *liv.* BOURBONNAIS. Mon père a fait bâtir Château — Jolie fille de la garde — Derrièr' chez nous.

13e *liv.* BÉARN. Belle, quelle souffrance — Pauvre brebis — Cantique antounat par Jeanne d'Albret.

14e *liv.* POITOU. Nous somm's venus vous voir — La v'nu' du mois de mai — C'est aujourd'hui la foire.

15e *liv.* TOURAINE, MAINE et PERCHE. La verdi, la verdon — La Violette — Su' l'pont du nord.

16e *liv.* NIVERNAIS. Lorsque j'étais petite — Quand j'étais vers chez mon père — J'étions trois capitaines.

17e *liv.* LIMOUSIN et MARCHE. Pourquoi me faire ainsi la mine ? — Les scieurs de long — Quoiqu'en Auvergne.

18e *liv.* ANJOU. Nous sommes trois souverains princes — La chanson du Rémouleur — N'y a rien d'aussi charmant.

19e *liv.* DAUPHINÉ. J'entends chanter ma mie — La Pernette — La Fille du général de France.

20e *liv.* BRETAGNE. A Nant's, à Nant's est arrivé — Rossignolet des bois — Ronde des filles de Quimperlé.

21e *liv.* LORRAINE. J'y ai planté rosier — Mon père m'envoie-t-à l'herbe — Le Rosier d'argent.

22e *liv.* LYONNAIS. Belle, allons nous épromener — Nous étions dix filles dans un pré — Pingo les noix.

23e *liv.* ORLÉANAIS. Les Filles de Cernois. — Le Piocheur de terre — Les Cloches.

24e *liv.* PROVENCE et COMTAT D'AVIGNON. Sur la montagne, ma mère — Sirvente contre Guy — Bonhomme, bonhomme.

25e *liv.* ILE-DE-FRANCE. Germine — Chanson de l'aveine — Si le roi m'avait donné.

26e *liv.* ROUSSILLON. J'ai tant pleuré — Le changement de garnison — En revenant de Saint-Alban.

27e *liv.* CHAMPAGNE. Cécilia — Sur le bord de l'île — C'est le jour du gigotiau.

28e et 29e *liv.* PRÉFACE.

30e *liv.* TITRE, FRONTISPICE, TABLE et COUVERTURE.

MUSÉE LITTÉRAIRE CONTEMPORAIN
CHOIX DES MEILLEURS OUVRAGES DES AUTEURS MODERNES
10 Centimes la Livraison — Format In-4o à 3 colonnes

ROGER DE BEAUVOIR — fr. c.
- LE CHEVALIER DE SAINT-GEORGES — » 90
- LE CHEVALIER DE CHARNY — » 90

CHARLES DE BERNARD
- UN ACTE DE VERTU — » 50
- LA PEINE DU TALION — » 50
- L'ANNEAU D'ARGENT — » 50
- UNE AVENTURE DE MAGISTRAT — » 30
- LA CINQUANTAINE — » 50
- LA FEMME DE QUARANTE ANS — » 50
- LE GENDRE — » 50
- L'INNOCENCE D'UN FORÇAT — » 30
- LE PERSÉCUTEUR — » 30

CHAMPFLEURY
- LES GRANDS HOMMES DU RUISSEAU — » 60

LA COMTESSE DASH
- LES GALANTERIES DE LA COUR DE LOUIS XV — 3 »
- — LA RÉGENCE — » 90
- — LA JEUNESSE DE LOUIS XV — » 90
- — LES MAÎTRESSES DU ROI — » 90
- — LE PARC AUX CERFS — » 90

ALEXANDRE DUMAS
- ACTÉ — » 90
- AMAURY — » 90
- ANGE PITOU — 1 80
- ASCANIO — 1 50
- AVENTURES DE JOHN DAVYS — 1 80
- LES BALEINIERS — 1 30
- LE BATARD DE MAULÉON — 2 »
- BLACK — » 90
- LA BOULE DE NEIGE — » 90
- BRIC-A-BRAC — 1 20
- LE CAPITAINE PAUL — » 70
- LE CAPITAINE RICHARD — » 90
- CATHERINE BLUM — » 70
- CAUSERIES — LES TROIS DAMES — 1 30
- CÉCILE — » 90
- CHARLES LE TÉMÉRAIRE — 1 30
- LE CHATEAU D'EPPSTEIN — 1 50
- LE CHEVALIER D'HARMENTAL — 1 50
- LE CHEV. DE MAISON ROUGE — 1 50
- LE COLLIER DE LA REINE — 2 50
- LA COLOMBE — MURAT — » 50
- LES COMPAGNONS DE JÉHU — 2 10
- LE COMTE DE MONTE-CRISTO — 4 »
- LA COMTESSE DE CHARNY — 4 50
- LA COMTESSE DE SALISBURY — 1 50
- LES CONFESSIONS DE LA MARQUISE — 1 70
- CONSCIENCE L'INNOCENT — 1 30
- LA DAME DE MONSOREAU — 2 50
- LA DAME DE VOLUPTÉ — 1 30
- LES DEUX DIANE — 2 20
- LES DEUX REINES — 1 50
- DIEU DISPOSE — 1 80
- LES DRAMES DE LA MER — » 70
- LA FEMME AU COLLIER DE VELOURS — » 70
- FERNANDE — » 90
- UNE FILLE DU RÉGENT — » 90
- LES FRÈRES CORSES — » 60

ALEXANDRE DUMAS (Suite) — fr. c.
- GABRIEL LAMBERT — » 90
- GAULE ET FRANCE — » 90
- UN GIL-BLAS EN CALIFORNIE — » 70
- GEORGES — » 90
- LA GUERRE DES FEMMES — 1 65
- HISTOIRE D'UN CASSE-NOISETTE — » 50
- L'HOROSCOPE — » 90
- IMPRESSIONS DE VOYAGE:
- UNE ANNÉE A FLORENCE — » 90
- L'ARABIE HEUREUSE — 2 10
- LES BORDS DU RHIN — 1 30
- LE CAPITAINE ARÉNA — » 90
- LE CORRICOLO — 1 65
- DE PARIS A CADIX — 1 65
- EN SUISSE — 2 20
- LE MIDI DE LA FRANCE — 1 30
- QUINZE JOURS AU SINAÏ — » 90
- LE SPÉRONARE — 1 50
- LE VÉLOCE — 1 65
- LA VILLA PALMIÉRI — » 90
- INGÉNUE — 1 80
- ISABEL DE BAVIÈRE — 1 30
- ITALIENS ET FLAMANDS — 1 50
- IVANHOE de Walter Scott — 1 70
- JEHANNE LA PUCELLE — » 90
- LES LOUVES DE MACHECOUL — 2 50
- MADAME DE CHAMBLAY — 1 50
- LA MAISON DE GLACE — 1 50
- LE MAITRE D'ARMES — » 90
- LES MARIAGES DU PÈRE OLIFUS — » 70
- LES MÉDICIS — » 70
- MÉM. DE GARIBALDI. (Complet) — 1 30
- — 1re série. (Séparément) — » 70
- — 2e série. (—) — » 70
- MÉMOIRES D'UNE AVEUGLE — 1 70
- MÉM. D'UN MÉDECIN — BALSAMO — 4 »
- LE MENEUR DE LOUPS — » 90
- LES MILLE ET UN FANTÔMES — » 70
- LES MOHICANS DE PARIS — 3 60
- LES MORTS VONT VITE — 1 50
- NOUVELLES — » 50
- UNE NUIT A FLORENCE — » 70
- OLYMPE DE CLÈVES — 2 60
- OTHON L'ARCHER — » 50
- LE PAGE DU DUC DE SAVOIE — 1 70
- PASCAL BRUNO — » 50
- LE PASTEUR D'ASHBOURN — 1 80
- PAULINE — » 50
- LA PÊCHE AUX FILETS — » 50
- LE PÈRE GIGOGNE — 1 50
- LE PERE LA RUINE — » 90
- LA PRINCESSE FLORA — » 70
- LES QUARANTE-CINQ — 2 50
- LA REINE MARGOT — 1 65
- LA ROUTE DE VARENNES — » 70
- LE SALTEADOR — » 70
- SALVATOR — 4 »
- SOUVENIRS D'ANTONY — » 90
- SYLVANDIRE — » 90
- LE TESTAMENT DE M. CHAUVELIN — » 70

MUSÉE LITTÉRAIRE CONTEMPORAIN. — FORMAT IN-4°.

ALEXANDRE DUMAS (Suite)   fr. c.
LES TROIS MOUSQUETAIRES...	— 4 65
LE TROU DE L'ENFER.....	— » 90
LA TULIPE NOIRE......	— » 90
LE VICOMTE DE BRAGELONNE..	— 4 75
LA VIE AU DÉSERT......	— 1 30
UNE VIE D'ARTISTE.....	— » 70
VINGT ANS APRÈS......	— 2 20

ALEXANDRE DUMAS FILS
CÉSARINE............	— » 50
LA DAME AUX CAMÉLIAS....	— » 90
UN PAQUET DE LETTRES....	— » 50
LE PRIX DE PIGEONS......	— » 50

XAVIER EYMA
LES FEMMES DU NOUVEAU-MONDE.	— » 90

PAUL FÉVAL
LES AMOURS DE PARIS.....	— 1 30
LE BOSSU OU LE PETIT PARISIEN.	— 2 50
LE FILS DU DIABLE......	— 3 »
LE TUEUR DE TIGRES.....	— » 70

LÉON GOZLAN
LES NUITS DU PÈRE-LACHAISE..	— » 90

CHARLES HUGO
LA BOHÊME DORÉE.......	— 1 50

CH. JOBEY
L'AMOUR D'UN NÈGRE.....	— » 90

ALPHONSE KARR
FORT EN THÈME........	— » 70
LA PÉNÉLOPE NORMANDE....	— » 90
SOUS LES TILLEULS......	— » 90

A. DE LAMARTINE
LES CONFIDENCES.......	— » 90
L'ENFANCE..........	— » 50
GENEVIÈVE. Hist. d'une Servante	— » 70
GRAZIELLA..........	— » 60
LA JEUNESSE.........	— » 60
RÉGINA............	— » 50

FÉLIX MAYNARD
L'INSURRECTION DE L'INDE. De Delhi à Cawnpore.....	— » 70

MÉRY
UN ACTE DE DÉSESPOIR....	— » 50
LE BONHEUR D'UN MILLIONNAIRE.	— » 50
LE CHATEAU DES TROIS TOURS.	— » 70
LE CHATEAU D'UDOLPHE....	— » 50
UNE CONSPIRATION AU LOUVRE.	— » 70
LE DIAMANT A MILLE FACETTES.	— » 60
LES NUITS ANGLAISES.....	— » 90
LES NUITS ITALIENNES.....	— » 90
SIMPLE HISTOIRE.......	— » 70

EUGÈNE DE MIRECOURT
LES CONFESSIONS DE NINON DE LENCLOS...........	— 3 70

HENRY MURGER
LES AMOURS D'OLIVIER....	— » 30
LE BONHOMME JADIS......	— » 30
MADAME OLYMPE........	— » 50
LA MAITRESSE AUX MAINS ROUGES	— » 50
LE MANCHON DE FRANCINE...	— » 30
SCÈNES DE LA VIE DE BOHÈME.	— » 90
LE SOUPER DES FUNÉRAILLES.	— » 50

JULES SANDEAU
SACS ET PARCHEMINS.....	— » 90

(col. 2)   fr. c.
CARLO BROSCHI........	— » 50

FRÉDÉRIC SOULIÉ
AU JOUR LE JOUR.......	— » 70
AVENT. DE SATURNIN FICHET.	— 1 30
LE BANANIER.........	— » 50
LA COMTESSE DE MONRION...	— » 70
CONFESSION GÉNÉRALE....	— 1 80
LES DEUX CADAVRES.....	— » 50
LES DRAMES INCONNUS....	— 2 50
— LA MAISON N° 3, RUE DE PROVENCE.	— » 70
— LES AVENTURES D'UN CADET DE FAMILLE	— » 70
— LES AMOURS DE VICTOR BONSENNE	— » 70
— OLIVIER DUHAMEL.....	— » 70
EULALIE PONTOIS.......	— » 30
LES FORGERONS.......	— » 50
HUIT JOURS AU CHATEAU...	— » 30
LE LION AMOUREUX......	— » 70
LA LIONNE..........	— » 30
LE MAITRE D'ÉCOLE.....	— » 50
MARGUERITE.........	— 2 »
LES MÉMOIRES DU DIABLE...	— » 70
LE PORT DE CRETEIL.....	— 1 30
LES QUATRE NAPOLITAINES..	— » 50
LES QUATRE SŒURS.....	— 1 50
SI JEUNESSE SAVAIT, SI VIEILLESSE POUVAIT.......	— 1 50

ÉMILE SOUVESTRE
DEUX MISÈRES........	— » 90
L'HOMME ET L'ARGENT....	— » 70
JEAN PLEBEAU........	— » 50
LE MENDIANT DE SAINT-ROCH.	— » 70
PIERRE LANDAIS.......	— » 50
LES RÉPROUVÉS ET LES ÉLUS.	— 1 50
SOUVENIRS D'UN BAS-BRETON.	— 1 50

EUGÈNE SUE
LES SEPT PÉCHÉS CAPITAUX...	— 5 »
— L'ORGUEIL........	— 1 50
— L'ENVIE.........	— » 90
— LA COLÈRE.......	— » 70
— LA LUXURE.......	— » 70
— LA PARESSE......	— » 50
— L'AVARICE.......	— » 50
— LA GOURMANDISE....	— 1 50
LA BONNE AVENTURE....	— 2 70
GILBERT ET GILBERTE....	— 2 70
LE DIABLE MÉDECIN.....	— » 90
— LA FEMME SÉPARÉE DE CORPS ET DE BIENS	— » 50
— LA GRANDE DAME.....	— » 30
— LA LORETTE.......	— » 90
— LA FEMME DE LETTRES..	— » 50
— LA BELLE FILLE.....	— 2 70
LES MÉMOIRES D'UN MARI...	— 1 50
— UN MARIAGE DE CONVENANCES.	— » 90
— UN MARIAGE D'ARGENT..	— » 50
— UN MARIAGE D'INCLINATION.	— 2 40
LES SECRETS DE L'OREILLER.	— 2 70
LES FILS DE FAMILLE.....	— 2 70

VALOIS DE FORVILLE
LE CONSCRIT DE L'AN VIII...	— » 90

BROCHURES DIVERSES

ÉMILE AUGIER — fr. c.
DISCOURS DE RÉCEPTION A L'ACADÉMIE FRANÇAISE . . . . . 1 »

***
LA QUESTION ALGÉRIENNE à propos de la lettre adressée par l'Empereur au maréchal de Mac-Mahon. . . . 1 »

LOUIS BLANC
LA RÉVOLUTION DE FÉVRIER AU LUXEMBOURG. . . . . . . 1 »

BLANQUI et ÉMILE DE GIRARDIN
DE LA LIBERTÉ DU COMMERCE ET DE LA PROTECTION DE L'INDUSTRIE . . 2 »

H. BLAZE DE BURY
M. LE COMTE DE CHAMBORD — UN MOIS A VENISE. . . . . . . 1 »

BONNAL
ABOLITION DU PROLÉTARIAT. . . . 1 »
LA FORCE ET L'IDÉE. . . . . . 1 »

G. BOULLAY
RÉORGANISATION ADMINISTRATIVE. . 1 »

CHAMPFLEURY
RICHARD WAGNER . . . . . . » 50

RENÉ CLÉMENT
ÉTUDE SUR LE THÉATRE ANTIQUE. . 1 »

ATHANASE COQUEREL FILS
SERMON D'ADIEU prêché dans l'église de l'Oratoire. . . . . . » 50
PROFESSION DE FOI CHRÉTIENNE. . . » 50
LE CATHOLICISME ET LE PROTESTANTISME considérés dans leur origine et leur développement. . . . 1 »
LE BON SAMARITAIN, sermon prêché en 1864, dans les églises de Lusignan et de Reims. . . . . . » 50
L'ÉGOÏSME DEVANT LA CROIX, sermon sur Luc, prêché dans les églises de Vauvert, Anduze, Sommières, Uzès et Clairac. . . . . . » 50
LES CHOSES ANCIENNES ET LES CHOSES NOUVELLES, sermon prononcé en 1864, dans les églises de Poitiers, Reims, Nîmes, Montpellier, Montauban et Lyon. . . . . . . » 50
LA SCIENCE ET LA RELIGION, sermon prêché en 1864, dans les églises de Nîmes et de Dieppe. . . . . » 50

L. COUTURE
DU BONAPARTISME DANS L'HISTOIRE DE FRANCE. . . . . 1 »
DU GOUVERNEMENT HÉRÉDITAIRE EN FRANCE. 1 50

UN CURÉ
A NOTRE SAINT-PÈRE LE PAPE . . 1 »

CHARLES DIDIER
QUESTION SICILIENNE. . . . . . 1 »
UNE VISITE AU DUC DE BORDEAUX. . 1 »

ERNEST DESJARDINS
NOTICE SUR LE MUSÉE NAPOLÉON III et promenade dans les galeries. » 50

DUFAURE
DU DROIT AU TRAVAIL. . . . . . » 30

ALEXANDRE DUMAS — fr. c.
RÉVÉLATIONS SUR L'ARRESTATION D'ÉMILE THOMAS. . . . . . . » 50

ADRIEN DUMONT
LES PRINCIPES DE 1789 . . . . . 1 »

LÉON FAUCHER
LE CRÉDIT FONCIER . . . . . . » 30

OCTAVE FEUILLET
DISCOURS DE RÉCEPTION A L'ACADÉMIE FRANÇAISE . . . . . 1 »

LE MARQUIS DE GABRIAC
DE L'ORIGINE DE LA GUERRE D'ITALIE. 1 »

ÉMILE DE GIRARDIN
L'ABOLITION DE L'AUTORITÉ. . . . 1 »
ABOLITION DE L'ESCLAVAGE MILITAIRE. 1 »
AVANT LA CONSTITUTION . . . . » 50
L'EXPROPRIATION ABOLIE PAR LA DETTE FONCIÈRE CONSOLIDÉE . . . . 2 »
LE GOUVERNEMENT LE PLUS SIMPLE. 1 »
LA CONSTITUANTE ET LA LÉGISLATIVE. 1 »
LE DROIT DE TOUT DIRE. . . . . 1 »
L'ÉQUILIBRE FINANCIER PAR LA RÉFORME ADMINISTRATIVE . . . 1 »
JOURNAL D'UN JOURNALISTE AU SECRET. 1 »
LA NOTE DU XIV DÉCEMBRE. . . . 1 »
L'ORNIÈRE DES RÉVOLUTIONS. . . . 1 »
LA PAIX. 2e édition. . . . . . 1 »
RESPECT DE LA CONSTITUTION. . . 1 »
LE SOCIALISME ET L'IMPOT . . . 1 »
SOLUTION DE LA QUESTION D'ORIENT. 2 50

GLADSTONE
DEUX LETTRES au lord Aberdeen sur les poursuites politiques exercées par le gouvernement napolitain. . . . . 1 »

JULES GOUACHE
LES VIOLONS DE M. MARRAST. . . . » 50

LE COMTE D'HAUSSONVILLE
CONSULTATION DE MM. LES BATONNIERS DE L'ORDRE DES AVOCATS. . 1 »
LETTRE AUX BATONNIERS DE L'ORDRE DES AVOCATS . . . . 1 »
M. DE CAVOUR ET LA CRISE ITALIENNE. 1 »

LÉON HEUZEY
CATALOGUE DE LA MISSION DE MACÉDOINE ET DE THESSALIE. . . . » 50

VICTOR HUGO ET CRÉMIEUX
DISCOURS SUR LA PEINE DE MORT (Procès de l'Evénement). . . . . 1 »

LOUIS JOURDAN
LA GUERRE A L'ANGLAIS. 2e édit. . 1 »

LAMARTINE
DU DROIT AU TRAVAIL. . . . . . » 30
LETTRE AUX DIX DÉPARTEMENTS. . . » 30
LA PRÉSIDENCE. . . . . » 30
DU PROJET DE CONSTITUTION . . . » 30
UNE SEULE CHAMBRE. . . . . . » 30

ÉDOUARD LEMOINE
ABDICATION DU ROI LOUIS-PHILIPPE. » 50

JOHN LEMOINNE
AFFAIRES DE ROME. . . . . . . 1 »

BROCHURES DIVERSES.

A. LEYMARIE
fr. c.
HISTOIRE D'UNE DEMANDE EN AUTORISATION DE JOURNAL. — Simple question de propriété. . . . . 2 »

ÉTIENNE MAURICE
DÉCENTRALISATION ET DÉCENTRALISATEURS. . . . . 1 »

LE COMTE DE MONTALIVET
OBSERVATIONS SUR LE PROJET DE LOI RELATIF AUX CONSEILS-GÉNÉRAUX. 1 »
LE ROI LOUIS-PHILIPPE ET SA LISTE CIVILE. . . . . » 50

LE BARON DE NERVO
L'ADMINISTRATION DES FINANCES SOUS LA RESTAURATION. . . . . 1 »
LES FINANCES DE LA FRANCE SOUS LE RÈGNE DE NAPOLÉON III. . . . . 1 »

D. NISARD
LES CLASSES MOYENNES EN ANGLETERRE ET LA BOURGEOISIE EN FRANCE. . . . . 1 »
DISCOURS PRONONCÉ A L'ACADÉMIE FRANÇAISE en réponse au discours de réception de M. Ponsard. . . . 1 »

UN PAYSAN CHAMPENOIS.
A TIMON sur son projet de Constitution. . . . . » 50

CASIMIR PERIER
LE BUDGET DE 1863. . . . . . . 1 »
LA RÉFORME FINANCIÈRE DE 1862. . 1 »

GEORGES PERROT
CATALOGUE DE LA MISSION D'ASIE-MINEURE. . . . . » 50

ANSELME PETETIN
DE L'ANNEXION DE LA SAVOIE. 2e éd. 1 »

H. PLANAVERGNE
fr. c.
NOUVEAU SYSTÈME DE NAVIGATION fondé sur le principe de l'envergence des corps roulants sur l'eau 1 50

A. PONROY
LE MARÉCHAL BUGEAUD. . . . . . 1 »

F. PONSARD
DISCOURS DE RÉCEPTION A L'ACADÉMIE FRANÇAISE. . . . . 1 »

PRÉVOST-PARADOL
DE LA LIBERTÉ DES CULTES EN FRANCE. 1 »
DEUX LETTRES SUR LA RÉFORME DU CODE PÉNAL. . . . . 1 »
LES ÉLECTIONS DE 1863. . . . . . 1 »
DU GOUVERNEMENT PARLEMENTAIRE ET DU DÉCRET DU 24 NOVEMBRE . . . 1 »
QUELQUES RÉFLEXIONS SUR NOTRE SITUATION INTÉRIEURE. . . . . . » 50

ESPRIT PRIVAT
LE DOIGT DE DIEU. . . . . 1 »

ERNEST RENAN
CATALOGUE DES OBJETS PROVENANT DE LA MISSION DE PHÉNICIE. . . » 50

SAINT-MARC GIRARDIN
DU DÉCRET DU 24 NOVEMBRE ou de la réforme de la Constitution de 1852. . . . . 1 »

GEORGE SAND
LA GUERRE. . . . . 1 »

G. SAND ET V. BORIE
TRAVAILLEURS ET PROPRIÉTAIRES. . 1 »

THIERS
DU CRÉDIT FONCIER. . . . . . . » 30
LE DROIT AU TRAVAIL. . . . . . » 30

L'UNIVERS ILLUSTRÉ
JOURNAL PARAISSANT DEUX FOIS PAR SEMAINE
Chaque numéro contient 8 pages format in-folio (4 de texte et 4 de gravures)
PRIX : 15 CENTIMES LE NUMÉRO
ABONNEMENT : UN AN, 15 FR. — SIX MOIS, 8 FR.
— *Pour plus de détails, faire demander le prospectus* —

LE JOURNAL DU DIMANCHE
LITTÉRATURE — HISTOIRE — VOYAGES — MUSIQUE
15 vol. sont en vente. Chaque vol. format in-4, orné de 104 gravures. Prix 3 fr.

LE JOURNAL DU JEUDI
LITTÉRATURE — HISTOIRE — VOYAGES
11 vol. sont en vente. Chaque vol. format in-4, orné de 104 gravures. Prix : 3 fr.

LES BONS ROMANS
CHEFS-D'ŒUVRE DE LA LITTÉRATURE CONTEMPORAINE
Par VICTOR HUGO, ALEXANDRE DUMAS, GEORGE SAND, LAMARTINE, ALFRED DE MUSSET, EUGÈNE SUE, FRÉDÉRIC SOULIÉ, ALPHONSE KARR, CH. DE BERNARD, ALEX. DUMAS FILS, HENRY MURGER, HENRI CONSCIENCE, PAUL FÉVAL, ÉMILE SOUVESTRE, ETC., ETC.
11 vol. sont en vente. Chaque volume, format in-4, orné de 104 gravures. Prix : 3 fr.

DICTIONNAIRE FRANÇAIS ILLUSTRÉ
ET ENCYCLOPÉDIE UNIVERSELLE
Ouvrage qui peut tenir lieu de tous les vocabulaires et de toutes les encyclopédies
ENRICHI DE 20,000 FIG. GRAVÉES SUR CUIVRE PAR LES MEILLEURS ARTISTES
Dirigé par **B. Dupiney de Vorrepierre**
ET RÉDIGÉ PAR UNE SOCIÉTÉ DE SAVANTS ET DE GENS DE LETTRES
169 livraisons à 50 centimes. Chaque livraison est composée de deux feuilles de texte et contient la matière d'un volume in-8 ordinaire. L'ouvrage, composé en caractères entièrement neufs et imprimé sur papier de luxe, forme deux magnifiques volumes in-4. . . . . Prix, broché : 80 fr.
Demi-reliure chagrin, plats toile. . . . . Prix . . . . 92 fr.

DICTIONNAIRE DE LA CONVERSATION
ET DE LA LECTURE
INVENTAIRE RAISONNÉ DES NOTIONS GÉNÉRALES LES PLUS INDISPENSABLES A TOUS
PAR
UNE SOCIÉTÉ DE SAVANTS ET DE GENS DE LETTRES
Deuxième Édition
Entièrement refondue, corrigée et augmentée de plusieurs milliers d'articles tous d'actualité
16 volumes grand in-8°. Prix : 200 francs

LES FIGURES DU TEMPS
NOTICES BIOGRAPHIQUES
Par LEMERCIER DE NEUVILLE. Brochures grand in-18, avec des Photographies
DE PIERRE PETIT
Prix : 1 fr. chaque

| Mme **RISTORI** | **ROBERT HOUDIN** |
| **GUSTAVE DORÉ** | Mme **PETIPA** |

Imp. L. TOINON et Cie, à Saint-Germain.

www.ingramcontent.com/pod-product-compliance
Lightning Source LLC
Chambersburg PA
CBHW050533170426
43201CB00011B/1408